澄

心

清

意

澄心文化

阅

读

致

远

黄朴民·精解《孙子兵法》系列

# 孙子兵法十八讲

Sun Tzu
The Art of War

黄朴民

—— 著 ——

浙江文艺出版社
Zhejiang Literature & Art Publishing House

图书在版编目(CIP)数据

孙子兵法十八讲 / 黄朴民著 —杭州:浙江文艺
出版社,2023.3(2024.12重印)
ISBN 978－7－5339－6957－8

Ⅰ.①孙… Ⅱ.①黄… Ⅲ.①兵法－中国－春秋时代
②《孙子兵法》－研究 Ⅳ.①E892.25

中国版本图书馆CIP数据核字(2022)第143073号


策划统筹 柳明晔
责任编辑 周海鸣
数字编辑 姜梦冉 诸婧琦
营销编辑 宋佳音
封面设计 人马艺术设计·储平
责任印制 张丽敏


孙子兵法十八讲
黄朴民 著

出 版 浙江文艺出版社
地 址 杭州市环城北路177号
邮 编 310003
电 话 0571-85176953(总编办)
     0571-85152727(市场部)
制 版 浙江新华图文制作有限公司
印 刷 杭州富春印务有限公司
开 本 880毫米×1230毫米 1/32
字 数 200千字
印 张 10
插 页 5
版 次 2023年3月第1版
印 次 2024年12月第12次印刷
书 号 ISBN 978-7-5339-6957-8
定 价 69.80元

# 导言:怎样读《孙子兵法》

　　《孙子兵法》是中国最为杰出的兵学著作，被人们尊奉为"武经冠冕""百世兵家之师""百世谈兵之祖"，东汉末年大政治家、军事家曹操强调："吾观兵书战策多矣，孙子所著深矣。"（《孙子注·序》）唐太宗李世民也认为："观诸兵书，无出《孙武》。"（《唐太宗李卫公问对》卷中）明代兵书《投笔肤谈》认为："'七书'之中，惟《孙子》纯粹，书仅十三篇，而用兵之法悉备。"同为明代兵书的《武备志·兵诀评序》更指出："前孙子者，孙子不遗；后孙子者，不能遗孙子。"均十分恰当地概括了《孙子兵法》在中国兵学历史上的地位和意义。其书自问世以来，对中国古代军事文化的形成和发展产生了极其深远的影响。它的很多合理内核，直到今天仍闪耀着智慧的光芒，不仅对现代军事理论的建设和发展具有重大借鉴意义，还渗透到军事以外的领域，对商业竞争、企业管理、外交谈判、体育竞赛等也有深刻的启迪。从这个意义上来讲，《孙子兵法》具有超越时空的价值。

## 一、走出阅读中的五个误区

那么该怎样来阅读和掌握这部仅仅六千言左右的旷世兵书呢？这还真不是一个简单的问题。长期以来，《孙子兵法》都是人们关注的热点经典，都是人们习学兵学的重点之所在，早在战国时期，就出现了"境内皆言兵，藏孙、吴之书者家有之"的现象，宋代的叶适更是断言《孙子兵法》一书必定"将传之至于无穷"（《习学记言》）。充分说明了《孙子兵法》的文化魅力与思想影响是经久不衰、历久弥新的。然而，恰恰就是这种大热，结果却使得人们对其书的认知与理解出现了偏颇，众说纷纭，莫衷一是。

这种《孙子兵法》阅读与诠释上的弊端，大致有以下几类表现：

1. 歪曲原意，信口开河，郢书燕说，移花接木

即脱离孙子论述的语境，简单地比附与迎合现实的需要，对孙子的某些观点作无谓的拔高或任意的贬低，从而歪曲了孙子的原意与宗旨。这其实是对《孙子兵法》理论体系的阉割。例如目前关于孙子"不战而屈人之兵"思想的发挥，就天花乱坠，望文生义，背离了孙子说这句话的本意。很典型的例子就是把"不战而屈人之兵"吹捧为"不战主义""和平主义"。曾有人"称道"《孙子兵法》不是讨论打仗的，而是教人和平的，孙子是不战主义者、和平主义者云云（参见服部千春《孙子兵法新校》，白山

出版社1997年版，"前言"）。这显然是片面的解读，抹杀了其"兵法"这一根本特征。如果孙子是不战主义者，他为什么要写《孙子兵法》？又为何把战争艺术写得如此出神入化、独步天下呢？

是否能够从"不战而屈人之兵"理论中演绎出"不战主义""和平主义"？我们的回答是否定的。众所周知，兵家在战争问题上的基本观点，是"慎战""重战"，而非"去战""不战"。孙子的原旨也是如此，其言"主不可以怒而兴师，将不可以愠而致战"（《孙子兵法·火攻篇》，以下凡引用《孙子兵法》原文，只标注篇名），并不是对战争本身的否定，而是主张在一定条件下对战争持谨慎的态度。这种态度既不同于儒、墨的"反战""非战"立场，也和某些法家人物一味嗜战、主战有所区别。

至于"不战而屈人之兵"的全胜思想为《孙子》的精髓，更有加以辨析的必要。对《孙子》整个思想体系作全面的、历史的考察，同今天基于某种原因着重揭示《孙子》个别思想原则的意义，是两个不同范畴和性质的问题。我们今天可以对"不战而屈人之兵"的思想意义作出很高的评价，但是如果把它归纳为孙子整个学说的初衷和真谛，则不符《孙子》全书的基本主旨。我们必须认识孙子"全胜策"与"战胜策"之间的相互关系，必须对《孙子》的主导思想与其比较超越的全胜战略思想加以区分。换言之，今天如何评价孙子"不战而屈人之兵"思想是一回事，而准确把握其在《孙子》全书中的位置又是一回事。

我们反对任意夸大和拔高"不战而屈人之兵"思想的做法，

主要是基于以下三个方面的理由：

第一，在《孙子》兵学体系中，"不战而屈人之兵"的全胜思想并不占据主导地位，不能颠倒其"全胜策"与"战胜策"之间的主次关系。

从《孙子》篇幅看，"全胜策"所占比例甚小，不占主导地位。孙子"不战而屈人之兵"的全胜战略思想较系统的表述，仅见于《谋攻篇》，而《谋攻篇》则不过是十三篇之一。《孙子》一书言简意赅，胜义迭呈。十三篇对战争准备、战略制定、战术运用，以及行军部署、后勤保障、不同地形下的作战行动和特殊战法等均作了缜密的阐述，每篇既是独立的整体，篇与篇之间又都保持着联系。《孙子》十三篇既为一个整体，则《谋攻篇》仅乃其中一个环节而已。《形篇》言军事实力，《势篇》言军事力量的巧妙发挥，《虚实篇》言争取主动权，《军争篇》言用兵常法，《九变篇》言作战变法，加《行军篇》《地形篇》《九地篇》《火攻篇》《用间篇》诸篇，合在一起均论述"善战"内容。可见，"战胜策"才是《孙子》主体思想之所在。

第二，我们反对夸大和拔高"不战而屈人之兵"思想的地位和意义，也是因为人们对《孙子》认识和推崇的重点，是放在孙子"战胜策"上。换句话说，后人对《孙子》的继承和运用中，"不战而屈人之兵"思想不占主导。

中国历代军事家之所以推崇《孙子》的价值，主要也是从军事的角度出发的，即力图从《孙子》中汲取高超的作战谋略和作战指导精髓，以指导自己的军事实践活动，达到"战胜攻取"的现实目的。这一点，孙子在世时即肇其始。当时孙子以兵法呈献吴王阖闾，阖闾阅读后的反应是："子之十三篇，吾尽观之矣。可以小试勒兵乎？"（《史记·孙子吴起列传》）可见其兴趣在于具体的"勒兵"，而非抽象的"全胜"。自汉以降，无论是汉代张良、韩信、杨仆、刘向、任宏等人整理兵书，还是宋、明时期钦定兵书颁行武学，其目的均是一致的，即为各级将领提供作战理论依据和完整的作战策划程序。这中间，《孙子》是特别受到青睐的，原因无他，就是《孙子》最能满足作战指导上的需要。唐太宗曾经说过："朕观诸兵书，无出《孙武》；《孙武》十三篇，无出《虚实》。夫用兵，识虚实之势，则无不胜焉。"（《唐太公李卫公问对》卷中）这段话准确揭示了孙子兵学体系的核心意义，也真切地道出了后人重视孙子的内在奥秘。

考察《孙子》之后的兵书及有关史籍，可以清楚看到，后人对《孙子》的继承和应用，也立足于《孙子》十三篇的用兵艺术。孙子后裔孙膑，在其兵法中引用了十三篇的许多原理和文字，其绝大部分属于"战胜策"方面的内容。《吴子》运用《孙子》原理和文字者亦不在少数，重点同样在具体用兵手段上。在《尉缭子》中，暗用、明引、袭用《孙子》文字和思想，为其兵法立说作证的情况更是比比皆是。兵书如此，诸子论兵篇章也不例外。像《吕氏春秋》中的《孟秋纪》《仲秋纪》《季秋纪》，和《淮南子》中的《兵略训》诸篇，其内容直取、间取《孙子》者也不在少数，而侧重点同样是孙子的"战胜策"。当然我们并不否认后世兵书和有关典籍中不乏对孙子"不战而屈人之兵"的全胜思想的继承和阐述。但是总的来看，这些言辞不仅在数量上微不足道，而且在思想深度上也不曾超越《孙子》。这恰好从侧面印证了后世军事理论家对"不战而屈人之兵"的全胜思想并未倾注太多的注意。

至于那些军事实践家——将帅们，其重视和应用《孙子》则更集中在具体作战艺术方面。《史记》《汉书》《后汉书》《三国志》等史籍记载了不少秦汉和三国时期军事家祖述《孙子》十三篇的事实。如：陈馀引用"十则围之，倍则战之"；韩信自言其兵法出自孙武，并引"陷之死地而后生，置之亡地而后存"；《史记·黥布列传》引用"诸侯战其地为散地"；《史记·刘敬列传》引用"能而示之不能"；诸葛亮引用"必蹶上将军"；《后汉书·冯异传》引用"攻者不足，守者有余"；《三国志·邓艾传》引用"出其不意"。凡此种种，不胜枚举。他们所征引的《孙子》文句，几乎全部属于作战指导层次。由此可见，古人推崇《孙子》的基点，是其行之有效的"战胜策"，"善战"思想是孙子的主体思想，这一点是为后人的现实选择所证明了的。

第三，我们反对夸大和拔高孙子"不战而屈人之兵"的思想价值，也是有鉴于古今中外战争史上，这一思想原则并未占据主导地位。

"不战而屈人之兵"的全胜思想固然是一种极其美妙的理想境界，然而在现实生活中，它的实现却是罕见的。理想与现实之间，毕竟存在着巨大的鸿沟，这正是这种全胜思想的一定的局限性（也可理解为一定的空想性）。处理阶级之间、民族之间、集团之间，以及国家之间不可调和的对抗性矛盾的方法，"不战而屈人之兵"是其中之一，但这种选择并不具备普遍意义。也就是说，在充分运用谋略和以武力作后盾的前提下普遍做到"不战而屈人之兵"，显然是不现实的。因为要使敌我双方在力量对比上达到"以镒称铢"的程度，存在着很大的困难，而"伐谋""伐交"诸手段的具体实施，存在着复杂性和多变性；尤其是，即使敌方已明显处于劣势地位，也很难使其慑于威迫而轻易屈服。"不战而屈人之兵"只有在一方处于绝对优势，另一方处于绝对劣势，而劣势的一方又因各种各样的原因失去了抵抗意志的情况下，才有可能出现。

"不战而屈人之兵"之所以在实际生活中非常罕见，也是战争自身特征和规律导致的。从本质上说，战争是阶级斗争在一定发展阶段上的最高斗争形式。当对立的阶级之间、民族之间、政治集团之间、国家之间的经济矛盾、政治冲突发展到白热化的程度时，就很难避免有组织的暴力行动的产生。要附带指出的是，在不同场合、不同条件下，"不战而屈人之兵"的作用也很不一样。

"不战而屈人之兵"的特殊性，也是由古代中外战争历史所证明了的。其成功的事例固然有一些，如我国春秋早期和中期的战争中就不乏这方面的具体例子，这与当时特定的历史环境有直接的关系。战国以降，这一现象虽不曾绝迹，但与历史上大量存在的"困兽犹斗""负隅顽抗"现象相比，实属凤毛麟角，并不能改变"不战而屈人之兵"思想实现起来至为不易的事实。

2.偏颇简单，片面肤浅，取其一点，不及其余

这主要表现为对孙子兵学理论体系作断章取义的总结，忽视了孙子理论主旨的全面性与系统性。《孙子兵法》的中心内容在许多人的心目中似乎只有一个印象，即诡道，"兵以诈立"，兵不厌诈。所谓"非诈不为兵，盖自孙、吴始。甚矣，人心之不仁也"（叶适《水心别集·兵权》），"兵流于毒，始于孙武乎！武称雄于言兵，往往舍正而凿奇，背义而依诈"（高似孙《子略·孙子》）。孙子的确讲诡诈，但诡诈只是《孙子兵法》的一部分，绝不等于《孙子兵法》的全部。《孙子兵法》是一个综合有机的体系。在军事上孙子不仅仅讲诡道，也讲仁义。更何况孙子他并不单纯就军事而讲军事，而是将军事、政治、经济、文化等多个因素加以综合考虑。很显然，许多人观察事物、考虑问题往往是单向性思维，只见其一，不见其二，只见树木，不见森林，总是人为地割裂孙子思想的内在逻辑体系，忘记或忽视了注重谋略与发展实力在孙子思想中乃是一个钱币的正反两面，是辩证的统一。他们只倾心于用计谋、施损招，而没有充分认识到实力是计谋之"体"，计谋是实力之"用"，体用和谐，方能克敌制胜；他们流露出轻视实力建设的倾向，什么"攻人以谋不以力，用兵斗智不斗多""贵谋而贱战"的种种高论大行其道，甚嚣尘上。光讲谋略而忽视实力建设，这无疑是中国传统军事文化中的一个很大弊端。

这方面最典型的例子，便是把《孙子兵法》与《三十六计》等同化。在好多人的印象中，《孙子兵法》和《三十六计》就是

一回事。什么"借刀杀人""指桑骂槐""美人计""走为上"之类，一锅煮，统统划归到《孙子兵法》的名下。这一方面说明《孙子兵法》的确有巨大的名气，家喻户晓；另一方面也表明人们对《孙子兵法》的理解还是很粗浅、很模糊的，往往从阴谋诡计、诡诈欺骗的层面来诠释孙子博大精深的军事思想。

其实《孙子兵法》与《三十六计》完全是两码事，所反映的是两种兵学文化价值观。《三十六计》从头到脚贯穿着一个"骗"字，"瞒天过海""趁火打劫""无中生有""上屋抽梯""李代桃僵""借刀杀人"，只要看看这些计策的名字，你就可以知道它们是多么的阴损毒辣。说白了，《三十六计》是玩空手道的，做无本钱生意，赌徒心理。而《孙子兵法》的高明之处，便在于其思维的全面性、逻辑性、辩证性。它既讲谋略，也讲实力；既讲诡诈，也讲仁义；既讲功利，也讲道德。这正如清人孙星衍所言："其书通三才、五行，本之仁义，佐以权谋，其说甚正……比于六艺，良不愧也。"（孙星衍等校《孙子十家注》序）

3.生搬硬套、乱贴标签、对号入座、无类比附

这个问题在《孙子兵法》的阅读引申与借鉴运用上特别突出，在经济领域可谓泛滥成灾。不少人把《孙子兵法》奉若神明，当作包治百病的灵丹妙药，将《孙子兵法》的兵学原理，动辄与经营管理等经济活动加以联系，不分青红皂白一一予以对应。这就属于乱贴标签，胡说八道。我们说《孙子兵法》对今人有启示，这主要是就其思想方法论的意义而言，而不是指将孙子的具体用兵之法与经济活动方凿圆枘，对号入座。说到底，兵

法，讲的是用兵之法，是战场上你死我活的一种斗争艺术，它的本质属性是对敌而不是对自己人。战争的基本目的是消灭敌人保存自己，为了战场制胜，就不妨用诡诈的手段去实现自己的战略意图。商业竞争乃是非对抗性矛盾，要讲诚信，要讲利益均沾。追求利益是应该的，也是允许的，但如果不择手段，则违背公道人心，迟早会自食其果，所谓"君子爱财，取之有道"便是这层道理。一句话，《孙子兵法》是解决敌我矛盾的，追求的是"独胜"，就像《唐太宗李卫公问对》说的："攻守一法，敌与我分为二事。若我事得，则敌事败；敌事得，则我事败。"总归要分出一个高下，决出一个雌雄。而现在的企业管理、商业经营、人际交往，就性质而言，其产生的矛盾，属于"人民内部矛盾"，追求的是"双赢""多赢"，是一个互动的关系，所谓"多一个朋友多一条路，多一处市场多一份机会"。兵可以"诈立"，但商却不宜"诈立"，如果不加区别地将"孙子兵法"中的"诡诈之道"，应用于其他的领域，那等于是混淆了两类不同性质的矛盾。这种本质属性上的区别，决定了《孙子兵法》基本原理借鉴上的有限性，否则必然会走火入魔。所以不能不加区别地将《孙子兵法》中的"诡诈之道"运用到企业管理和商业运作中去，否则就是游戏无规则，求胜失底线，导致道德大滑坡，造成严重的诚信危机。

4.道听途说，夸大神化，虚张声势，自吹自擂

现在说起《孙子兵法》，似乎已成了一张中国的名片，总想拿来在世界上炫耀一下。从弘扬中华优秀传统文化的层面讲，这

做法是可以理解的，而且《孙子兵法》本身也的确是件拿得出手的宝贝。但是，凡事不宜做过头，更不要编造出一些并不存在的东西来给自己打气壮胆。其实目前流行的不少"故事"，都是没有影子的事情，如说拿破仑读了《孙子兵法》发了如何如何的感慨，说德国皇帝威廉二世读了《孙子兵法》又有怎么怎么的赞叹，全然是无中生有，自欺欺人。至于讲老布什打海湾战争时候床头只放两本书，一本就是《孙子兵法》，他戎马倥偬总要翻上几页，讲美国海军陆战队人手一册《孙子兵法》，等等，说得云山雾罩，绘声绘色，更是百分之百的自我吹嘘，胡编乱造。但是以讹传讹，谬种流传，造成了很不好的影响。说到底，这也是中国人文化上的阿Q心理在作祟，表面上是在抬举《孙子兵法》，实际上教外人在一边看笑话。

5.一窝蜂起，胡乱炒作，光怪陆离，骗人敛财

"男人的一半是女人"，好事的反面便是扯淡。"孙子兵法热"固然是好事，但热着热着就变了滋味，腻歪歪直冒酸。"孙子兵法热"也难逃脱这个怪圈。一些人看着玩"孙子兵法"能捞名，可赚钱，于是便变着法儿"坑蒙拐骗"：成剪刀糨糊拼凑什么"智谋大全"；或郢书燕说把"孙子兵法"同经济生活油炸爆煎；或不懂装懂把对的说错，正的说歪。流风之所及，是《孙子赚钱兵法》一类文化垃圾充斥书肆，占领地摊，"兵法"似乎成了婊子，人人都可以作践一番。更有甚者，前些年，居然有人不知从哪个旮旯角落里找来一部"孙武兵法八十二篇"，说是出自汉简，价值连城，属于天下奇观，一则"三代共护国宝"的"神话"把

大伙儿哄得团团乱转。媒体炒作，名流捧场，吹得煞有介事，以为真的是"国宝"重新发现。当时若不是一些专家站出来揭穿骗局，真不知事情会如何收摊？倘若真的弄假成真，指鹿为马，那才有资格入选"吉尼斯大全"！"孙子兵法热"闹到这种地步，也有点穷途潦倒、进退维谷、丢人现眼。这种"孙子兵法热"，实在教人不敢恭维，还不如泼点冷水，也免得让外人看轻，后代责怪，成为千古笑谈！

## 二、坚持阅读中的三个原则

首先，是要坚持回归经典自身的整体性原则。南宋郑友贤在其《十家注孙子遗说并序》中指出："武之为法也，包四种，笼百家，以奇正相生为变。是以谋者见之谓之谋，巧者见之谓之巧，三军由之而莫能知之。"《孙子兵法》十三篇是一个完整、有机的思想体系。每篇既是一个独立的整体，篇与篇之间又相互保持密切的联系。前后十三篇逻辑严谨，层层递进，首尾呼应，浑然一体，对战前的准备工作，战略计划的制订，战役程序的组织，战术手段的运用，以及行军、后勤保障、各种地形条件下的作战行动及特殊战法都作了层次分明、前后贯通的阐述。其思维的整体性和思辨的深刻性在先秦诸子中也是罕有其匹的。全书从战略运筹、战争预测（《计篇》）起步，经战争准备（《作战篇》），运用谋略（《谋攻篇》），发展实力（《形篇》），创造有利态势（《势篇》），灵活用兵、争夺先机、因敌变化而取胜

（《虚实篇》《军争篇》《九变篇》），到解决"处军相敌"（《行军篇》），利用地形（《地形篇》），掌握兵要地理（《九地篇》），实施火攻（《火攻篇》），搜集情报、以资决策（《用间篇》）等具体的战术问题，始于"知彼知己"，又终于"知彼知己"，恰好规划了一个完整的战争程序。其篇次结构序列设计，注重于按用兵制胜的要领与方法加以展开，以战争规律为立足点。曾有人这么认为："十三篇结构缜密，次序井然，固有不能增减一字、不能颠倒一篇者。"（蒋方震等《孙子浅说·绪言》）不少研究者曾根据《孙子兵法》的内涵文义，从逻辑上努力梳理过全书的思想脉络和内在联系。如支伟成编的《孙子兵法史证》，其卷首《孙子篇目述义》就这样分析十三篇的逻辑递进关系："《计篇》第一，将之贤愚，敌之强弱，地之远近，兵之众寡，当先计及之，而后兵出境。故用兵之道，以计为首。《作战篇》第二，计算已定，然后完车马，利器械，运粮草，约费用，以作战备，故次《计》。《谋攻篇》第三，计议战备已定，然后可以智谋攻，故次《作战》……"日本学者山鹿素行也认为《用间篇》与《计篇》的前后呼应，是全书浑然一体之标志，"《始计》《用间》在首尾，通篇自有率然之势"。应该说，这是正确理解孙子十三篇思想及其价值的通衢捷径。唯有如此，我们才能避免对《孙子兵法》作片面的理解。

其次，是要坚持认识经典要义的灵活性原则。戴溪《将鉴论断·孙武》有云："孙武之书十三篇，众家之说备矣。奇正、虚实、强弱、众寡、饥饱、劳逸、彼己、主客之情状，与夫山泽、水陆之阵，战守攻围之法，无不尽也。微妙深密，千变万化而不穷。用兵，从之者胜，违之者败，虽有智巧，必取则焉。可谓善之善者矣。"《孙子兵法》的灵魂，在于强调"兵无常势，水无常形，能因敌变化而取胜者，谓之神"（《虚实篇》）。在孙子看来，兵法的许多基本原则，如"高陵勿向，背丘勿逆""围师必阙，穷寇勿迫"之类，是无数次战争经验与教训的沉淀积累，是无数人用鲜血与生命换取的结晶，自然应该充分尊重，加以借鉴和传承。但是，对这些兵学原则，又不能过于迷信，亦步亦趋，而必须结合新的状况，针对不同的对手，根据不同的条件，灵活机变，出奇制胜，否则就是拘泥僵化，胶柱鼓瑟。孙子希望人们学习兵法，但他的终极宗旨是期盼人们在学了兵法之后忘掉兵法。在孙子的心目中，没有规则，就是唯一的规则；没有规则，就是最高的规则，即所谓"形兵之极，至于无形"（《虚实篇》）。用岳飞的话讲，就是"阵而后战，兵法之常；运用之妙，存乎一心"（《宋史·岳飞传》）。

战场形势瞬息万变，作战对象形形色色，如果执一定之规，应无穷之敌，不知变通，机械保守，那一定会招致败绩，沦为笑谈。如同何去非《何博士备论·霍去病论》所言："法有定论，而兵无常形。一日之内，一阵之间，离合取舍，其变无穷。一移踵瞬目，而兵形易矣。守一定之书，而应无穷之敌，则胜负之数戾矣。"历史上学《孙子兵法》、用《孙子兵法》的人多了去了，可是，有不少人由于不懂得这个道理，食古不化，一味迷信兵学教条，不但没有让《孙子兵法》帮助自己在战场上克敌制胜，建功立业，反而大败亏输，覆军杀将，沦为纸上谈兵的反面典型。像三国时的马谡，他对《孙子兵法》可谓是熟稔于心，倒背如流，其在街亭之役中，行军布阵，处处遵循《孙子兵法》的要求：《孙子兵法》中说军队屯驻宜"视生处高"，他就部署军队于高丘之上，声称"居高临下，势如破竹"；别人提醒他山上无水源，若遭敌军包围，就容易陷入不战自乱的困境，他亦拿出《孙子兵法》的话来为自己作支撑——"投之亡地然后存，陷之死地然后生"。他忘了自己的对手乃曹魏宿将张郃，而拘泥《孙子兵法》的教条，输得连自己的命都搭进去了。

由此可见，今天读《孙子兵法》，关键是要做到既能入乎其内，更要出乎其外，真正做到《何博士备论·霍去病论》中所主张的那样："不以法为守，而以法为用，常能缘法而生法，与夫离法而会法。"不把兵法原理当作教条，而要结合实际情况来灵活运用这些原理，与时俱进，在原有理论的基础上发明新的理论、新的战法。表面上看你做的事情跟兵法原理好像不相符，实际上却与兵法原理的核心精神相吻合，这才是理解和运用《孙子兵法》的最上层境界，也是现代社会竞争中掌握先机、争取主动的根本前提。

最后，是要坚持理解经典价值的超越性原则。《孙子兵法》是一部成书于两千五百多年前的兵学著作，它之所以在今天还为人们所热爱、所阅读，自是其拥有独特的魅力，具有时空的超越性。更为重要的是，它已超越了单纯的军事领域，而具有了哲学意义上的普遍性价值。从本质上讲，《孙子兵法》是一部哲学著作，是一种思想方法论，充满哲学启迪与人生智慧。像在理想层面的"求全"和在操作层面的"取偏"，就是孙子朴素辩证思维理性的表现之一。

中国文化在某种意义上也可以称为"求全"文化。追求万全，争取圆满，是中国人孜孜以求的理想目标，它渗透于社会生活的各个方面，影响着广大民众的心态意愿。似乎只有"万全""圆满"，才算是实现了极致的人生理想，达到事物发展的最佳阶段。

在这样的"求全"文化氛围笼罩之下，孙子同样对"全"情有独钟。《孙子兵法》十三篇中，孙子提到"全"的地方多达十余处，如"知彼知己，胜乃不殆；知天知地，胜乃可全""兵不顿而利可全""自保而全胜""全国为上""全军为上"等，"全"在孙子的兵学理论体系中具有十分重要的意义。

能有这样的境界，孙子无疑是崇高的理想主义者，的确了不起。但更加了不起的是，孙子同时还是一位清醒的现实主义者。在他的心目中，"求全"只能是一面旗帜，一种理想，一个口号，如果过于拘泥于"全胜"，而忘记了战争厮杀这个残酷的事实，将理想同实际简单地等同起来，则不免是"迂远而阔于事情"，自欺欺人了。换言之，孙子已清醒地认识到，一味追求万全之策是不现实的。"先作万全之计，然后图彼。得之则大克，不得则自全"（《魏书·邢峦传》），"全胜不斗，大兵无创"（《六韬·武韬·发启》），云云，只能是一种理想的追求，事实上很难有真正的万全，更不应为追求万全、争取圆满而患得患失，瞻前顾后，投鼠忌器，优柔寡断，以致错失战机，陷于被动，与成功失之交臂，图虚名而处实祸。

正因为孙子早已将这层关系明了于胸，所以他在高举"全胜"这杆大旗，在理念上汲汲追求万全之策的同时，在具体操作的层面上一直磨砺"战胜"这把尖刀，注重"取偏"的实效，特别强调突出重点，剑走偏锋，主张集中兵力，发挥优势，寻找突破口，各个击破，在此基础上扩大战果，克敌制胜，"故为兵之事，在于顺详敌之意，并敌一向，千里杀将"（《九地篇》）。孙子指出战略家最大的过错，在于不分主次、轻重和缓急，眉毛胡子一把抓，西瓜芝麻随地捡："故备前则后寡，备后则前寡；备左则右寡，备右则左寡；无所不备，则无所不寡。"（《虚实篇》）

由此可见，在"兵圣"孙子眼里，理想上求"全"与操作上重"偏"是高度统一的。孙子真正明白了"舍得"这层道理。得与失是辩证的，舍得舍得，说到底有舍才有得。所以孙子强调五"不"："涂有所不由，军有所不击，城有所不攻，地有所不争，君命有所不受。"（《九变篇》）绝不能为求"全"而大包大揽，绝不应为"全胜"而放弃"战胜"，一切要突出重点，抓住关键，牵一发而动全身，"以正合，以奇胜"。应该说，孙子这种剑走偏锋的思维方式充满深邃的哲理精髓，老子说"少则得，多则惑"，其所体现的精神旨趣，正与孙子"无所不备，则无所不寡"的基本理念相吻合。

很显然，孙子有关"求全"与"取偏"平衡统一的辩证思维，反映了理想与实际的统一，终极目标与阶段任务的统一。这在今天也是很有价值的，不无重大的启迪意义。它提醒人们，凡事都要设立一个远大而崇高的理想目标，朝着"尽善尽美"的方向去积极努力。但是在实际操作过程中则要摆正位置，放低身段，调整心态，尊重客观现实，不作超越个人能力与水平的期冀，特别要防止出现一味求稳求全，事事渴望圆满的行为方式，这包括在制订计划方案时面面俱到，方方皆足；在博弈竞争活动中通吃不漏，竭泽而渔；在人才选拔任用上求全责备，立一杆标尺。在具体的运作过程中，更有必要借鉴孙子的用兵艺术，人生智慧，分清缓急，甄别主次，开拓重点，把握关键，集中兵力，各个突破，先捡西瓜，后捡芝麻，千万不可不分重点，到处撒网，平均使用力量，导致捡了芝麻丢了西瓜，甚至芝麻西瓜统统丢光的局面发生。

# 第一讲
## 独领风骚：中国兵家的前世今生

### 一、"国之大事，在祀与戎"的谜底

#### （一）绕不开的坎：战争历史与军事学术

谈《孙子兵法》，首先当从中国军事历史说起。

孔子有云："有文事者必有武备，有武事者必有文备。"（《史记·孔子世家》）它揭示了一个基本事实，即军事始终是社会生活中的重要组成部分，与之相应的，就是军事史研究成为历史学研究的主要对象之一。强化军事史研究，对于推动整个历史研究，深化人们对历史现象的全面认识和历史发展规律的深刻把握，确实具有不可替代的意义。

军事在社会生活与历史演变中具有决定性意义。"国之大事，在祀与戎。"（《左传·成公十三年》）我们在今天可不要小觑了这句话，当下的释读，其实还是比较肤浅的，只是按字面的意思

作简单的解释，殊不知，它可是道出了古代社会生活的两个根本要义：巫觋系统与政事系统的各司其职，相辅相成。

世界上绝大多数民族和国家政治起源的情况相似，从氏族社会晚期的军事民主制时代开始，权力机构的运作，是按两个系统的分工负责来具体予以实施的，这在西谚中，被形象地概括为：将上帝的交给上帝，将恺撒的交给恺撒。

这两个系统，在古代中华文明起源时即已确立，标志性的事件就是《国语》中提到的重与黎分职理事，"绝地天通"，"乃命南正重司天以属神，命火正黎司地以属民"（《国语·楚语下》）。其延续，就是后世的巫史神职集团与卿事政务集团的自成体系，彼此独立。到了西周时期，即为太史寮（其首长为太史）与卿事寮（其首长为太师或太保）两大系统既独立运作，又相互配合（参见杨宽：《西周中央政权机构剖析》，《历史研究》1984年第1期；又可见杨宽：《先秦史十讲》，复旦大学出版社2006年版，第19—43页）。这种情况，到了春秋，其残留的痕迹依稀可辨，例如卫献公提出的复位条件："政由宁氏，祭则寡人。"（《左传·襄公二十六年》）也就是说，卫献公为了返回卫国上位，明确向其政治对手表态，他只需要恢复其巫祝通神权力，至于具体的行政管理权力，他愿意作出妥协，可以继续由权臣宁氏执掌。换言之，卫献公所要求的是国之大事中的第一项——"祀"，他清醒地看到宁氏已牢牢掌控着政事权力这个现实，不对争取"戎"的权力抱不切实际的幻想。

很显然，在当时人们的心目中，政权运作的核心有两个方面：一个是由神职系统官员负责的祭祀，它的基本宗旨就是沟通天人，接受与传达上天的意志，以向天下证明与展示其统治的合法性与神圣性；另一个就是由政务系统的官吏负责的政务事宜，即所谓的"戎"。而之所以以"戎"来代指政务，是因为在当时，战争乃是整个政务活动的中心，是最为重要的政务活动，绝对没有之一。这一点，也在政务系统官员的职掌安排问题上得到了充分的体现。例如，卿事寮下属的三有司，即皆与军事事务直接相关。司徒、司马和司空并称"三事"或"三有事（司）"。司徒虽然主管民政，但同时也负责征发军赋卒徒。故《国语·周语》说："司徒协旅。"韦昭注："掌合师旅之众也。"司空，也即司工，主要掌手工业，同时也兼管军事上的筑城和兵器装备的修缮诸事宜。至于司马，乃是纯粹意义上的专职武官。既然，"三有事"皆与军事有或多或少的关系，那么，"国之大事"两大系统中的政务项目，由"戎"来代表，来概括指称，那也就是非常自然、顺理成章的了。

就中国范围而言，军事往往是历史演进的最直观表现形态。在中国历史上，国家的分裂与统一，新旧王朝的交替换代，政治势力之间斗争倾轧，下层民众的反抗起义，中华民族内部的融会整合，等等，绝大多数都是通过战争这个途径来实现的。战争是社会生活的焦点，是历史演进的外在表现形式，数千年的中华文明史，从某种意义上讲便是一部军事活动史。

## （二）第一驱动力：军事在历史进程中扮演的角色

更为重要的是在中国历史上，军事渗透于社会生活的各个领域、各个层面，成为历史嬗变的指针。具体地说，最先进的生产力往往发源于军事领域，军事技术的进步在科技上呈示引导性的意义。换言之，最先进的工艺技术首先应用于军事方面，最优良的资源优先配置于军事领域，最突出的科技效率首先反映于军事实践。这种情况早在先秦时期便已出现，所谓用质量好的金属（青铜）铸造剑和戟，以用于军事；用质量差的金属（生铁）铸造农具，以用于农业①，选用天下最精良的原材料来制造武器装备②，云云。这些史料表明军事技术发展程度乃是整个社会生产力最高发展水平的一把标尺。秦汉以降，军事技术这把标尺的地位仍没有丝毫改变，战船的制造水平提高，筑城工艺技术的进步，火药、火器的使用，先进钢铁武器装备的铸造，等等，都是该历史时期先进生产力的集中体现，都起着带动其他生产领域工艺技术水平提高的重要作用。

军事在历史演进中的中心地位同样也体现在政治领域。历史上中央集权的强化，各种制度建设的完善，重大改革举措的推行，往往以军事为主体内容。所谓的中央集权，首先是军权的集中，这从"虎符发兵制""杯酒释兵权"，到朱元璋以五军都督府

---

① 《国语·齐语》："美金以铸剑戟，试诸狗马；恶金以铸锄、夷、斤、斸，试诸壤土。"狗马，用于猎之物，指代军事。锄、夷、斤、斸，均为农具。

② 《管子·七法》："聚天下之精材，论百工之锐器。"

代替大都督府，清代设置军机处等制度设置和行政措施中可以看得十分清楚。国家法律制度与规章，也往往是在军队中首先推行，然后逐渐向社会推广。如军功爵制滥觞于春秋时期赵简子的铁地誓师辞：克敌制胜者，上大夫可被授予一个县的封赏，下大夫可被授予一个郡的封赏，士人受封赏田地十万，普通平民，包括从事工商业者可以获得当官的身份资格，底层的奴隶则可以得到人身自由。[1]战国时期普遍流行的"什伍连坐法"，秦国的"二十等爵制"等，后来也逐渐由单纯的军中制度演变为控制与管理整个社会的奖惩制度。从这个意义上说，军队是国家制度建设的先行者，军事在国家政治发展中起着引导的作用。至于中国历史上的重大改革，也几乎无一例外以军事改革为其主要内容，如商鞅变法中"上首功"的措施，王安石变法中"保甲""将兵"等强兵措施，张居正改革中的整饬边防举措，均是具体的例证。而战国赵武灵王的"胡服骑射"，则更是完全以军事为中心的全面改革运动。

就世界范围而言，军事史作为历史学的重要组成部分也是无可置疑的。西方早期的历史著作，如希罗多德的《历史》、修昔底德的《伯罗奔尼撒战争史》、恺撒的《高卢战记》、色诺芬的《远征记》，都是军事史著作。这一传统延续至今，在当今欧美国家的历史学界，军事史仍然是人们研究的热点问题之一。有关战争、战略、军队编制、作战技术、武器装备、军事地理、军事人

---

[1]《左传·哀公二年》："克敌者，上大夫受县，下大夫受郡，士田十万，庶人工商遂，人臣隶圉免。"

物、军事思想等各个方面的研究都比较成熟，并取得了丰硕的成果，杰弗里·帕克主编的《剑桥战争史》就是这方面的代表之一。与此相对应，军事史在历史学界，甚至整个学术界都拥有较高的地位，产生了较大的影响。

在整个军事史的研究体系中，军事思想史也即兵学史的研究占据着核心的地位，具有指导性的意义。科林伍德指出：一切历史都是思想史。其言信然！我们认为，思想史是历史学研究的主要内容与主体对象，对思想史进行考察，是历史研究的主要方法。林德宏教授曾专门讨论了思想史在历史学研究中的关键作用：历史研究的顺序，是从直观的历史文物开始，展开对历史活动（以历史事件为中心）的认识，再进入对历史思想的探讨（叩问思想背景，寻觅思想动机，从事思想反思）。换言之，思想史是最深层次的历史。只有了解人的思想动机并反思结论，才能理解人的活动的本质。人的活动产物（物的历史），只有通过人的活动才能了解；而人的活动（事件的历史），只有通过人的思想才能说明。只有进入到思想史这个层次，才有可能对人类历史有完整而本质的理解与把握。（参见《思想家与思想史》，载《杰出人物与中国思想史》，江苏教育出版社2000年版）

总之，各个领域深层次的历史都是思想史，思想史研究是历史学研究的最终归宿。这一点，在军事史研究中也没有例外，兵学思想的研究，是军事史研究的主干与重心。换言之，在中国源远流长的军事史中，兵学思想无疑是其灵魂与核心，它在很大程度上规范了整个军事史的面貌，是丰富多姿、异彩纷呈的军事文化现象的精神浓缩和哲学升华，是具体军事问题的高度抽象，也是军事发展规律的普遍揭示。所以，兵学思想理应成为军事史研究的重点，也应该成为整个学术思想发展史认知中的重要一维。

军事学术思想，用我们比较规范与传统的概念来表述，就是中国古代兵学。所谓"兵学"，指的是中国历史上探讨战争基本问题，阐述战争指导原则与一般方法，总结国防与军队建设普遍规律及其主要手段的思想学说。它萌芽于夏、商、周时期，在春秋、战国时期形成独立的学术理论体系，充实提高于秦汉魏晋南北朝时期，丰富发展于两宋迄明清时期，直至晚清让位于近代军事学。

## 二、中国古典文化中的"尚武"风采与阳刚之美

### （一）"赳赳武夫，公侯干城"①：从武士到文士

"尚武"精神，这是先秦历史与文化的基调。

先秦是中国历史的少年时期，它的显著特色之一，是崇尚果毅精武、充沛阳刚之气，积极有为，锐意进取。这首先在它的社会审美价值观念上有鲜明的体现。

具体地说，当时普遍推崇"尚武"精神，很显然，在当时人们的心目中，"执干戈以卫社稷"才是正儿八经的事业，只有孔武有力的武士，才是人群中的精英、社稷的靠山、国家的栋梁，

---

① 《诗经·周南·兔罝》。

所谓"赳赳武夫,公侯干城",讲的就是这种时代风尚。换成在今天,"赳赳武夫",那就是京剧《沙家浜》中胡传魁司令一类人物了,即四肢发达、头脑简单的粗汉一个。顾颉刚先生曾作过考证,认为"吾国古代之士,皆武士也"[1]。他们是"国士",地位崇高,万人钦仰:"国士在,且厚,不可当也。"[2]

这种社会普遍"尚武"的风尚,在当时的婚姻择偶观中也有具体的反映。《左传·昭公元年》所记载的郑国贵族徐无犯之妹的婚姻故事,就是一个形象生动的例证:

> 郑徐吾犯之妹美,公孙楚聘之矣,公孙黑又使强委禽焉。犯惧,告子产。子产曰:"是国无政,非子之患也。唯所欲与。"犯请于二子,请使女择焉。皆许之。子皙盛饰入,布币而出。子南戎服入,左右射,超乘而出。女自房观之,曰:"子皙信美矣,抑子南夫也。夫夫妇妇,所谓顺也。"适子南氏。[3]

郑国贵族徐吾犯之妹择婿时,舍弃衣冠楚楚("盛饰")、扭捏作态的公子黑(子皙)而最终选择"戎服入,左右射,超乘而出"的公孙楚(子南),其理由就是公孙楚粗犷强悍,有一身

---

① 顾颉刚:《史林杂识 初编》卷一四《武士与文士之蜕化》,中华书局1963年版,第85页。

② 《春秋左传正义》卷二八《成公十六年》。

③ 《春秋左传正义》卷四一。

的蛮劲，"子晳信美矣，抑子南夫也。夫夫妇妇，所谓顺也"。追求阳刚之气概，鄙视阴柔之美，其"尚武"之价值取向，可谓昭然若揭。显而易见，推崇勇敢，赞美果毅，乃是当时人们的普遍嗜好与强烈追求。《国语·周语》记载晋国卿大夫郤至自称有"三伐"："吾有三伐：勇而有礼，反之以仁。吾三逐楚军之卒，勇也；见其君必下而趋，礼也；能获郑伯而赦之，仁也。"①这里，"勇"，是为"三伐"之首的，"尚武"之风貌，可谓跃然纸上！而像《诗经·秦风·无衣》这样的诗篇，更是将"尚武"精神弘扬光大到了极致："岂曰无衣，与子同袍。王于兴师，修我戈矛。与子同仇！"②

　　由于"尚武"精神风行于当时整个社会，因此，贵族们都特别重视尊严，将个人的荣誉看得比生命还要重要。动辄决斗，遵守规则，讲求信誉，视死如归，这就是"尚武"风尚在贵族社会生活中的自然反映。换言之，提倡"信诺"，在某种程度上，就是"尚武"精神在道德范畴上的应有之义。因此，成书于春秋晚期的《孙子兵法》一书，在阐释"将有五德"问题上，将"信"列为将帅必须具有的五项素质中的第二位，其地位仅次于"智"而高于"仁""勇""严"。"人而无信，不知其可"③，"言必信，行必果"④，云云，遂成为当时社会的普遍共识，连孔夫子也将

① 徐元诰撰，王树民、沈长云点校：《国语集解》，中华书局2002年版，第74页。

②《毛诗正义》卷6-4，《秦风·无衣》，第794—795页。

③《论语·为政篇》。

④《论语·子路篇》。

"信"这一道德伦理范畴，看成治国安邦的先决条件："自古皆有死，民无信不立！"①

《左传·昭公二十一年》所记载的宋国两位贵族的决斗，非常典型地透露了当时贵族在"尚武"精神熏陶下的规则意识——决斗交锋之正大不诈的原则。两个宋国的贵族在战场上发生冲突，为了维护自己的荣誉与尊严，他们决定以射箭决斗的方式来解决问题。两人各自驾着战车，其中有一位名叫华豹的先射了一箭，遗憾的是，他未能射中对方，按"军礼"的要求，接下来该轮到对方射了。华豹当时心急火燎，还想发射第二箭，这时候，对手公子城发现华豹有作弊的嫌疑，忍不住高声大喊："不狃，鄙！"②你怎么能不讲规则呢？这太卑鄙了！你已经射了我一箭，现在该轮到我回敬了。华豹一听，有道理，觉得非常惭愧，于是就停止了发射箭镞的动作，心想且等你射完第一箭之后，我再回敬你一箭。于是他就傻傻地等着对方射，结果被公子城一箭射死。这就是当时在"尚武"之风弥漫的背景下，人们对信义的自然皈依。所谓"追逐败逃的敌人不超过一百步，追击主动退却的敌人不超过九十里"③，"君子不会再伤害已经负伤的敌人，不抓俘头发斑白的中老年敌人。古人作战，不凭借和利用关隘险阻这样的地形。寡人我虽然是早已经亡了国的殷商后裔，但还是会遵

---

① 《论语·颜渊篇》。

② 《春秋左传正义》卷五十。

③ 《司马法·仁本》："逐奔不过百步，纵绥不及三舍。"

守'军礼'，决不会在敌人还未列阵之前就发起进攻"①，等等，皆系"尚武"精神浸润之下的自然产物!

### （二）"序者，射也"：上古教育的重心

先秦时期的"尚武"文化精神的张扬，是与当时的教育主体与教学内容紧密联系在一起的。在贵族所受的教育中，军事的科目占有很大的比重。当时的"六艺"，并非孔子整理古代经典以后所确立的"六艺"（《诗》《书》《礼》《乐》《春秋》《易》），而是富有实践与操作意义的"礼、乐、射、御、书、数"。学"礼"，乃是道德行为准则的确立；学"乐"，乃是文化情操境界的塑造；"书"与"数"，则是应对社会事务能力的培养；而"射"与"御"的学习，则是为了军事技能的掌握。由此可见，当时的贵族教育，注重的是德、智、体、美全方位健全人格的培育，而军事技能的学习和掌握，则是非常重要的环节，这种教育模式，实与先秦时期的"尚武"风尚相一致。

对广大的"亦兵亦农"的普通国人来说，更主要的军事训练和实战演习乃是通过参与田猎活动来实现的，即所谓"则其制令，且以田猎，因以赏罚，则百姓通于军事矣"②，"天子乃教于田猎，以习五戎"③。田猎一般在农闲时进行。按《左传·隐公

---

① 《左传·僖公二十二年》："君子不重伤，不禽二毛。古之为军也，不以阻隘也。寡人虽亡国之余，不鼓不成列。"

② 《管子·匡君小匡》。

③ 《礼记·月令》。

五年》："春蒐，夏苗，秋狝，冬狩，皆于农隙以讲事也。三年而治兵，入而振旅，归而饮至，以数军实。"①可见当时统治者每年要进行四次田猎活动来使将士熟悉军事，以车兵、射士和步兵的作战阵形模拟实战进行演习，从而提高部队的实战能力。又据《周礼·夏官·大司马》记载，这种以农闲进行的四次军事演练，又有独特的命名——"振旅，茇舍，治兵，大阅"，这反映了其在演练上各有自己的不同侧重点。

在四时田猎习武活动中，尤以冬季的那一次"大阅"规模最大，最具有代表性，所以《国语·周语上》干脆忽略了其他三季的演练，仅仅把冬季的"大阅"列为军事训练活动，"三时务农而一时讲武"。此时，国君、朝臣都要参加，《诗经·豳风·七月》所载即系明证："二之日其同，载缵武功。"郑玄笺曰："其同者，君臣及民因习兵而俱出田也。"

随着军事发展的需要，王室和方国在利用田猎开展军事训练的过程中，逐渐减少了娱乐性的成分，使之更适应实战的要求，如《周礼·夏官·大司马》对四时的田猎活动，作出了阶段性的安排：首先侧重基础性的军事演练，如阵形排列，识别旗、鼓、金等指挥信号，并且"教坐作、进退、疾徐、疏数之节"②（单兵队列教练）；然后进行狩猎，以野兽为假想敌，模拟进攻行动，演习军阵；最后检查捕获物以论赏罚；仲冬十一月，则进行大规模的军事演习和军事检阅，"天子乃命将帅讲武，习射御，

---

① 《春秋左传正义》卷三。
② 《周礼·夏官·大司马》。

角力"①。

排演练习战斗舞蹈（"武舞"），也是"尚武"氛围笼罩之下先秦军事训练中的重要项目。参加武舞的人员，一般都手持干盾，模拟基本战斗动作，既用来激励舞者本人和旁观者的战斗激情和尚武精神，又促使舞者熟悉作战动作的要领，为实战作必要的准备。闻一多先生曾指出："除战争外，恐怕跳舞对于原始部落的人，是唯一的使他们觉得休戚相关的时机。它也是对于战争最好的准备之一，因为操练式的跳舞有许多地方相当于我们的军事训练。"②这是很精辟的说法。唯根据实战过程，制为舞乐，"美盛德之形容"③者，不仅原始部落有之，夏商以降历代均有之；不仅汉族有之，其他民族也有之。

从文献记载看，当时的武舞是和射御紧紧联系在一起的。如《礼记·内则》说："成童舞象，学射御。"又如《诗经·齐风·猗嗟》也说："舞则选兮，射则贯兮。四矢反兮，以御乱兮。"可见武舞实际上就是军事操练的一种形式④，是"尚武"文化精神的艺术上之形象写照。它与"蒐狝"活动一起，构成当时军事训练的主体内容，并且在实战中体现出其独特的壮观景象。相传武

---

① 《礼记·月令》。

② 闻一多：《闻一多全集》，生活·读书·新知三联书店1982年版，第198—199页。

③ 卜商：《毛诗·序》。

④ 《礼记·郊特牲》有"朱干设锡，冕而舞大武"之语，意谓手执背面装有金属饰物的朱漆盾牌，盛装跳大武舞。这也是武舞为重要军事训练形式之一种的重要证据。

王伐纣时，在进攻朝歌的前夜，"师乃鼓噪，师乃慆，前歌后舞"①。而在凌晨进攻时，勇锐的巴师则"歌舞以凌殷人"②。

先秦时期还开设各级学校培养人才，在贵族子弟中进行军事教育。这些学校，从本质属性上讲，乃是教授"武学"。对此，王晖教授在其《庠序：商周武学堂考辨——兼论周代小学大学所学内容之别》③一文中曾有翔实的论证。他认为，商代的武学堂为"庠"，周代的武学堂为"序"，就其性质而言，乃属于当时的大学辟雍，其基本功能，是教授射、御技能，同时也进行礼仪活动的教育。《孟子·滕文公上》言夏商周三代教育云："设为庠、序、学、校以教之。庠者，养也；校者，教也；序者，射也。"

夏代的史迹尚不是很清楚，而商代对贵族子弟、战车甲士进行射、御训练已经得到甲骨卜辞的证实。卜辞中有大量诸如"王学众，伐于囗方""学马""教戍"一类的记载④，还常见是否令其人"庠射""庠三百射"的反复占卜。

西周时期的学校军事教育得到进一步加强。当时，在中央设立的"辟雍""学宫""射庐""大池"等学校机构，可以统称为"序"。《孟子·滕文公上》言"夏曰校，殷曰序，周为庠"，王晖认为，这里殷商学校名称与周代学校名称错置了，而许慎《说文

---

① [汉] 伏胜：《尚书大传》卷二《周传》。按，慆，喜悦。

② [晋] 常璩：《华阳国志》卷一《巴志》。

③ 参见王晖：《庠序：商周武学堂考辨——兼论周代小学大学所学内容之别》，《中国史研究》2015年第3期。

④ 参见王贵民：《商周制度考信》，（中国台湾）明文书局1989年版，第241—246页。

解字》"广部"、《汉书·儒林传》皆作"殷曰庠，周曰序"，乃是与甲骨卜辞、西周金文所述学校名称相一致的。诸侯国及卿大夫采邑，也设置有"泮宫""庠""序""校""塾"等学校，以保证军事教育与军事训练的普遍推行。

大致而言，贵族子弟一般从十五岁起学习乐舞（包括"武舞"）和射御课程，每名"学士"都要学好射箭和驾驭兵车的本领，这些本领包括"五射"（五种射箭技法）和"五驭"（五种驾车的技巧），由保氏等专业人员负责传授。周代的射仪，规模十分盛大，据《仪礼》记载，分为大射、宾射、燕射、乡射四种，各有定制，所用的弓、箭、靶和伴奏音乐均不相同，其目的是通过表彰射、御之善者，以提高射、御之术，加强军队的战斗力。其中，大射是在射宫举行的"选射之礼"。据静簋铭文记载，当时有位名叫静的人，曾遵照王命在学宫教一些贵族少年习射。两个月后，他们又参加了一次在大池举行的田猎，进行演习，而周王本人也经常在射宫和猎场亲自发矢操练。这种武学教育体系的确立和武学教学内容的落实，也就成为先秦"尚武"文化精神维系与发扬的重要制度性保证。

除开展射、御技能训练外，在整个社会"尚武"风尚的影响下，当时的学校还从事告庙、献俘、庆赏、饮至等军礼的教育。它们和射、御训练一起，构成当时贵族子弟的主要学习内容。

（三）六大板块居其一：兵学的学术地位

先秦时期的"尚武"精神之充沛激昂，我认为还可以通过对

《汉书·艺文志》图书分类与学科界定的考察而有所认知。

今天，人们呼吁重归传统，倡导弘扬国学。这当然值得赞许，应该肯定。然而，当激情渐渐消退，理性终占上风之时，我们是否该扪心自问：我们究竟要回归哪个传统？我们到底要弘扬哪种国学？是回到明清，还是唐宋？抑或秦汉，甚至先秦？是依据《隋书·经籍志》所最终确定的经史子集的四部之学，还是复兴《汉书·艺文志》所系统构建的六艺、诸子、诗赋等六略之学？是回归以经典传承为中心的《诗》《书》《礼》《乐》《易》《春秋》的"六艺"，还是回归以全人培养为宗旨的礼、乐、书、数、射、御的"六艺"？

要对这些问题作出比较科学的回答，就需要我们回归经典，回归学术，考镜源流，辨章学术，洞隐烛微，钩玄提要。而重点关注与深入研究《汉书·艺文志》，毫无疑义，就是实现这个目标的应有之义、必由之途。

众所周知，《汉书·艺文志》在中国学术发展史上具有提纲挈领、举足轻重的地位，它承载了先秦至秦汉学术形态演变的基本脉络，是后世梳理、认知、评判先秦及秦汉学术的最重要凭借。因此，还原《汉书·艺文志》形成的历史场景，再现《汉书·艺文志》编排的内在逻辑，梳理《汉书·艺文志》论述学术的基本考量，对把握先秦及秦汉的学术文化整体面貌与基本特征具有关键的意义，而后世对先秦及秦汉学术若干重大问题的争论，也往往以《汉书·艺文志》为探讨的逻辑起点与根本核心。套用明代兵家茅元仪评论《孙子兵法》的话来说，就是："前

《汉志》者，《汉志》不遗；后《汉志》者，不能遗《汉志》。"

　　《汉书·艺文志》是《汉书》"十志"之一。它记载了"六艺"和诸子百家的图书总目录，其内容分为六艺、诸子、诗赋、兵书、数术、方技六略，共收书三十八种五百九十六家一万三千二百六十九篇。它同时又是体现先秦至秦汉的学术文化发展总成就、总趋势与总特征的理论总结，因为在叙录书目的同时，《汉志》在每种图书之后均有"小序"，在每一"略"之后均撰有"总序"，对先秦至秦汉的学术文化的源流、嬗变、特色、价值、影响，都有系统的梳理与全面的总结。

　　我始终认为，不能单纯地将图书的目录分类，视为目录学问题，而应视为学术思想文化发展状态与特征的综合性、集中性体现。图书的目录分类准确折射了其所处时代的"文化性格""学科建设"面貌与特色。所谓的"经、史、子、集"图书四部分类法，是历经荀勖《中经新簿》、阮孝绪《七录》，至《隋书·经籍志》最终确立的。虽说它在目录学史上有重要的地位与价值，但是明显偏重于纯学理的图书分类，与《汉书·艺文志》的目录体系与学术旨趣有显著的差异。稍加分析，我们就能发现，在《汉书·艺文志》中，实用之学与理论之学是结合在一起的，它传承西汉刘向《别录》、其子刘歆《七略》而来，在刘氏父子的学术总结基础上集粹撮要，遂成文献总目和学术渊薮。

　　六艺略，就是理论指导，《诗》《书》《礼》《乐》《易》《春秋》，即国家的统治思想与文化；诸子略，就是中国的学术思想流派；诗赋略，就是文学艺术作品；兵书略，就是用于指导战争实践的理论及其相应的操作方法；数术略，近似于今天学科体系中的"理科"；方技略，颇类似于今天的"工科"。换言之，《汉志》"六略"，前三略，六艺、诸子、诗赋属于同一性质，可归入"道"的层面；而后三略，兵书、数术、方技又是一个性质近似的大类，属于"术"的层面。"道"的层面，为"形而上"；"术"的层面，为"形而下"。"形而下"者，用今天的话来说，是讲求功能性的，它不尚抽象，不为玄虚，讲求实用，讲求效益。但在经史子集的目录体系里却淡化了这些操作性、实践性的东西，取消了兵书、数术、方技三大类图书典籍的独立地位，将它们纳入子部之中。《汉志》的图书目录分类，从学科体系构筑上考察，显然更全面、更系统。我们今天弘扬国学，要真正超越经史子集的传统，回归理论与实践相结合的中国传统学术的原生态——班固《汉书·艺文志》的"六略"之学。

而"六略"之学之所以向"四部"之学嬗递，我认为，除了在魏晋门阀制度背景下，史部著述数量由于谱牒学、方志学等发达而剧增等具体原因外，也与中国文化性格特征、价值取向的转型有内在的关系。这种转型，从本质上来概括，就是由"尚武"转向"崇文"，由阳刚转向阴柔，由进取转为守成。

先秦的"尚武"之风，至两汉而未改，故张骞敢于横绝大漠，致力"凿空"；班超勇于进取开拓，"投笔从戎"；陈汤能发出铿锵有力的时代强音："明犯强汉者，虽远必诛！"①所谓"汉

---

① 《汉书》卷七十《陈汤传》。

唐雄风"，其底蕴、其特色，就是对先秦时期"尚武"风尚的传承和赓续！这种"尚武"的文化精神，折射到当时的图书目录分类，就是兵书略独立而成为一略，是一级学科，与诸子略并列，兵家高于道、法、墨等其他诸子。

## （四）从"权谋"到"技巧"：兵家的四大流派

汉代传承先秦的"尚武"文化精神，对承载"尚武"意识的兵书高度重视。这首先表现为对兵书的整理与校订。与秦王朝仇视和灭绝文化的立场与态度不同，西汉王朝的统治者重视文化的积累与发展，尤其提倡实用性较强的学术文化。兵学是实用之学，直接关系到政权的稳定，因此为西汉统治者所关注，校理兵书就是这方面的重要举措。

西汉对兵书的搜集整理工作主要有三次。第一次是汉高祖在位时"韩信申兵法"："张良、韩信序次兵法，凡百八十二家，删取要用，定著三十五家。"[1]限于汉初"干戈未息"，"自天子不能具醇驷，而将相或乘牛车"[2]的政治经济条件，以及"挟书律"未除的文化氛围，这次整理大约重在搜集和遴选。第二次是在汉武帝时，当时反击匈奴的战争正在如火如荼地进行，为了夺取战争的胜利，统治者自然对兵学倍加关注，于是就有军政杨仆整理兵书之举："军政杨仆捃摭遗逸，纪奏兵录，犹未能备。"[3]颜师

---

① 《汉书》卷三十《艺文志·兵书略》。
② 《汉书》卷二十四上《食货志第四上》。按，醇驷，四匹毛色一样的马。
③ 《汉书》卷三十《艺文志·兵书略》。

古注曰："捃摭，谓拾取之。"可见杨仆的工作主要也是搜集兵书，遗憾的是，由于种种原因，这次整理尚存在缺陷——"犹未能备"。第三次是在汉成帝时，由"任宏论次兵书"，"光禄大夫刘向校经传诸子诗赋，步兵校尉任宏校兵书，太史令尹咸校数术，侍医李柱国校方技。每一书已，向辄条其篇目，撮其指意，录而奏之"。① 可见是由步兵校尉任宏整理兵书，并由刘向总其成，为整理校订后的兵书作叙录，附于各书之中，上奏皇帝。这次整理的意义要远远大于前两次，不仅划分了兵家的各类流派，而且还认真厘定了文字，规范了版本，揭示了各部兵书的学术价值——刘向、任宏对搜集到的各部兵书，校勘其文字，确定其书名，统一其篇名，排定其篇章次序，撰就其提要，缮写而后成为定本，由国家集中收藏。这次整理，使先秦至西汉中期的兵书基本上以较完善的面貌存之于世。

在西汉第三次兵书整理过程中，步兵校尉任宏对搜集到的兵书进行了系统的分类工作——"任宏论次兵书为四种"，即根据西汉中叶以前兵书的基本内容和主要特征，把兵家划分为兵权谋家、兵形势家、兵阴阳家、兵技巧家等四大类。

其中兵权谋家共十三家，著作二百五十九篇，现存《吴孙子兵法》②《齐孙子》③和《吴起》《公孙鞅》《大夫种》《兵春秋》《庞煖》《兒良》《广武君》《韩信》等，这是兵学流派中最主要的

---

① 《汉书》卷三十《艺文志·序》。
② 即《孙子兵法》。
③ 即《孙膑兵法》。

一派。兵形势家共十一家，著作九十二篇，主要有《楚兵法》《蚩尤》《孙轸》《王孙》《尉缭》《魏公子》《景子》《项王》等，现仅存《尉缭》。兵阴阳家共十六家，著作二百四十九篇，主要有《太壹兵法》《天一兵法》《神农兵法》《黄帝》《封胡》《风后》《力牧》《鬼容区》《地典》《师旷》《苌弘》《别成子望军气》等。现都已散失，只有后世诸如《太平御览》《册府元龟》等类书、政书保留有极零星的内容。兵技巧家共十三家，著作一百九十九篇，主要有《鲍子兵法》《伍子胥》《公胜子》《逢门射法》《阴通成射法》《李将军射法》《魏氏射法》《剑道》《手搏》《蹴鞠》等，亦已基本散失。比较能反映兵技巧家的基本情况的，只有后人辑佚的《伍子胥水战法》以及《墨子·城守》十一篇。

在划分兵书种类的基础上，刘向、任宏还就每类兵书的军事学术特点加以分析和总结。他们指出兵权谋家的基本特点是："权谋者，以正守国，以奇用兵，先计而后战，兼形势，包阴阳，用技巧者也。"[1]可见这一派主要讲求战略，是一个兼容各派之长的综合性学派。

兵形势家的基本特点为："雷动风举，后发而先至，离合背乡，变化无常，以轻疾制敌者也。"[2]即主要探讨军事行动的运动性和战术运用的灵活性与变化性。结合实战历史，挂名西楚霸王项羽名下的《项王》一书，可能最合乎兵形势家的特征了。有不少学者认为这一学派主要是讲求战术的。

---

[1] 《汉书》卷三十《艺文志》。
[2] 《汉书》卷三十《艺文志》。

而兵阴阳家的主要特点则是："顺时而发，推刑德，随斗击，因五胜，假鬼神而为助者也。"①这表明它注重天时、地理条件与战争关系的研究，可能与范蠡以及黄老学派有浓厚的渊源关系。近年新出土的张家山汉简《盖庐》一书，《六韬》中的《五音》《兵征》诸篇，《孙子兵法》中"画地而守之""黄帝之所以胜四帝也"等文字，以及山东临沂银雀山汉墓竹简本《孙子·计篇》中的"顺逆，兵胜也"之类的提法，都可以说是兵阴阳家特色之具体写照。

兵技巧家的主要特点为："技巧者，习手足，便器械，积机关，以立攻守之胜者也。"②这就是说，这一派注重的是军械和作战技术，它包括设计、制造攻守器械和使用器械的方法、要领等。从现存的文献看，墨家是最典型的兵技巧家。这表现为《墨子》一书对守城防御作战的器械装备和具体战术作了充分的论述。它根据"今之世常所以攻者，临、钩、冲、梯、堙、水、穴、突、空洞、蚁傅、轒辒、轩车"等当时通行的十二种攻城战法，提出了诸如"备高临""备梯""备水""备突""备蚁傅"等一系列有效的守城战术。墨家学派的城守思想，对我国古代防御理论具有奠基意义，影响非常深远。后世有关防御原则和战术的论述，多借鉴或祖述《墨子》，以至于把一切牢固的防御笼统地称之为"墨守"；近人尹桐阳称赞它"实古兵家之巨擘"；岑仲勉则将它与《孙子兵法》相提并论，说："《墨子》这几篇书，我

①《汉书》卷三十《艺文志》。
②《汉书》卷三十《艺文志》。

以为在军事学中，应该与《孙子兵法》同当作重要资料，两者不可偏废的。"（岑仲勉《墨子城守各篇简注·自序》）这些评价是有一定道理的。

需要加以说明的是，刘歆《七略》中著录的兵书，较之于班固《汉书·艺文志》所著录的兵书，数量上要多许多。刘歆《七略》的"兵书略"中，"兵权谋"一目下还著录有《伊尹》《太公》《管子》《孙卿子》《鹖冠子》《苏子》《蒯通》《陆贾》《淮南王》等著作。班固考虑到这些书目已在其他类目中作了著录，出于避免重复计，《艺文志》"兵权谋"一目中便省略未著录。《七略》的"兵权谋"一目还著录一种《军礼司马法》，《艺文志》则将它移入"六艺略"的"礼"目之中。《七略》的"技巧"一目还著录有《墨子》一家，《艺文志》因其已录入"诸子略"的"墨家"之目，故亦省略不著录。另外《艺文志》"兵技巧"一目又增录《蹴鞠》一家。

任宏、刘向对兵家流派的划分与总结，是中国兵学发展史上的一个里程碑，从此兵家四分法经《汉书·艺文志》记载而为后世兵家奉为圭臬，成为后世兵书撰著与兵学理论建树的规范程序与指导方针。

但是，在后来"崇文"的文化氛围越来越浓厚的历史背景下，兵家的地位日趋低落，兵书的总量相对萎缩，到了唐初编纂《隋书·经籍志》之时，兵书略被归入子部之中，且日益边缘化，由"蔚为大国"退化为"蕞尔小国"了。这就是目录分类变化背后的学术文化变迁之一个显著事例，也是"尚武"精神日益萎缩

041

的一个具体象征。

（五）"西湖歌舞几时休"："尚武"精神的式微

春秋后期，随着"学在官府"格局的瓦解、学术下移趋势的不可逆转，"尚武"风尚也开始悄然改变了，社会上"崇文"的现象逐渐高涨了起来。许慎《说文解字》有云："儒者，柔也。术士之称。"①可见，在春秋后期之前，儒者，作为一个群体，在社会上乃是被边缘化的角色，在当时相当多人的眼中，"四体不勤，五谷不分"，只会摇唇鼓舌，不能冲锋陷阵，正是这些"文化人"的最大特征。用《墨子·非儒下》的话来讲，即"博学不可使议世，劳思不可以补民，累寿不能尽其学，当年不能行其礼，积财不能赡其乐。繁饰邪术，以营世君；盛为声乐，以淫遇民。其道不可以期世，其学不可以导众"②。随着孔子正式创立儒家，儒者就成为章太炎《国故论衡》下卷《诸子学九篇·原儒》中指出的"私名"之"儒"：

儒有三科，关"达""类""私"之名。达名为儒，儒者，术士也……儒之名，盖出于需。需者，云上于天，而儒亦知天文，识旱潦……古之儒知天文占候，谓其多伎，故号

---

① ［汉］许慎撰，［宋］徐铉校订：《说文解字》，中华书局2013年版，第159页。

② 吴毓江撰，孙启治点校：《墨子校注》，中华书局1993年版，第439—440页。

遍施于九能，诸有术者悉贩之矣。

又云：类名为儒，儒者知礼、乐、射、御、书、数。《天官》曰："儒以道得民。"说曰："儒，诸侯保氏有六艺以教民者。"《地官》曰："联师儒。"说曰："师儒，乡里教以道艺者。"此则躬备德行为师，效其材艺为儒。

再曰：私名为儒。《七略》曰："儒家者流，盖出于司徒之官，助人君顺阴阳、明教化者也。游文于六经之中，留意于仁义之际，祖述尧舜，宪章文武，宗师仲尼，以重其言。于道最为高。"周之衰，保氏失其守。史籀之书，商高之算，蜂门之射，范氏之御，皆不自儒者传。[①]

自此之后，儒者作为中华文化精神的承载者、守护者，逐渐成为社会生活的主导力量，"祖述尧舜，宪章文武，宗师仲尼"的基本立场和价值取向，无疑潜移默化、感化挹注地改变和重塑了中华民族的文化性格，而精神风貌上的"尚武"转向"崇文"，则是这种改造中最为突出的变化之一，这就是《汉书·儒林传》中所津津乐道的政治文化新气象："自此以来，公卿大夫士吏彬彬多文学之士矣！"

当然，这种民族文化性格的转型，有个漫长的过程。如前所述，汉唐时期，尽管"崇文"的风尚越来越炽热，但"尚武"精神的魂魄犹存，汉唐雄风依然凌厉而高扬。领略建安风骨，或者

---

① 章太炎：《国故论衡》下卷《诸子学九篇·原儒》，商务印书馆2010年版，第149—150页。

品读唐人的边塞诗，我们分明能感受到当时人们那种慷慨激昂、遒劲豪迈的阳刚之气，那种悲凉沉郁、睥睨天下的风骨气概！"捐躯赴国难，视死忽如归！"（曹植《白马篇》）就是"尚武"文化精神与民族性格的生动诠释！到了唐代，这一传统仍在延续，像"宁为百夫长，胜作一书生"（杨炯《从军行》），"男儿何不带吴钩，收取关山五十州。请君暂上凌烟阁，若个书生万户侯"（李贺《南园十三首》其五），"健儿宁斗死，壮士耻为儒"（杜甫《送蔡希曾都尉还陇右因寄高三十五书记》），等等，均洋溢着高昂的英雄主义与"尚武"精神。

由"尚武"到"崇文"的根本转折点是在宋代。众所周知，赵匡胤发动陈桥兵变，黄袍加身，建立宋朝之后，片面汲取唐末藩镇割据、五代政权更替的历史教训，在国家治理上，一味推行"重文教，抑武事"①的基本国策与方针。从而在国家发展大战略的层面，从根本上决定了"尚武"精神式微、"崇文"意识全社会化这一趋势的不可逆转性。

在这样的政治环境和社会氛围之下，宋人普遍以"崇文"为荣，而以"尚武"为耻，反映在个人仕途上，只要有机会，就希望出任文职，而排斥担当武职的官员。例如，宋代著名兵学思想家、经典兵书《何博士备论》的作者何去非，尽管兵学造诣精深，又身为武学教授（后晋升武学博士），但自上任之日起就不安心本职工作，曾求其好友苏东坡两次上书朝廷，请求"换文

---

① ［宋］李焘：《续资治通鉴长编》卷十八，中华书局1995年版，第394页。

资",即希望把他由武官改为文官,由武学博士转任为太学博士。何去非的选择,就是这方面非常有代表性的例子。

同样的道理,文官如果要被改授武职,哪怕武职官衔更大、地位更高,一般也不愿意。《湘山野录》卷中就有这方面的生动记载:"真宗欲择臣僚中善弓矢、美仪彩,伴辽使射弓。时双备者,惟陈康肃公尧咨可焉。陈方词职进用。时以晏元献为翰林学士、太子左庶子,事无巨细,皆咨访之。上谓晏曰:'陈某若肯换武,当授与节钺,卿可谕之。'时康肃母燕国冯太夫人尚在,门范严毅。陈曰:'当白老母,不敢自辄。'既白之,燕国命杖挞之,曰:'汝策名第一,父子以文章立朝为名臣。汝欲叨窃厚禄,贻羞于阀阅,忍乎?!'因而无报。"[1]

在"崇文"社会大氛围笼罩下,武将在文官的眼中,简直就是四肢发达、头脑简单的大草包,司马光《涑水记闻》卷七中寇準斥责曹利用不假辞色,态度之恶劣,可为佐证:"寇为枢密使,曹利用为副使,寇以其武人,轻之。议事有不合者,莱公辄曰:'君一武夫耳,岂解此国家大体!'"[2]武人出身的官员,即使爬到了枢密使、宰相这样的最高位置,其内心仍耿耿于怀于非科举正途仕进,缺乏底气,不无自卑,有时候免不了要发点牢骚,名将狄青就是如此。(《默记》:"韩枢密功业、官职与我一般,我少一进士及第耳!"[3])狄青他以卓越的战功成为宋仁宗时期的最

---

① [宋]释文莹:《湘山野录》,明津逮秘书本。

② [宋]司马光:《涑水记闻》,清武英殿聚珍版丛书本。

③ [宋]王铚:《默记》,清知不足斋丛书本。

高军事长官——枢密使，但由于他是行伍出身，受到文臣们的嘲讽和排挤。他的名望与身份，也大大低于当时的枢密副使韩琦。韩琦，乃是以进士出身出任武职，看不起军人，说什么："东华门外以状元唱出者乃好儿也。"缘是之故，狄青才有上述的感慨。在这样的"重文抑武"背景下，先秦时期的"尚武"之风真是销声匿迹、荡然无存了！

客观地讲，宋代的文治，是高度文明，高度成熟，可谓极大的成功：看张择端《清明上河图》所直观反映的汴京市民生活情景，读《武林旧事》《东京梦华录》之类的宋人笔记所记载的勾栏瓦舍的热闹场面，我们不能不承认宋代城市繁华、经济发达、文化进步，使普通民众基本上过上了尚算可以的生活。"暖风熏得游人醉，直把杭州作汴州"，我们可以批评宋时民众安于现状、缺乏进取的问题，但却不能不承认"山外青山楼外楼，西湖歌舞几时休"，老百姓安居乐业、悠闲自在的事实。

但是，缺乏"尚武"精神支撑的宋代国防，则是完全失败的。说宋代"积贫"，也许未必，但称宋代"积弱"，则是殆无疑义。它不仅不能收复当年被石敬瑭割让出去的战略要地燕云十六州，反而年复一年地让契丹、女真、蒙古欺凌打压，损兵折将，割地求和，面子里子都输得干干净净。它打不过辽，打不过金，打不过元，那也就认了，可在小小的西夏的面前，都难求一胜，则多少有些匪夷所思了。

这种局面一直延续下来，中华民族的文化性格中，"粗犷""原始野性"的成分可谓是日益弱化，阴柔替代阳刚，文弱替代武毅，成为普遍的社会风尚。到了清末民初，中国民族性，似乎再也看不到刚毅进取的特色，而是成了鲁迅先生所批判的"中庸"模样："我们中国的最伟大最永久，而且最普遍的'艺术'是男人扮女人。这艺术的可贵，是在于两面光，或谓之'中庸'——男人看见'扮女人'，女人看见'男人扮'，表面上是中性，骨子里当然还是男的。"①

## （六）"却将万卷平戎策，换得东家种树书"：兵学的边缘化

这种唯"崇文"而不"尚武"之风的盛行，从兵书在整个文化事业与图书分类中被日趋边缘化中，也有所体现。中国古代兵书的数量之多，内容之广，确实是令人惊讶和震撼的，形容为汗牛充栋毫不为过。民国时期，陆达节撰有《历代兵书目录》，据其统计，中国历代共有兵书1304部，这当然是不尽完备的数据。许保林先生《中国兵书知见录》中著录兵书3380部2323503卷（959部不知卷书，未计在内），其中存世兵书2308部18567卷（731部不知卷数，未计在内），存目兵书1072部4936卷（228部不知卷数，未计在内）②。这个统计尚是初步的，刘申宁先生的《中国兵书总目》有更多的著录，达4000余部之多③。但不管是

① 《鲁迅全集》第五卷《最艺术的国家》，人民文学出版社1981年版，第85页。
② 参见许保林：《中国兵书知见录》，解放军出版社1988年版。
③ 参见刘申宁：《中国兵书总目》，国防大学出版社1990年版。

3000多部，抑或是4000余部，中国为世界上首屈一指的"兵法大国"，乃是当之无愧的。

但是，我们看到，最终被收录于清代"四库全书"的古代兵书，仅寥寥二十部而已，像著名兵书《武备志》《筹海图编》《翠微先生北征录》《百战奇法》等，都被摒弃，不予收录。总之，在整个"四库全书"中，兵书的数量微不足道。须知道，《汉书·艺文志》中收录的兵书，就有兵权谋家十三家，兵形势家十一家，兵阴阳家十六家，兵技巧家十三家了。一千多年下来，被朝廷认可并收入皇家图书编目体系的兵书，数量不但没有增加，反而呈减少的趋势，这实在是不太正常的文化现象。而这种文化现象之所以会出现，归根结底，乃是受"尚武"转向"崇文"这种民族性格与文化精神之嬗变的左右。

# 第二讲
## 先秦兵学发展演变的四个阶段

### 一、"万里赴戎机"："兵学"的内涵与外延

概括而言，中国古代兵学主要包括历史上丰富的军事实践活动所反映的战争观念、治军原则、战略原理、作战指导等内容，其主要文字载体是以《孙子兵法》为代表的数量浩繁、内容丰富、种类众多、哲理深刻的兵书。其他文献典籍中的论兵之作也是其重要的文字载体，这包括：《尚书》《周易》《诗经》《周礼》等中华元典的有关军事内容；《墨子》《孟子》《老子》《管子》《吕氏春秋》《淮南子》等所载先秦两汉诸子的论兵文辞；史书、类书、政书、丛书中的言兵之作；唐、宋、元、明、清诸多文集中的有关军事论述，"汉中对""隆中对""雪夜对"等由史籍所记载的历代政治家、军事家的军事言行。它们同专门的兵书著作共同构筑起中国古代兵学思想的瑰丽宝库。

中国古代兵学思想内容丰富，博大精深，大体而言，它的基本内容是：在战争观上主张文事武备并重，提倡慎战善战，强调义兵必胜，有备无患，坚持以战止战，即以正义战争制止和消灭非正义战争，追求和平，反对穷兵黩武。从这样的战争观念出发，反映在国防建设上，古代兵家普遍主张重视耕战，富国强兵，居安思危，文武并用。在治军思想方面，兵家提倡"令文齐武"，礼法互补。为此，历代兵家多主张以治为胜，制必先定，兵权贵一，教戒为先，器艺并重，赏罚分明，恩威兼施，励士练锐，精兵良器，将帅贤明，智勇双全，上下同欲，三军齐心；在后勤保障上，提倡积财聚力，足食强兵，取用于国，因粮于敌；在兵役思想上，坚持兵民结合，因势改制等。战略思想和作战指导理论是中国古代兵学思想的主体和精华，它的核心精神是先计后战，全胜为上，灵活用兵，因敌制胜。一些有关的命题或范畴，诸如知彼知己、因势定策、尽敌为上、伐谋伐交、兵不厌诈、出奇制胜、避实击虚、各个击破、造势任势、示形动敌、专我分敌、出其不意、攻其无备、善择战机、兵贵神速、先机制敌、后发制人、巧用地形、攻守皆宜等，都是围绕着"致人而不致于人"，即夺取战争主动权这一根本宗旨而提出和展开的。

总之，以兵书为主要载体的中国古代兵学，数量庞大，哲理深刻，体大思精，内容丰富，可谓璀璨夺目，异彩纷呈，乃是中国传统文化的重要组成部分，无愧为一笔弥足珍贵的优秀文化遗产。

## 二、"为有源头活水来"：从《韩非子》的卓识说起

先秦时期法家学说的集大成者韩非子尝云："上古竞于道德，中世逐于智谋，当今争于气力。"（《韩非子·五蠹》）他的本意是指，人类社会可以分为"上古""中世"和"当今"几个阶段，不同阶段有各自的活动中心命题。而统治者则应根据不断变化的情况，采取相应的措施："世异则事异"，"事异则备变"（《韩非子·五蠹》）。由此可见，这段言辞，是韩非子乃至整个法家有关历史发展观的洗练而扼要的表述。当然，韩非子将"上古"的时间范围，界定在虚无缥缈的有巢氏、燧人氏阶段，乃是有问题的。且不说有巢氏等在历史上是否真实存在，即便存在，与"道德"恐怕也扯不上关系，因为在当时，只会有残忍、暴虐的"血亲复仇"式的杀戮与灭绝。就像传说中的圣王尧、舜、禹攻灭三苗之战一样，战争的结果是对于"黎苗之王"，"人夷其宗庙而火焚其彝器，子孙为隶，下夷于民"（《国语·周语下》）。所谓的"道德"，仅仅是后人理想主义化的虚幻想象而已！

但是，如果将韩非子所说的"上古"，在时间的坐标上稍作下移，对应为殷商、西周及春秋前期，将"中世"，对应于春秋晚期与战国前期，将"当今"理解为韩非子自身所处的战国中后期，那么，我们可以发现，"上古竞于道德"，恰好吻合了商周"礼乐文明"体制下的社会政治基本特征，"中世逐于智谋"，正好为"礼崩乐坏"政治局面的形象写照，"当今争于气力"，在某

种意义上，反映着由"争霸"走向"兼并"与"统一"的历史趋势。

这种历史趋势，投射到中国先秦时期的兵学文化，能够从一个侧面体现其发展上的四个基本阶段：（1）以甲骨卜辞为载体的酝酿萌芽阶段。（2）以"古司马兵法"《军志》《军政》《令典》等典籍为主要载体的基本创立与初步发达阶段，即以"军法"为主体的初始阶段。这一时期的根本特征，就是"竞于道德"，所谓的"以仁为胜，以礼为固"。（3）以《孙子》《伍子胥》的出现为标志的重大转折与高度发展时期，《孙膑兵法》《吴子》《尉缭子》以及诸子论兵之作也属于这一阶段的延续。换言之，即以"兵法"形成并占主导地位为标志的高度成熟繁荣阶段。该时期的特色，应该为"逐于智谋"，也即《孙子兵法》中强调的"兵者诡道""兵以诈立"。（4）以《六韬》《管子》的成书为显著标志的综合融汇、全面总结阶段。这一时期的中心主题，就是"争于气力"，在"大争之世"，在走向天下统一的前夜，要确保国家在战争中取胜，就必须注重加强国家的实力，只有具备强大的实力，方能统一天下，这叫作"多力者王"，所谓"力生强，强生威，威生德，德生于力"（《商君书·靳令》）。

## 三、草蛇灰线：兵学肇始于卜筮

兵学思想深深根植于一定的社会土壤，它是时代政治、经济、文化大氛围下的产物，更是丰富多彩的军事实践在人们观念上的反映。作为观念形态的兵学思想，其起源与形成要略微滞后于战争的发展。一般而言，它的起源至少取决于三个前提条件，一是文字，二是一定战争经验的沉淀与积累，三是人类思维能力达到一定的水平。从这个背景出发，并考察先秦兵学思想发展历史的实际，我们可以这么说：中国兵学思想萌芽于夏商时期，初步成型于西周时期，渐趋成熟和繁荣于春秋战国时期。[①]

有关夏商时期兵学思想萌芽情况，一部分见于《左传》《国语》《尚书》等文献的追叙，其中主要的内容包括政治与军事、战争指导原则、军事法规与纪律等多个方面。

夏商时期的兵学思想萌芽，更重要的载体乃是甲骨卜辞所反映的军事学术内涵。甲骨卜辞虽然是对战争等活动进行占卜预测的产物，带有浓厚的迷信色彩，然而却比较客观地反映出当时人们的战争指导水平与战术运用特点。大致而言，甲骨卜辞所体现的兵学思想有以下几个方面。

第一，重视掌握情报，立足知彼知己的战前准备原则。如商王通过守卫四土的侯、伯、田、牧、卫搜集各类军事情报，了解、掌握周围方国的动态，如边地官员沚戛报告说：土方进犯我国东部边地，侵扰了两个城邑。工方也进犯我国西部边疆。[②]从而及早做好应战的部署，制定正确的军事对策。

---

① 于汝波、黄朴民主编：《中国历代军事思想教程》，军事科学出版社2000年版，第4页。

②《甲骨文合集》6057："沚戛告曰：土方征于我东鄙，戈二邑。舌方亦侵我西鄙田。"郭沫若主编，中华书局1982年版。

第二，综合考察和分析形势，制定多种作战方案，以供实战中选择使用。如《甲骨文合集》27972曾记录商最高统帅部在部署对羌方的一次战役中的多项选择方案：在何种场合，举行何种祭典，可以保佑己方的军队抵御羌方进犯时既重创敌人又能保全自己；让部队暂避敌锋芒却不必回师，仍然可以顺利破敌；如果将戍军调回，另换其他将领出征，是否会造成不良的后果。①

第三，在作战中，比较灵活地运用各种战法，实施积极的攻守方针，掌控战场主动权，夺取作战的胜利。这包括依据地形、地貌与军队本身条件，布列有利的阵位、阵势，"亚立（位），其于右，利？其于左，利？"②预设阵地，用各种手段使得敌军进入受攻击位置，加以伏击和聚歼，妇好和沚戛一起讨伐巴方，王自东方进攻，敌人在妇好预先设伏处受到伏击；③派遣先头部队及时打开通道，为主力随后大举进击创造条件，沚戛作为先锋，王随后跟进，上帝会给予我们以福佑吗？④进攻时，身披兽皮发动

---

① 罗琨：《殷商时期的羌和羌方》，载王守信主编《甲骨文与殷商史（第三辑）》，上海古籍出版社1991年版。

②《甲骨文合集》28008。按，亚，大夫。此处或指其所在阵列。《尚书·牧誓》孔传："亚，次；旅，众也。众大夫，其位次卿。"卜辞中"立"或释为"位"，指军事行动中的"布阵列势"。

③《甲骨文合集》6480："妇好其比沚戛伐巴方，王自东罙伐，戎陷于妇好立。"按，"陷"在此处指的是"打伏击战"。

④《甲骨文合集》7440："沚戛启，王比，帝若受我又。"按，"启"指开道和先行的军事行动。

突袭，震慑敌人，打乱敌人的阵形①，等等。

第四，申明军事纪律，确保令行禁止，从而使参战将士能够步调一致地投入战斗，去夺取战争的胜利。如《小屯南地甲骨》119曾有"师惠（惟）律用"的记载，说明至少在殷商晚期已把申明与贯彻军事律令作为治军中的一个重要内容，将厉行军纪列为军队克敌制胜的关键。

甲骨卜辞所反映的兵学思想萌芽，虽然因甲骨卜辞性质的限制而显得零碎不系，然而它毕竟已触及军事学术的核心问题，为后世兵学思想的发展开了先河，吉光片羽，弥足珍贵。

## 四、"竞于道德"：古代兵学的初步成型

《唐太宗李卫公问对》卷上指出："今世所传兵家者流，又分权谋、形势、阴阳、技巧四种，皆出《司马法》也。"西周是中国古典礼乐文明的全盛时期，武王伐纣、周公东征、昭王南伐、穆王西巡、宣王中兴、幽王失国等一系列战争，给兵学思想的发展注入了新的生机，兵学在当时遂进入了初步成型的阶段。这既表现为金文、《尚书》、《周易》、《诗经》、《逸周书》、《周礼》等对军事问题均有不同程度的探讨和总结，也反映为当时已出现了一些以专门记载和论述军事问题为宗旨和主体内容的书籍，如以"古司马兵法"为类名的《军志》《军政》《令典》《大度之书》

---

① 参见胡厚宣：《甲骨文麂字说》，载《甲骨探史录》，生活·读书·新知三联书店1982年版。

055

等。它们对兵学现象作出了自己的分析与判断，提出了一系列重要的军事原则。

如《周易》主张军队出征要严守纪律，认为不听军令、自作主张会带来凶险和灾难①，强调严肃军纪，令行禁止；重视民众在战争活动中的作用，民众信任，则祸害消除②，观察我方民众的意愿，来决定军事行动是采取进攻还是防御③；强调考虑与较量双方力量，在此基础上作出攻守的抉择，前进途中进行考量，思考用什么样的方法进攻对手④；提倡战术上巧妙利用地形，引诱敌人加以伏击，在草莽之中埋伏军队，让军队登上高陵，抢先占领制高点，就可以大量杀伤敌人，使其多年内都无法恢复元气⑤，军队的驻扎和部署，应该选择左侧的位置，这样，军事行动就不会有危险⑥。这表明，《周易》为中国古代兵学思想的形成和发展，提供了非常丰富的思想素材，弥足珍贵。无怪乎宋代王应麟在其《通鉴答问》一书中这么说："盖《易》之为书，兵法尽备，其理一矣。"

其他像《周礼》《尚书》，"古司马兵法"门下的《军政》《军志》同样对军事问题提出了理性的看法。如《周礼·夏官·大司马》关于战争目的的论述就非常深刻，它主张从事战争的出发点

---

① 《师卦·礼六》："师出以律，否臧凶。"

② 《晋卦·六三》："众允，悔亡。"

③ 《观卦·六三》："观我生，进，退。"

④ 《晋卦·上九》："晋其角，维用伐邑。"

⑤ 《同人卦·九三》："伏戎于莽，升其高陵，三岁不兴。"

⑥ 《师卦·六四》："师，左次，无咎。"

是征讨不义，所谓正邦国的"九伐之法"便是这一观念的具体注脚，即只有当对方犯有"凭弱犯寡""贼贤害民""放弑其君"等九种严重罪过时，才可以兴师征讨，会合诸侯以颁布九条禁令[1]。这样既肯定了征伐的必要性，又防止了穷兵黩武的行径，实为"重战"与"慎战"并重的正确观念。

又如《军志》重视辩证看待和处理战争中先发制人与后发制人的关系，先发制人的优点是先声夺人，早早摧毁敌人的抵抗意志，后发制人的好处是持重待机，当敌人士气衰竭之时发起攻击，一举而胜[2]；强调吊民伐罪，德主兵辅，当对手拥有道义上的优势时，不宜同其抗衡[3]；主张在战争中知彼知己，适可而止，"允当则归"，"知难而退"[4]。反映了"古司马兵法"在兵学问题上的独到见解。

再如"古司马兵法"、《尚书》均提倡运用大方阵战法，"成列而鼓"，今日战场交锋时，方阵前进，每人步伐，不能超过六七步，就要停下来休整，待整齐划一后再前进。要努力啊，将士们。两军相遇，阵上厮杀，用兵器击刺，动作次数不能超过四次、五次、六次、七次，然后就停顿一下，调整节奏，保持击刺

---

① 《司马法·仁本》："会之以发禁者九。"

② 《左传·昭公二十一年》引《军志》："先人有夺人之心，后人有待其衰。"

③ 《左传·僖公二十八年》："有德者不可敌。"

④ 《左传·僖公二十八年》。按，允当，平允，适当。允当则归，即取得合适的战果后就应当撤军。

动作的整齐划一①；步兵不要快步奔跑，战车不要疾驰，追击敌人不要逾越队列……行动的快慢节奏不超出上级颁布的具体指令要求②。这一军事原则在指导当时的军事实践中曾发挥了重要作用，并对后世兵学思想的构筑产生过深远的影响，像《孙子兵法》中所说的"穷寇勿迫"等用兵纲领便是从"古司马兵法"相关原则中脱胎而来的。

从另一个角度讲，西周时期（一直延续到春秋中期）兵学思想，其形式主要表现为"军法"，还不是纯粹意义上的"兵法"。"兵法"主要是指"用兵之法"，重点是有关作战的指导原则和具体方法。而"军法"则多带有条例和操典的性质，即中国古代以征募兵员、装备军队和训练军队为主要内容的各种条例规定，它们一般属于官修文书的范围。虽然也包含了具体用兵之法的内容，但是与大量的典章法规相比，实属零散和稀少。由于它们是商周礼乐文明在军事领域内的集中体现，所以又可以称之为"军礼"。这种"兵法"被包容于"军法"之内，未曾独立成为专门军事艺术的情况表明，在西周时期，兵学虽然已经有了长足的发展，却未臻于成熟。

西周时期，兵学典籍系由官方统一编纂，专职传授，而非个人的创作。这类文献泛称为"司马兵法"，也即司马之官治军用

①《尚书·牧誓》："今日之事，不愆于六步、七步，乃止，齐焉。勖哉夫子！不愆于四伐，五伐，六伐，七伐，乃止，齐焉。"

②《司马法·天子之义》："徒不趋，车不驰，逐奔不逾列……迟速不过诚命。"

兵法典法令的总称，作为类名，它不是某部军事典籍的专指。先秦时期一切官方军事文书（法规、条令、条例）都是组成"古司马兵法"的一部分。这些文献内容十分丰富，流传颇为广泛，至少在两汉时期，人们还能看到其中一部分零散材料，并为它所包含的军事理论原则、阵法战法要领、训练纲目之丰富和深刻而赞叹不已："余读'司马兵法'，闳廓深远，虽三代征伐，未能竟其义，如其文也，亦少褒矣。"①这些文献经刘向、任宏、刘歆等人的辑汇整理，以"司马法"之名列入《七略》中，入"兵权谋家"。东汉班固著《汉书·艺文志》时，考虑到它的"军礼""军法"属性，改为列入"六艺略"之"礼"部，称"军礼司马法"，其篇数是"百五十五篇"。应该说，这是"古司马兵法"在汉代存世状况的大体反映。

汉代班固指出："下及汤、武受命，以师克乱而济百姓，动之以仁义，行之以礼让，《司马法》是其遗事也。"②这段话，其实高度概括了三代战争的基本特征，也可视为韩非子"上古竞于道德"历史观念在军事领域得以印证的具体表象。

所谓"竞于道德"，反映在战争活动中，就是强调要具有规则意识、底线意识，"争义不争利"。至少在诸夏内部，如果彼此间矛盾激化到不可调和的程度，非得动用战争这个最后手段来解决问题，也必须遵循一定的道德伦理原则，光明正大、公平合理地进行交锋。总体的精神，就是战争中的双方，要贯彻与落实有

① ［汉］司马迁：《史记·司马穰苴列传》，文渊阁四库全书本。
②《汉书·艺文志·兵书略序》。

关"礼乐文明"所规范的基本要求，遵循和执行"军礼"的相应规则，所谓"以礼为固，以仁为胜"，就是很形象的概括。

这些"竞于道德"的战争活动，大致体现为以下几个方面：战争宗旨的明确性与崇高性，强调"吊民伐罪""师出有名"。《周礼·夏官·大司马》中，明确提出了治国安邦的九项要领与安定天下的"九伐之法"：大司马的职责，负责建立有关诸侯国的九项法则，以辅佐周王治理邦国。制定诸侯国的疆域以整治诸侯国，设置礼仪和爵位以区分诸侯的等级，举荐贤士功臣以使诸侯国兴盛，设立州牧和监督来维系诸侯国，设置军队和法令以治理诸侯国，分配应缴纳的贡品和赋税以任用诸侯国，查核乡民以便诸侯国使用民力，按照等级各守封土，按照封地大小和土质的美恶来制定征收税赋的标准，从而安定诸侯国，大国亲近小国、小国侍奉大国，做到和衷共济，和睦相处。同时，用九伐之法来约束和整治诸侯国，凡是恃强凌弱、以众欺寡的，就限制削弱它；虐杀贤良、残害百姓的，就用兵讨伐它；对内暴虐、对外侵凌的，就坚决废黜它；使田野荒芜、人民离散的，就削除其君主的爵位；依恃险阻、拒不服从王命的，就出兵打击它；悖逆人伦、残杀骨肉至亲的，就坚决惩罚它；驱逐和残杀国君的，就严厉处置它；违抗命令、藐视王政的，就孤立制裁它；内外淫乱、厚颜无耻、行同禽兽的，就彻底诛灭它……到出征之时，则集合大军，以施行禁令，以拯救无辜者，以讨伐有罪者。①

今本《司马法·仁本》中同样提到了"九伐之法"，并强调战争的宗旨为"讨不义"："贤王制礼乐法度，乃作五刑，兴甲兵以讨不义，巡狩者方，会诸侯，考不同。其有失命乱常、背德逆天之时，而危有功之君，遍告于诸侯，彰明有罪。乃告于皇天上帝日月星辰，祷于后土四海神祇、山川冢社，乃造于先王。然后冢宰征师于诸侯曰：'某国为不道，征之，以某年月日师至于某国，会天子正刑。'"并且将这原则提升到"仁义"的高度来予以最充分的肯定："古者以仁为本、以义治之之谓正。正不获意则权。权出于战，不出于中人。是故杀人安人，杀之可也；攻其国，爱其民，攻之可也；以战止战，虽战可也。"

"竞于道德"，那么在战争中，无异多了许多道德禁忌，这包括不能够乘人之危，不允许违农时，让民众遭受苦难，不能够在严冬或酷暑这样的季节兴师打仗，等等。《司马法·仁本》中就有明确的要求："战道：不违时，不历民病，所以爱吾民也；不加丧，不因凶，所以爱夫其民也；冬夏不兴师，所以兼爱其民也。故国虽大，好战必亡；天下虽安，忘战必危。"

---

① "大司马之职，掌建邦国之九法，以佐王平邦国。制畿封国以正邦国，设仪辨位以等邦国，进贤兴功以作邦国，建牧立监以维邦国，制军诘禁以纠邦国，施贡分职以任邦国，简稽乡民以用邦国，均守平则以安邦国，比小事大以和邦国。以九伐之法正邦国，冯弱犯寡则眚之，贼贤害民则伐之，暴内陵外则坛之，野荒民散则削之，负固不服则侵之，贼杀其亲则正之，放弑其君则残之，犯令陵政则杜之，外内乱，鸟兽行，则灭之。……及师，大合军，以行禁令，以救无辜，伐有罪。"

　　"竞于道德"，在具体的战场交锋过程中，就必须尊重对手，奉行光明磊落、堂堂正正的原则，进退有节制，厮杀讲礼仪，杜绝诡诈狡谲的行为，摈弃唯利是图的做法。这就是《司马法·仁本》中所倡导的基本作战准则：古代作战，追逐败退的敌人不超过一百步，追击主动退却的敌人不超过九十里，这是为了表明礼让的精神；不过分逼迫已经丧失战斗能力的敌人，同时哀怜敌方的伤病人员，这是为了表示仁慈的原则；等待敌人排兵布阵就绪之后再发起攻击，这是为了表示诚信的态度；恪守大义而不汲汲于追逐小利，这是为了表现崇高的正义；赦免已经降服的敌人，这是为了昭彰真正的勇敢；洞察战争的起因和结局，这是为了显示超常的智慧。根据以上"六德"适时进行教育，并作为民众行动的规范准则，这是自古以来的为政之道！①同书《天子之义》篇，也有相似的主张：古代作战，追击战败溃逃的敌人不过远，追逐主动退却的敌人不迫近。不过远就不容易为敌人所欺骗，不迫近就不容易陷入敌人的埋伏。以礼义廉耻为规范，军队就能够坚如磐石；以仁慈博爱为宗旨，军队就能够所向披靡，无往而不胜！②而《穀梁传·隐公五年》则简洁概括为：征战时不能超过规定的时限，战斗时不能追赶逃跑者，杀戮时不能屠戮降服

――――――――――

　　①"古者，逐奔不过百步，纵绥不过三舍，是以明其礼也；不穷不能而哀怜伤病，是以明其仁也；成列而鼓，是以明其信也；争义不争利，是以明其义也；又能舍服，是以明其勇也；知终知始，是以明其智也。六德以时合教，以为民纪之道也，自古之政也。"

　　②"古者，逐奔不远，纵绥不及。不远则难诱，不及则难陷。以礼为固，以仁为胜。"

者。①同时，禁止在战场交锋时实施偷袭一类的阴损毒招，如《司马法》逸文就强调："无干车，无自后射。"②即不准冒犯敌国国君乘的车，也不允许从背后攻击敌人。《左传·文公十二年》亦云："死伤未收而弃之，不惠也。不待期而薄人于险，无勇也。"

如果说《司马法》《穀梁传》等的言辞还是属于战场"竞于道德"戒律在理论上的表述，那么，楚宋泓水之战后宋襄公的"高论"，则是从具体史实的角度，说明了当时这种主张，还是为很多人所信奉的：君子不会再伤害已经负伤的敌人，不会捕俘敌军中头发斑白的中老年官兵。古人作战，不凭借关隘险阻等有利地形为自己一方谋好处。尽管寡人是已经亡国的殷商王国的后裔，但也会恪守"军礼"，不会在敌人还未列阵之时就发起进攻。③

正是因为"竞于道德"，优待俘虏，救死扶伤，禁止残暴的报复行为也就成了战场纪律中的应有之义了。《尚书·费誓》言：不许伤害牛马，伤害了牛马，你们要受到刑罚！牛马走失了，奴隶逃跑了，不许离开队伍追逐。（若获得牛马和奴隶，）要恭敬地归还原主，我会赏赐你们。离开队伍追逐者，不物归原主者，你们要受到刑罚！不许劫掠、翻墙、偷窃牛马、引诱奴隶，（若有

---

① "代不逾时，战不逐奔，诛不填服。"

② 《周礼·士师》郑玄注引。

③ 《左传·僖公二十二年》："君子不重伤，不禽二毛。古之为军也，不以阻隘也。寡人虽亡国之余，不鼓不成列。"

上述行径,)你们就要受到严厉的惩罚![1]《司马法》也一再强调这一点:冢宰和百官一起向全军宣布作战原则和战场纪律:大军进入罪犯的辖境之后,不准亵渎神灵,不准举行围猎,不准破坏建筑,不准焚烧房舍,不准砍伐林木,不得擅自掠取牲畜、粮食和用具。见到老人和孩子要妥善地护送回家,不得加以伤害。即使遇到青壮之人,只要他们不进行抵抗,就不以敌人对待。对于受了伤的敌人,应给予医药治疗,然后释放他们,使其重获自由。[2]

也是由于讲求“竞于道德”,在战争善后问题上,胜利一方对敌手,也不能赶尽杀绝,除恶务尽,而要在确保胜利的前提下,保留对手的生存机会,让其维系自己的血胤。这就是所谓的“兴灭国,继绝世”(《论语·尧曰》)。“既诛有罪,王及诸侯修正其国,举贤立明,正复厥职。”(《司马法·仁本》)武王伐纣成功后,乃册立纣王之子武庚,继续奉殷商之血祀,就是例子。尽管,周武王并不信任武庚,派遣管叔、蔡叔、霍叔在旁监视与控御,是为“三监”,但是,在形式上毕竟是做到了“正复厥职”。即使武王逝世后,三监与武庚勾结,发动叛乱,逼得周公只好率师东征平叛,但等到平息叛乱之后,还是要寻找到纣王庶

---

[1] “无敢伤牿,牿之伤,汝则有常刑!马牛其风,臣妾逋逃,勿敢越逐。祇复之,我商赉汝。乃越逐,不复,汝则有常刑!无敢寇攘,逾垣墙,窃牛马,诱臣妾,汝则有常刑!”

[2] 《司马法·仁本》:“冢宰与百官布令于军曰:‘入罪人之地,无暴神祇,无行田猎,无毁土功,无燔墙屋,无伐林木,无取六畜、禾黍、器械。见其老幼,奉归勿伤;虽遇壮者,不校勿敌;敌若伤之,医药归之。’”

兄微子，封为诸侯，国号宋，以继续保持殷商的血胤相传。在整个西周与春秋，宋国于周室为宾客，爵为上公，地位有其特殊性。宋国的情况不是个案，郑庄公复许，楚国恢复陈、蔡两国的独立，皆相类似。参之以《左传》，信而有征。鲁昭公十三年（公元前529年），楚"平王即位，既封陈、蔡，而皆复之，礼也。隐大子之子庐归于蔡，礼也；悼大子之子吴归于陈，礼也"①。又如，鲁昭公十六年"楚子闻蛮氏之乱也，与蛮子之无质也，使然丹诱戎蛮子嘉杀之，遂取蛮氏。既而复立其子焉，礼也"。再如，鲁哀公二十四年"邾子又无道，越人执之以归，而立公子何"。

孟子有言：知人论世。只有从"竞于道德"的立场考察，我们才能对宋襄公战争礼仪抱有"同情之理解"，明白为什么宋襄公的迂腐做法会被一些人推崇备至，甚至夸张到"文王之战"的地步②。在《公羊传》看来，宋襄公成了"有王德而无王佐"的明君，甚至周文王所从事的征战也没有超过宋襄公这种举动。司马迁也在《史记·宋微子世家》中如出一辙地赞赏宋襄公："襄公之时，修行仁义，欲为盟主……襄公既败于泓，而君子或以为多，伤中国阙礼义，褒之也，宋襄之有礼让也。"

"竞于道德"，乃是中国战争历史演进过程中一个不可逾越的阶段，这个时期的战争有它自己的特色，不能以当下的逻辑去简

① 隐大子，大子即太子，隐大子即隐太子有。庐，蔡平侯姬庐。悼大子，悼太子偃师。吴，陈惠公。

② 《公羊传》言："君子大其不鼓不成列，临大事而不忘大礼，有君而无臣。以为虽文王之战，亦不过此也。"

单地否定历史上特定阶段的逻辑。更何况，这种"竞于道德"的历史事实，其内涵还具有抽象的价值意蕴，有其时空上的超越性。

## 五、"兵以诈立""逐于智谋"：先秦兵学的转折

众所周知，春秋后期，随着社会变革的日趋剧烈，战争也进入了崭新的阶段。当时的战争指导者，已几乎抛弃了旧"军礼"的束缚，不再汲汲地"竞于道德"，从而使战争艺术呈现出夺目的光彩。这集中表现为战争指导观念的根本性进步。

新型战争指导观念的形成，当然主要取决于战争方式的演变。在春秋中叶以前，军事行动中投入的兵力一般不多[1]，范围尚较为狭小，战争的胜负主要取决于战车兵团的会战，在很短的时间之内即可决出胜负。而进入春秋晚期之后，随着"作丘甲""作丘赋"等一系列改革措施的推出，"国人当兵，野人不当兵"[2]的旧制逐渐被打破，军队人员成分发生巨大变化，实际上已开始推行普遍兵役制。与此同时，战争地域也明显扩大，战场中心渐渐由黄河流域南移至江淮汉水流域。加上弓弩的改进，武器杀伤力的迅速提高，故作战方式也发生重大的演进，具体表现为：步战的地位日渐突出，车步协同作战增多，激烈的野战盛

---

① 著名的城濮之战，晋国方面所动用的兵车仅七百乘而已，楚国方面稍多一些，但亦不超过千辆，于此可见春秋前期战争规模之一斑。

② 按，国人，指居住在大邑内的人。野人，指居国城之郊野的人，与国人相对。

行，战争带有较为持久的性质，进攻方式上也比较带有运动性了。以晋国大破齐军的平阴之战与吴军破楚入郢之战为例，其纵深突袭、迂回包抄等特点，体现了运动歼敌、连续作战的新战法，这是以往战争的规模和方式所无法比拟的。而与上述变化相适应，春秋晚期起战争的残酷性也达到了新的程度。《墨子·非攻下》云：进入其国家边境，收割劫掠其庄稼，砍伐其树木，摧毁其城郭，填塞其沟池，夺取其牲畜，烧毁其祖庙，残杀其百姓，消灭其老弱，搬走其国宝。[1]即是形象的描述。

而春秋后期战争最大的新特色，还在于当时战争指导观念的重大变化——在"尚智重谋"历史大趋势引领之下，"道德至上""宗仁本义"的君子之战渐渐淡出历史舞台，"鸣鼓而战"、堂堂之阵的战法遭到全面的否定，代之而起的，是"诡诈"战法原则在战争领域内的普遍运用。用班固的话说，便是"自春秋至于战国，出奇设伏，变诈之兵并作"[2]。

声东击西、示形动敌、兵贵神速、出奇制胜、后发先至、兵不厌诈、设伏诱敌、突然袭击、避实击虚、奇正相生、攻其不备的诡诈奇谲的战争指导，风靡一时，独领风骚。此时我们已经很难看到过去中原争战中所经常遵循的"成列而鼓"的做法，也不曾见到像鄢陵之战中晋军将领郤至遇到敌方君主必下战车向敌君

---

① "入其国家边境，芟刈其禾稼，斩其树木，堕其城郭，以湮其沟池，攘夺其牲牷，燔溃其祖庙，劲杀其万民，覆其老弱，迁其重器。"

② 《汉书·艺文志·兵书略序》。又，刘向《战国策》序亦云："潸然道德绝矣……贪饕无耻，竞进无厌；国异政教，各自制断；上无天子，下无方伯；力功争强，胜者为右；兵革不休，诈伪并起。"

致敬，"免胄而趋风"这类现象，更不曾听到类似宋襄公的"宏论"。

这种战争指导观念的变革，其最深厚的文化土壤，就是时代的主题业已由"竞于道德"而转变为"逐于智谋"了。所谓的"兵者诡道""兵不厌诈""兵以诈立"等，本质上都是"崇智尚谋"在战争这一特殊领域的集中体现而已！这不仅仅反映在当时的战争实践上，而且也体现在这一时期的军事理念建树方面。

新的时代，势必会有新的战法和武器装备的进步。而武器装备的发展和作战方式的改变，应该是"逐于智谋"时代特征得以形成的重要推手。以前打仗的方式是车战，车战必须先摆阵势，不摆好阵就不能打，车战中惯用的传统密集型大方阵战法，机动性很差，适合于大家客客气气交手过招。现在步兵重新崛起，又成为军队的主力兵种，步兵比较灵活，机动性要强得多，可以不必像车兵那样先排阵后开打。后来出现的骑兵更是雷厉风行，更讲究出其不意，攻其无备。兵种变了，作战方式也要随之变化，作战方式变了，则作战观念也得跟着变。另外，地形也发生了很大的变化，以前主要是在黄河中下游平原打，大平原地势平坦，打堂堂之阵、正正之旗的车战最合适不过，可现在到了丘陵地带、江河湖泽地带，就不能再用以前那种排兵布阵的方式了，《司马法》所说的"徒不趋，车不驰"全成了过气的招法。"竞于道德"的历史主题既然改变了，那么，伴随它而生的"军礼"自然也会随之退出历史舞台。最最要命的是，战车在这时遇到了一个最大的克星——强弩，"积弩齐发"，成为当时一种威力最为巨大的战法，拉车的马匹、车上的甲士全成了飞蝗般的箭镞的活靶子，贵族再有涵养，也经不得这么大的杀伤，只好不情愿地与"道德"说再见了。[1]

另外，战争地域的扩大，对于"逐于智谋"风尚的形成，也有显著的影响。在春秋前期，战争地域有限，到了春秋后期，战场开始由黄河流域向长江、淮河流域伸展。战场上的新角色没有背上"道德"那么沉重的包袱。这样一来，战争中就不再有那么多的君子之风，诡诈之道越来越风行，而主张保持贵族的尊严，提倡打堂堂正正之仗的宋襄公成了不合时宜的丑角，只配给自诩高明的人嘲笑、讥讽了。

这方面孙子、伍子胥、范蠡等人的有关战争指导的论述，可以说是主要的代表。孙子战争观的诡道原则，应该说是对战争本质属性的深刻反映。战争的艺术魅力在于，战争双方斗智斗勇，隐形藏真，欺敌误敌，变幻莫测，先立于不败之地，不放过任何可以击败对手的机会。所有这些，都表明了战争是一种多变、灵活、无固定模式、不讲究繁文缛节的特殊社会活动，诡诈奇谲是战争的本质特征。而孙子"兵以诈立"的思想，其核心乃是强调以灵活的战术、快速的机动、巧妙的伪装来造就优势主动的地位，在复杂、激烈的军事斗争中成为胜利的主宰者，"故其疾如风，其徐如林，侵掠如火，不动如山，难知如阴，动如雷震"（《军争篇》）。显而易见，《孙子兵法》注重于探讨作战指导，并指出"兵者，诡道也"，这是对以往战争注重讲求"道德"，申

---

① 参见黄朴民：《早期兵学的发展脉络及其文化特点》，载文池主编《大学演讲录（第二辑）》，新世纪出版社2003年版。

明"军礼"做法的革命性变革。它无疑是对业已过时的"军礼"传统的彻底否定,是战争观念上的一个重大突破。换言之,孙子的诡道论,深刻揭示了战争活动的本质属性,是中国古典兵学思想发展上的一次质的飞跃,也是《孙子兵法》区别于"古司马兵法",成为划时代兵学经典的重要标志。

具体地说,在战争目的方面,《孙子兵法》明确提出"伐大国",战胜而强立,这是对以往"诛讨不义""会天子正刑"的否定。在战争善后上,《孙子兵法》主张"拔其城","隳其国",这是与以往"又能舍服""正复厥职"的对立。在作战方式上,与以往"军旅以舒为主……虽交兵致刃,徒不趋,车不驰"(《司马法·天子之义》)情况所截然不同的是,《孙子兵法》一再强调"兵之情主速,乘人之不及,由不虞之道,攻其所不戒也"(《九地篇》)。在后勤保障及执行战场纪律方面,《周礼》《司马法》等主张"入罪人之地……无取六畜、禾黍、器械",而到了《孙子》那里,则是宣扬"因粮于敌",主张"掠于饶野""掠乡分众"。凡此种种,不胜枚举,均反映了春秋后期的战争指导思想,较之于"竞于道德"的西周与春秋前期,已经有了许多显著的变革、发展和差异。南宋兵学理论家郑友贤曾指出:"《司马法》以仁为本,孙武以诈立;《司马法》以义治之,孙武以利动;《司马法》以正不获意则权,孙武以分合为变。"①这显然就是对"竞于道德"与"逐于智谋"所导致的时代差异性的高度概括。

———————————
① 《十家注孙子遗说并序》。

　　其他像伍子胥、范蠡等人的战争指导观念也和孙子基本一致，不再局囿于"竞于道德"，而完全立足于"逐于智谋"了。例如，伍子胥提出高明卓越的"疲楚误楚"策略方针，主张"亟肄以罢之，多方以误之"①，这显然就是"变诈之兵"勃兴条件下的必然产物，是"逐于智谋"的一个形象诠释。又如，范蠡的兵学思想，同样充满了"逐于智谋"的时代精神，他一再主张"随时以行，是谓守时"，强调要通过各种积极的手段，转化双方的优劣态势，剥夺敌人有利的条件，暗中增强己方的实力，从而摆脱被动，立于主动，即所谓"尽其阳节，盈吾阴节而夺之"②。提倡"时不至，不可强生；事不究，不可强成"，"得时无怠，时不再来"，③其后发制人，把握战机，及时出击的思想，同样属于顺应历史潮流的进步战争指导观念，是"逐于智谋"的生动写照。它们来源于春秋战国之际不断变化的战争实践活动，进而更好地指导着新形势下的战争，从而使春秋战国之际的军事活动呈现出充满生机的新面貌。

## 六、"争于气力"：先秦兵学的整合与总结

　　刘向《战国策》序说战国时期的形势特点是："上无天子，

---

　　①《左传·昭公三十年》。

　　② 阳节，指轻疾猛厉、刚劲显露的气势。阴节，指沉重固密、安徐舒静的气势。

　　③ 以上两句均出自《国语·越语下》。

下无方伯；力功争强，胜者为右。"其最大特征，就是春秋时期以争霸为主流的战争的终结，战国时代以兼并为本质的战争的到来。

进入战国之后，随着旧的生产关系的倾覆，土地占有权也相对分散。有土地就有人口，有人口就有赋税，就能组建军队，也就意味着拥有了财富和权力。因此，对土地和人口资源的争夺和控制，也就合乎逻辑地成为当时战争活动的根本宗旨。换言之，对土地的争夺如同一条红线，贯穿于战国战争的始终。这一兼并战争的属性，是与以往争夺霸主名分和地位的春秋争霸战争迥异其趣的。战争的手段是由战争的目的决定的。兼并战争的激烈和残酷程度要远远超过以往的争霸战争，这一点早在晋阳之战中就表现得十分明显：智伯决晋水灌淹城池，长围晋阳两年，必欲置赵氏势力于死地而后快；同样，赵、韩、魏击败智伯瑶军以后，也是擒杀智伯，尽诛其族，瓜分其地。这里已丝毫见不到邲之战、鄢陵之战中那种彬彬有礼的旧"军礼"遗风，而只有无所不用其极的酷烈。对此，《孟子·离娄》有非常准确而扼要的概括："争地以战，杀人盈野；争城以战，杀人盈城。"这种局面，到战国中后期尤其明朗化。当时的战争，已从兼并的角逐进一步发展为统一的追求了。

在这样的历史大背景下，不仅仅是"竞于道德"早已成了明日黄花，而且连"逐于智谋"也是时过境迁了。因为，"上兵伐谋"固然美妙，但现实的状况是，实力才是确保在战争中夺取胜利的根本条件，没有强大的实力，那谋略就无从施展，所谓"巧妇难为无米之炊"！这正如孙子所说，高明的统帅总是先做到不会被敌人所战胜，然后再捕捉时机战胜敌人。不会被敌人战胜的主动权掌握在自己手中，能否战胜敌人则取决于敌人是否有隙可乘。[1]说到底，就是实力优先原则。这一点，在兼并与统一战争中表现得尤为明显。于是乎，战国中后期各诸侯国虽然还注重于"伐谋""伐交"，但其战略运用的重心，转移到了"伐兵"与"攻城"上来了，"争于气力"遂成为当时兵学文化的最大主题，先秦兵学的发展，合乎逻辑地进入了第四个阶段。

在"争于气力"的特殊时代，兵家的主流观点，就是要顺应这个历史潮流，充分肯定从事战争的合理性与必要性，例如《六韬·武韬·发启》所言：旭日当空则天下万物都能沐浴阳光，正义所至则天下万物都可以享受利益，大兵兴起则天下万物都会沛然归附。[2]

"争于气力"，要求人们对兵学的功能与作用，有清醒的认识与准确的定位。对此，当时的兵家曾作过深刻的阐述，如《商君书》认为，当时的社会正处于武力征伐的时代，天下大乱，群雄兼并，一日无已，"今世强国事兼并，弱国务力守……万乘莫不战，千乘莫不守"（《商君书·开塞》）。在这样的特殊历史条件下，战争乃是社会生活中最重要的事务，直接关系到一个国家的安危存亡："名尊地广以至王者，何故？（战胜者也。）名卑地削以至于亡者，何故？战罢者也。"（《商君书·画策》）要立足天

---

① 《形篇》："先为不可胜，以待敌之可胜。不可胜在己，可胜在敌。"
② "大明发而万物皆照，大义发而万物皆利，大兵发而万物皆服。"

下，称王称霸，就必须从事战争，"国之所以兴者，农战也"（《商君书·农战》）。其积极主张战争，反对"非兵""羞战"之类的论调，强调"以战去战，虽战可也；以杀去杀，虽杀可也"（《商君书·画策》）。

又如，韩非子也认为在当时的形势下，决不能指望别国不来侵犯，而要加强自己的实力，令敌国不敢轻启战端："故王术不恃外之不乱也，恃其不可乱也。"（《韩非子·心度》）

再如，《管子》同样强调战争的重要作用，肯定战争在社会生活中的意义。认为战争直接决定着君主地位的尊卑，国家处境的安危，是实现君主尊贵、国家安定的重要途径：在决定君主尊卑、国家安危（的诸多因素之中），没有比战争更为重要的了。所以，讨伐残暴的敌国必须借助于战争这个手段，禁止恶人为非作歹必须通过刑法这个途径。那么，战争对外能够用来诛灭凶暴，对内则可以用来禁治邪恶。所以，军队和战争乃是使国君得以受尊崇、国家得以保安定的常道，是决不可以废弃的。①《管子》指出，战争虽然谈不上高尚和道德，但在当时天下由分裂走向统一的重要关头，它却是"辅王成霸"的基本手段，不可或缺："夫兵，虽非备道至德也，然而所以辅王成霸。"（《管子·兵法》）所以，《管子》要求明智的君主务必"积务于兵"，即注重和开展军事活动。指出假如"主不积务于兵"（《管子·参

---

① 《管子·参患》："君之所以卑尊，国之所以安危者，莫要于兵。故诛暴国必以兵，禁辟民必以刑。然则兵者外以诛暴，内以禁邪。故兵者尊主安国之经也，不可废也。"

患》），等于是将自己的国家拱手交给敌人，危险之至。基于这一认识，《管子》反对无条件的偃兵息武，指出兵不可废。它说，即便是在黄帝、尧、舜那样的盛世，都不曾废弃兵事，那么"今德不及三帝，天下不顺，而求废兵，不亦难乎"（《管子·法法》）？所以宋钘、尹文提倡的"寝兵之说"和墨家鼓吹的"兼爱之说"，在《管子》作者的眼中，纯属于亡国覆军之道，必须痛加驳斥："寝兵之说胜，则险阻不守。兼爱之说胜，则士卒不战。"（《管子·立政》）

不仅三晋法家与齐地法家清醒地认识到所处的"争于气力"环境，高度"主战"与"重战"，其他学派在这方面也不乏类似的识见，像黄老学派也主张"争于气力""以战止战"，《黄帝四经》就明确肯定战争的意义与价值："所谓为义者，伐乱禁暴，起贤废不肖，所谓义也。（义）者，众之所死也。"（《十大经·本伐》）其必定得到民众的拥护和支持，造就"地广人众兵强，天下无敌"（《经法·六分》）的局面。

当然，"争于气力"，并不是一句空泛的口号，而必须有切实可行的措施与手段，通过相应的途径，达到自己预定的战略目标。在当时的兵家看来，只有进行农战，致力于富国强兵，才能够真正拥有从事战争的物质基础与制胜条件。《商君书》《韩非子》《管子》对此均有充分的阐述："凡战法必本于政胜"（《商君书·战法》），"内政不修，外举事不济"（《管子·大匡》）。他们认为，要确保国家在战争中取胜，就必须注重加强国家的实力，只有具备强大的实力，方能统一天下，这叫作"多力者王"。

明确指出，国家的强盛与否由国家的实力强弱所决定，并认为恩德也产生于实力，"力生强，强生威，威生德，德生于力"（《商君书·靳令》）。

当时的兵家一再强调从事农战的重要性："土广而任则国富，民众而制则国治"（《尉缭子·兵谈》），"圣人之为国也，入令民以属农，出令民以计战……富强之功可坐而致也"（《商君书·算地》），"国之所以兴者，农战也"，"国待农战而安，主待农战而尊"（《商君书·农战》）。甚至认为，农战是富国强兵，实现霸、王之业的关键："能行二者于境内，则霸、王之道毕矣。"（《商君书·慎法》）相反，如不进行农战，则必危及国家，丧失兼并事业的主动权："彼民不归其力于耕，即食屈于内；不归其节于战，则兵弱于外。入而食屈于内，出而兵弱于外，虽有地万里，带甲百万，与独立平原一贯也。"（《商君书·慎法》）在他们看来，农耕为攻战之本，两者互为依靠，不可分割，重战和重农必须结合。因为农业生产不仅为战争提供雄厚的物质基础，而且人民致力于农耕，才会安土重居，既有利于社会秩序的稳定，也可以驱使民众为保卫国土殊力死战，"圣人知治国之要，故令民归心于农。归心于农，则民朴而可正也，纷纷则易使也，信可以守战也"（《商君书·农战》）。

要"争于气力"，思想的统一，政令的贯彻，也至为关键《韩非子·心度》中说"先战者胜"，这里的"先战"，就是使民众的思想树立起战争的观念，重视和积极参与战争活动。要达到这个目的，必须"一赏""一刑"和"一教"。所谓"一赏"，就是"利禄、官爵，抟出于兵，无有异施也"（《商君书·赏刑》）；所谓"一刑"，即统一刑罚，"刑无等级"；所谓"一教"，就是"当壮者务于战，老弱者务于守，死者不悔，生者务劝"（《商君书·赏刑》），即把教育统一到"乐战"上来，使得"民闻战而相贺也，起居饮食所歌谣者，战也"（《商君书·赏刑》），形成"怯于邑斗，而勇于寇战"（《商君书·战法》）的社会风气。他们指出，一旦做到这三点，便可令行禁止，上下一致，无敌于天下了："一赏则兵无敌，一刑则令行，一教则下听上。"（《商君书·赏刑》）"富国以农，距敌恃卒"（《韩非子·五蠹》），明确主张"功大者，有尊爵，受重赏"（《韩非子·八奸》），"显耕战之士"（《韩非子·和氏》），以此调动民众的积极性。同时修明政治，信其赏罚，发展经济，鼓舞士气，"严其境内之治，明其法禁，必其赏罚，尽其地力以多其积，致其民死以坚其城守"（《韩非子·五蠹》）。一旦真正做到了这一点，那就能够"无事则国富，有事则兵强"（《韩非子·五蠹》），拥有统一天下的"王资"。

总之，到了战国后期，随着兼并战争的日益激化，先秦兵学的主题又悄然有了新的转移，"竞于道德"基本失语，"逐于智谋"也逐渐弱化，代之而起的，是"争于气力"，传统型的正宗兵家实际影响力有所削弱，而法家人物的兵学观点则把持了话语权。这是历史的必然，但同时也是历史的无奈！

# 第三讲　秦汉以降的 兵学流变与"武经七书"的编纂

## 一、"不废江河万古流"：秦汉以降的兵学 嬗递

### （一）秦汉时期的兵学

秦汉时期的兵学与先秦时期兵学兴盛局面相比相对沉寂。当时的兵学思想主要集中于《吕氏春秋》《淮南子》《潜夫论》《盐铁论》等典籍的有关章节和兵书《黄石公三略》之中，同时也在韩信《汉中对》、张良《下邑对》《荥阳对》、晁错《言兵事疏》、赵充国《屯田制羌疏》、侯应《备塞论》等篇章中得到反映。虽然这一时期成型与流传的兵学著作数量有限，但是仍在兵学理论的建树上取得了重大的成就，这突出表现为：一是对先秦至两汉的兵书战策进行了系统而全面的整理和分类；二是为适应儒学独尊和学术兼容的社会思潮，强化了兵学文化综合融会的趋势，出

现了初步的兵儒兼容与合流的倾向；三是受"大一统"政治环境的制约，兵学理论的主题由"争天下""取天下"转变为"治天下""安天下"，秦汉时期的作战指导理论研究与学理阐释相对弱化，而更注重于治军理论的探讨与阐发，尤其关注如何妥善处理君主与将帅之间的关系问题；四是时代感强烈，立足现实，注重实用，讲求效益，成为这一时期兵学文化的显著特色，兵学多具有可操作性，如兵种合理配置、军事专业性操练、屯田、边防思想的阐述受到不少军事家与思想家的重视和探讨。[1]概括地说，秦汉兵学文化的显著特征，就是这一时期的兵学家在他们具体的军事活动中创造发明甚多，但对兵学丰富内涵的理性总结与抽象提炼较为单薄。换言之，秦汉时期的兵学理论呈现出实践性突出而理论化滞后的特点。

### （二）魏晋南北朝时期的兵学

魏晋南北朝时期的军事思想在前代的基础上又有了新的丰富和发展。其主要内容包括"天下一家"、博采众长的战争观念，以治为胜、制必先定的建军思想，"弘思远益"、统揽全局的战略决策思想，多极角逐、避害趋利的联盟策略方针，"南水北骑"、因敌制胜的作战指导理论，等等。这些军事思想极大地丰富了中国古代兵学理论的宝库，是中国历史上冷兵器作战时代军事思想的重要总结，对后世军事思想的递嬗演变产生了相当深远的

---

① 黄朴民：《两汉兵学的发展及其特色》,《光明日报》2002 年 11 月 19 日版。

影响。①

　　这一时期的兵书从数量上说并不突出，《隋书·经籍志》所著录的三国两晋南北朝时期的兵书仅有74部，这是这个时代各王朝图书屡遭兵燹劫难的结果。而这74部劫后余生的兵书，仅有曹操的《孙子略解》一书以注文附于《孙子兵法》的形式而得以流传至今，其余皆已散佚。至于诸葛亮名下的《将略》《便宜十六策》等兵书，是否完全属于魏晋南北朝时期，学术界一直莫衷一是，故只有参考的价值。

　　尽管如此，这一时期的军事思想成就仍然十分可观。这具体表现为：第一，流传至今的曹操《孙子注》内容翔实，颇有创新，堪称大浪淘沙之后的兵学精品。"文字简练而切要，对于后人理解《孙子兵法》本义具有开创性意义"，"阐发《孙子兵法》义旨，有新的发挥"，②这样的评价，可谓切中肯綮。第二，这一时期出现了许多精彩的论兵之作，散见于奏议、政论、诗歌、散文、史书等文献之中，而《北堂书钞》《通典》《文献通考》《群书治要》《太平御览》等唐、宋时代的政书、类书也保留了这一时期众多散佚兵书的部分内容。第三，这一时期涌现了众多杰出的军事家，如曹操、诸葛亮、司马懿、羊祜、杜预、王濬、王猛、崔浩、谢玄、檀道济、拓跋焘、宇文泰等。他们卓越的军事

---

① 参见蓝永蔚、黄朴民、刘庆、钟少异：《五千年的征战：中国军事史》，华东师范大学出版社2000年版，第113页。

② 参见于汝波主编：《孙子兵法研究史》，军事科学出版社2001年版，第78页。

实践活动以及建立在此基础之上的军事理性认识，从另一个层面极大地丰富和充实了中国军事思想的宝库，使得该时期的兵学建树呈现出崭新的面貌。

从总体考察，这一时期的军事思想具有几个鲜明的时代特色，体现了独到的成就：

一是注重实用。这表现为人们普遍偏重于军事对策性研究，着眼于兵法基本原则的实际应用。这一时代的兵学思想主要表现为兵法原理与军事实践的有机结合。这乃是对兵法的二度创造，它常常离不开具体的时间、地点和条件，是一定历史背景下的产物。著名的军事对策，如诸葛亮的《隆中对》《前出师表》，羊祜的《平吴疏》，杜预的《平吴表》，王濬的《伐吴疏》，王猛的《临终谏伐晋言》等，都不是抽象的兵学原则阐发，而是饱含兵法一般原理的具体战略对策方案，具有很强的实用性和可操作性，是理论与实践完美结合的典范。

二是注重综合。学术兼容、博采众长的文化趋势在这一时期的兵学建树中依然表现得非常明显。即兵学著述在秦汉时期多元综合的基础上进一步由创造学派、标新立异转为融会贯通诸家之长。例如曹操、诸葛亮、司马懿等人的军事思想，都是在一般的兵学原则上，吸收申、韩学说的精髓，并杂取儒、道、墨诸家之长；王猛军事观念兼容儒、法、兵家的思想；拓跋珪军事思想体现中原农业军事文明与北方草原游牧军事文化的色彩。

三是注重发展。这一时期的兵学家纷纷致力于对前代兵家所提出的重要兵学范畴加以丰富、充实和发展。如曹操的《孙子略解》《孙子接要》针对《孙子兵法》的有关范畴发表自己独到的见解，对奇正、主客、形势、虚实、攻守、久速等范畴的内涵加以丰富，其对《谋攻篇》"十则围之"的阐发、补充便是典型一例："以十敌一，则围之，是将智勇等而兵利钝均也。若主弱客强，操所以倍兵围下邳生擒吕布也。"这类精辟的见解，在一定程度上充实了中国军事思想，并多少透露出中国古典兵学的重点正开始由战略层次向战役战斗层次转移的信息。有论者认为曹操《孙子注》"对孙子思想从战略上注解不足，而只从战法、战术上着眼"①，这种观察是细致而准确的。

另外，在战略决策思想、作战指导思想、建军治军思想等方面，这一时期的兵学也有独特的建树。如：西晋统一全国战略决策的制定和实施；诸葛亮有关将帅修养问题的理性认识；邓艾等人正兵相持、"奇兵冲其腹心"的作战指导；宇文泰府兵制的施行所体现的寓兵于农、组织严密的建军思想；安内服外的富国强兵思想；"伐谋伐交"、借力打力、善结同盟的军事外交艺术；利用江河天险，进行军事对峙的斗争策略；等等。它们既是对先秦两汉时期兵学理论成就的继承与发展，也为隋唐两宋兵学思想的再次繁荣兴盛提供了必要的条件。

（三）隋唐五代时期的兵学

在军事上，隋唐五代时期是一个战争频繁、变革深刻、兵学

---

① 参见于汝波主编：《孙子兵法研究史》，第78页。

理论多有创新的历史阶段。当时涌现了一批颇有价值的兵书典籍。据许保林《中国兵书知见录》的统计，这一时期的兵书计有216部968卷，刘申宁《中国兵书总目》则著录这一时期的兵书战策为164部829卷。著名的兵书，包括无名氏的《唐太宗李卫公问对》、李靖的《卫公兵法》、李筌的《太白阴经》、王真的《道德经论兵要义述》、杜牧的《孙子注》等。这一时期也是注释《孙子兵法》的高峰时期，宋代人编辑的《十一家注孙子》中，唐代注家就有五人——李筌、贾林、杜佑、杜牧、陈皞，他们在注释中所阐释的兵学观点与注释方法，对后世的《孙子兵法》注家们产生过深远的影响。除此之外，隋唐五代时期还有许多论兵之作，散见于奏议、政论、类书、诗歌、史书、散文等文献典籍之中，如陆贽的《陆宣公奏议》中的《论两河及淮西利害状》《论缘边守备事宜状》《收河中后请罢兵状》诸篇。这一时期还扩大了对外的军事学术交流，《孙子兵法》等兵书，就是在唐代传到日本的。隋唐五代时期也涌现出众多杰出的军事家、兵学家，如杨坚、贺若弼、韩擒虎、杨素、李密、李渊、李世民、李靖、李勣、哥舒翰、郭子仪、李光弼、李泌、李愬、杜牧、李克用、李存勖、王朴、柴荣等。

综观隋唐五代时期的兵学，其主要特征大致有以下几个方面：

首先，隋唐五代处于我国冷兵器时代的末期，这一时期的兵学思想上承先秦、秦汉、魏晋南北朝冷兵器时代的兵学传统，下开宋、元、明、清冷热兵器并用时代的先河，是我国兵学发展史链条上的一个重要环节。这一时期的军事家和兵学理论研究者集冷兵器时代兵学研究之大成，在全面继承前人的兵学理论研究成果的基础上，又有所开拓创新与丰富发展。特别是对某些重要的兵学范畴，如主客、奇正、攻守、迂直、虚实、久速、诚诈、形神、形势等的论述，多具新意，超越前人。

其次，隋唐五代的兵学研究也有新的深化，形成了自己显著的特点。中国古代的思想文化整合与融汇，至隋唐时期进入了第三个高潮[①]。隋代思想家王通著《文中子》，汲汲于倡导"三教可一"；唐代更是主张儒、释、道三教的并存包容，而孔颖达《五经正义》的编纂与推出，则是当时思想文化重新整合、以迎合"大一统"帝国统一思想的需要之标志性象征。

这一思想文化大整合的时代特征，在当时的兵学研究领域也得到了明显的体现。我们可以清晰地看到，这一时期的兵学思想与其他思想进一步走向融会贯通。如李筌的《太白阴经》及其为《阴符经》所作注疏等，就很明显地带有道家和兵家的浓厚色彩，王重民曾指出《太白阴经》是一部"以道家言言兵事"的兵学专著[②]。清代《四库全书总目·子部·兵家类》在评论《太白阴经》一书的特色时也指出："兵家者流，大抵以权谋相尚；儒家者流，又往往持论迂阔，讳言军旅，盖两失之。筌此书先言主有道德，

---

①第一个高潮是西周初期周公"制礼作乐"，统一思想、规范礼乐；第二个高潮是起源于战国中后期、完成于董仲舒之手的思想学术的兼容并融，以"罢黜百家，独尊儒术"为标志。

② 参见王重民：《敦煌古籍叙录》卷二《史部·阃外春秋》，中华书局1979年版。

后言国有富强，内外兼修，可谓持平之论。"显而易见，李筌无疑是一位博取众家之长，融道、儒、兵诸家思想为一体的兵学家。同样，王真的《道德经论兵要义述》一书，也是一部儒、道、兵融汇互补的兵学典籍。唐代的不少兵书之所以具有较为浓重的道家色彩，这当与李唐皇帝攀附为老子李耳之后有一定的关系。再如，杜牧学贯古今，慨然论兵，甚博而详，多有卓识；陆贽将儒、兵思想融为一体，浑然天成，谈兵之内容切实而旨远，常常令人耳目一新。众所周知，不同思想之间的碰撞与交融，常常能活跃人们的思维，从而迸发出新的兵学思想的火花，缘是之故，这一时期的兵学论述多有新见，独领风骚。此外，还值得引起我们注意的是，这一时期的兵学理论更具总结性和实用性。如《长短经》《太白阴经》《通典》中的兵典内容等，都采取了对前人的兵学理论进行分门别类的总结、归纳、注释、阐发的体例。当时不少兵书的内容常常着眼于实际的运用，大至国家战略的制定，小至基本队形的训练、兵器的配备与使用、战马喂养、医药救护等，都有具体而翔实的论述，其兵学理论更加面向战争的实践，具有很强的可操作性。

最后，隋唐五代时期的兵学，对后世兵学思想的影响，是较为深远的。这一时期所总结出的重要兵学原则，如关于持久战的基本认识，关于战略用间、边疆军事羁縻、防止割据分裂的思想，以及异彩纷呈的作战指挥艺术等，都为后人所高度重视并灵活运用。这一时期的一些重要兵书，如《卫公兵法》《太白阴经》《统军灵辖秘策》《唐太宗李卫公问对》等，也成为后世军事统帅与兵学家的必读之书。尤其是《唐太宗李卫公问对》，在宋神宗时期更被列为"武经七书"之一，成为此后武学的教科书之一。在兵书的编纂体例上，隋唐五代时期的兵学，也同样对后世产生了较为广泛的影响。像《长短经》《通典》等分类辑录兵学论述的编纂方法，就为后人所仿效，宋代的《武经总要》、明代的《武备志》等大型军事类书的编纂体例，应该是受到了唐代人的启发并有所发展的。此外，隋唐五代时期的兵学地理图书也有了一定的发展，唐代《括地志》《元和郡县图志》等著述的出现，对后世的兵家地理研究和中国古代地缘战略思想的形成并成熟具有积极的意义。

### （四）宋元时期的兵学

宋元时期是中国军事思想发展的第三个阶段，也是中国兵家叱咤风云的又一个黄金岁月。元代的兵家思想主要体现在蒙古骑兵的军事实践中，具有鲜明的北方民族特色，但行诸文字的兵家论著很少。而宋代兵学则形成了中国传统兵学的一个高峰。宋代比较优待知识分子，但是，宋代实际上又处于"积弱"的状态，没有强大的军事实力，于是，在一定的程度上只能靠军事谋略来加以必要的弥补。宋代的兵家理论繁荣集中体现在以下几个方面：第一，宋代武学兴起，系统并规范地培养专业的军事人才，并使这一制度成为定制。第二，宋代颁定"武经七书"，并使之成为武学的官方教科书。中国自古治国安邦文武并用，文是指儒家经典"十三经"或"四书五经"，武就是"武经七书"。更重要的是，宋代兵书分门别类，更加专业化。《孙子兵法》包括治军、作战、战略、军事观念等，是综合的兵书。而宋代兵书有专门研究军事制度的，如《历代兵制》；有讨论攻守城问题的，如《守城录》；有大型的兵学类书，如曾公亮等人编撰的《武经总要》；有具体讨论各种战法战术的，如无名氏的《百战奇法》；有对军事历史人物、事件进行评论的，如《何博士备论》等。宋代虽然兵书著述繁富，但在"崇文抑武"治国方略以及文人论兵思潮之下，兵学儒学化倾向严重，创新性不足，在总结火器初兴时期新的战术战法、指导战争实践方面未能发挥应有作用，兵学在文献繁荣的表象之下已经蕴含着衰落的危机。

（五）明清时期的兵学

到了明清时期，中国军事思想发展进入守成阶段，这是中国古代兵学的终点，但还是有其显著的特色。明清两代兵书众多，如《阵纪》《兵垒》《投笔肤谈》《乾坤大略》《兵法百言》等。明代有具体的军队战术要领总结，如戚继光的《纪效新书》和《练兵实纪》。明代因倭寇问题，还出现了海防兵书，如郑若曾的《筹海图编》。明代还引进了西洋火器，如佛郎机大炮等，大炮的运输问题催生了孙承宗的《车营叩答合编》的面世。此外，明清两代军队特别注重"训心"，即思想教育，清末蔡锷编的《曾胡治兵语录》就是针对军队治理的。明清军事思想有一定的创新内容，但从本质上讲，没有重大的突破，西方军事学被引入后，中国军事学发生重大变革，传统的兵学逐步让位于近代军事学。

从中国军事思想的发展脉络可以看出，它在各个时代都有所丰富和发展，但其核心的内容与基本的原则是没有本质上的变化的。茅元仪说"后孙子者，不能遗孙子"，意谓后世的兵书不能绕开《孙子兵法》另起炉灶。这样的认识，在西方军事学家那里也是常见的，如英国军事学家富勒在其代表作《装甲战》一书中说道："世界上没有绝对新的东西，我曾说过，学员只要研究一下历史，就可看出，战争的许多阶段将再次采用基本相同的作战形式。只需进行一些研究和思考，就会认识到，过去所采用的所有战略和战术，自觉或不自觉地都是根据军事原则制订的。……无论军队是由徒步步兵、骑兵，还是由机械化步兵组成，节约兵力、集中、突然性、安全、进攻、机动和协调等原则总是适用的。总之，摩托化和机械化只是改变了战争的条件，即改变了将军使用的工具，而不是他的军事原则，这一点是显而易见的。"①

## 二、"楼船夜雪瓜洲渡"："武经七书"的编纂

宋代是中国历史上一个非常有意思的朝代。

不论是对读书人来说，还是就官吏百姓而言，活在宋朝，都算是一件幸事。宋朝城市繁华、经济发达，大多数老百姓安居乐业。

正是因为有宋一代几乎不存在民不聊生的状况，中国的读书人，一直向往两宋时期的那种宽容、宽松、宽厚的政治生活氛

---

① ［英］富勒著，周德等译：《装甲战》，解放军出版社2007年版，第15页。

围。这在中国几千年的历史上，纯属凤毛麟角，难能可贵。然而，历史的诡谲之处就在于宋代的崇文尚礼所导致的结果，是军事力量孱弱疲软，萎靡不振，国防形势困顿危殆，左支右绌。

北宋在对外战争中接连失利，南宋更是偏安一隅。导致这种局面的原因是多种多样的。燕云十六州的失落，西北牧场的易手，使优良战马的来源被切断，只能用川地的矮种马来组建骑兵，是其中一个不可忽略的因素。冷兵器时代，骑兵是处于核心地位的战略兵种，它的强大与否，直接关系着军力的盛衰。

而更主要的原因，还是宋朝廷推行崇文抑武、以文制武基本国策所带来的消极影响。赵匡胤、赵光义消极汲取五代时期武人干政擅权的历史教训，一味考虑不让"黄袍加身"的历史重演，使得他们将巩固皇权、强化对军队的绝对控制放在首要的位置。凡大将出征，皇上都要面授机宜，颁发阵图，何时进兵，何地行军，怎样布阵，如何接敌，规定得清清楚楚，统兵者不可越雷池一步，其手脚被捆绑得严严实实，没有机断指挥的权力。战场形势瞬息万变，为将者受到种种束缚，要打胜仗，岂不是比登天还困难！《孙子兵法》云"将能而君不御"是克敌制胜的重要保证，而宋代皇帝反其道而行之，那只能是"乱军引胜"，在军事斗争中处处被动、连战皆负了。

当然，打败仗是很没有面子的事情，宋代统治者也想改善情况，有所振作。军权高度集中的做法不能动摇，那就得另辟蹊径、别出心裁。于是乎，他们就把提升军队战斗力的重点，放到强化兵学理论的学习和运用上来，用批判的武器来代替武器的批判。故有宋一代，学兵学理论，用兵家智慧，以弥补军事实力的不足，蔚然成风，风靡一时。

换言之，宋代的兵学缘此而兴盛发达，成为中国兵学发展史上第二座高峰。标志性事件为：在宋代第一次出现了兵学的大型类书《武经总要》，第一次实现了兵书的专业分类，涌现出一大批专题型的兵学著述。

其实，军事实力薄弱，往往导致军事理论发达，乃是一种很普遍的现象，甚至可以说是一个基本规律。

先秦时期，齐国军队的战斗力是相对比较低下的，这一点，荀子已有很到位的评论："齐之技击不可以遇魏氏之武卒，魏氏之武卒不可以遇秦之锐士。"（《荀子·议兵》）孙膑自己也承认，在三晋军队面前，"齐号为怯"（《史记·孙子吴起列传》）。

这跟齐国重视文化建设、厚待士人应该有关，齐威王时搞了稷下学宫，聚集了一大批文人学士，让他们享受"列大夫"的待遇，"各著书言治乱之事，以干世主"（《史记·孟子荀卿列传》）。这一点与宋代的崇文之举可谓前后辉映，互相媲美。

就是这个齐国，其兵学理论方面的建树却令人称道，中国历史上最著名的兵书，如《孙子兵法》《孙膑兵法》《六韬》《司马法》等，皆出自齐地，成为齐文化的重要组成部分。李零教授曾著文，名曰《齐国兵学甲天下》，刊于《中华文史论丛》（第五十辑），对这一文化现象作过很全面的总结。而齐国的兵学之所以能"甲天下"，就是因为齐国军队打仗不行，需要用先进的兵学理论，来弥补屠弱的实战能力。

北宋神宗赵顼统治时期，朝廷有憾于泱泱大国居然师旅不振，军威屡坠，在对辽与西夏的军事抗衡中屡遭失利、贻笑天下的困窘局面，终于下决心兴办武学，培养优秀军事人才，以亡羊补牢，振衰起弊，扭转形势，赢得主动。

为了适应武学教学与训练的需要，朝廷遂于元丰三年（公元1080 年）诏命国子监司业朱服和武学博士何去非等人"校定《孙子》《吴子》《六韬》《司马法》《三略》《尉缭子》《李靖问对》等书，镂版行之"①。从此，以《孙子兵法》为代表的七部兵学著述，就被正式定名为"武经七书"，成为中国古代第一部由官方校刊颁行的兵学理论教科书。

司马迁在《史记·孙子吴起列传》中有言："能行之者未必能言，能言之者未必能行。"在现实中，"知行合一"只是个别现象，知行背悖，知行脱节才是常态。宋代人打仗已被历史证明的确是很差劲的，但宋代人的兵学理论造诣之精深，"纸上谈兵"的修行功夫之卓荦，却是无可争议的事实。这一点，在"武经七书"的编纂上同样也有充分的体现。

战争在中国起源很早，在中国历史上，战争层出不穷，杀戮惨绝人寰，从而导致用于指导战争的中国古代兵书浩如烟海，叠床架屋，以至于在《汉书·艺文志》中"兵书略"成为一个独立的门类，与"六艺略""诸子略""诗赋略"等门类并驾齐驱，比肩而立。

---

① ［宋］李焘：《续资治通鉴长编》卷三〇三。

如何在这么多的传世兵书中遴选出几种具有代表性意义的兵书，以武学经典的身份进入武学基本教材之范围，这是非常不容易的挑战，是对"武经七书"编纂者的学术眼光、兵学素养、文化识见的重大考验。"武经七书"的遴选要达到四个基本的目标：第一，入选的兵书能够系统、完整地反映宋代之前中国兵学发展的总体成就与基本面貌。第二，入选的兵书能各具鲜明的个性特征，具有代表性，且彼此之间可以起到互为补充、互为发挥的作用。第三，入选的兵书在思想性、学术性、文学性等方面，都要卓尔不群，引领风骚，臻于完美，具有典范意义。第四，入选的兵书无论是篇幅的长短，还是文字的阅读、表述的方式等方面，都应该恰当适宜，符合武学的教学需要，便于人们学习与掌握。

应该说，朱服、何去非等人的确是识见不凡，目光如炬，很好地完成了对经典兵书的遴选工作，实现了朝廷编纂武学基本教材的初衷。很显然，这七部兵书均价值巨大、个性鲜明、内涵丰富、影响深远，称得上中国古典兵家文化的杰出代表。

## 三、各擅胜场："武经七书"的特色与价值

### （一）《孙子兵法》

"武经七书"共计编入七部古代著名兵书，其中《孙子兵法》毫无疑问是经典中的经典，核心中的核心，是名副其实的"带头大哥"。明代兵书《投笔肤谈》认为："'七书'之中，惟《孙子》纯粹，书仅十三篇，而用兵之法悉备。"《孙子兵法》堪称古

代军事理论的集大成者，构筑了古典军事理论的框架，使后世许多兵学家难以逾越。后世的军事理论建树，多是在《孙子兵法》基本精神与原则的指导下进行的。它代表了中国古典兵学的最高水平，无愧于"兵经""百世谈兵之祖"的称号。

正因为《孙子兵法》一书具有巨大的军事学术价值和崇高的历史地位，后世兵家对它的肯定和赞誉史不绝书。早在三国时期，曹操《孙子注序》曾说："吾观兵书战策多矣，孙武所著深矣！"唐太宗李世民对《孙子兵法》更是推崇备至，据《唐太宗李卫公问对》记载，他曾由衷赞叹："深乎，孙氏之言！""观诸兵书，无出《孙武》。"宋代人对《孙子兵法》予以高度评价的，更不在少数，如苏洵认为："今其书，论奇权密机，出入神鬼，自古以兵著书者罕所及。……辞约而意尽，天下之兵说皆归其中。"（《嘉祐集·权书·孙武》）陈直中在《孙子发微》中也说："自六经之道散而诸子作，盖各有所长，而知兵者未有过孙子者。"戴溪述《孙子》有云："孙武之书十三篇，众家之说备矣。奇正、虚实、强弱、众寡、饥饱、劳逸、彼己、主客之情状，与夫山泽、水陆之阵，战守攻围之法，无不尽也。微妙深密，千变万化而不穷。"（《将鉴论断·孙武》）

明代茅元仪在《武备志·兵诀评序》中指出："前孙子者，孙子不遗；后孙子者，不能遗孙子。"这段话很好地概括了《孙子兵法》在历史上的地位和意义。作为中国古代兵学宝库的一笔珍贵遗产，《孙子兵法》是不朽的。因此，将《孙子兵法》选入"武经七书"，并列为七书之首，应该说是非常恰当的。

### （二）《司马法》

《司马法》一书的主要价值，在于它反映了春秋中叶以前兵学思想的主体内容和基本特征。它是一部以古为主、综合古今的混合型兵书。其基本内容由三个部分组成：一、"古代王者司马兵法"，即西周时期供武官学习或遵循的法典性兵学著作，这是它的主体成分。二、春秋时期齐国著名军事家司马穰苴的兵学观点以及他对"古代王者司马兵法"的诠释内容。三、战国中期齐威王统治时的稷下学者们在"追论""古代王者司马兵法"之时，根据战国时代新的战争特点加入的一些兵家语言。

概括而言，它孕育于黄帝至殷商，创立于西周，发展于春秋，成书于战国中期，具有深厚的历史淀积，集中反映了商周、春秋、战国中前期各种军事观念、作战特点与军事制度，历史文化价值不容低估。为人们在今天全面了解、准确把握我国古代战争、军事思想发展历史的嬗递轨迹提供了必要的依据。而其中最为珍贵的是"古代王者司马兵法"中所保留的西周及春秋前期的部分内容。《司马法》的重要军事学术价值，体现为它是我国现存兵书之中，反映春秋以前军事思想、作战特点、军事制度实际情况最具体最充分的兵学典籍，集中渗透着春秋中期之前的时代文化精神。

东汉大历史学家班固在《汉书·艺文志·兵书略序》中有云："下及汤、武受命，以师克乱而济百姓，动之以仁义，行之以礼让，《司马法》是其遗事也。"宋代郑友贤《十家注孙子遗说并序》也指出："《司马法》以仁为本，孙武以诈立；《司马法》以义治之，孙武以利动；《司马法》以正不获意则权，孙武以分合为变。[①]"这些论述都准确扼要地揭示了《司马法》其书在中国兵学发展史上的特殊地位和历史意义。

## （三）《尉缭子》

《尉缭子》的重要性，表现为它既是现存"兵形势家"的唯一著述，又在很大程度上反映了法家思想对战国兵书的渗透与影响，保存了大量弥足珍贵的战国军事制度的原始资料。它所倡导的"挟义而战""武表文里"的战争观念，"明法审令""举贤用能"的治军思想，"权敌审将""轻疾机动"的作战指导原则，均在中国兵学发展史上留下了辉煌的一笔。故自汉唐以来，《尉缭子》一书一直受到兵学界的高度重视和广泛推崇。《文献通考》引《周氏涉笔》，认为它"理法兼尽"，"能分本末，别宾主"。清代朱墉在《武经七书汇解》中也指出："七子谈兵，人人挟有识见。而引古谈今，学问博洽，首推尉缭。"这一观点，可以说是对以《尉缭子》为代表的三晋兵学在中国兵学史上的地位与贡献，作出了恰如其分且又实至名归的界定。

## （四）《吴子》

《吴子》，又称《吴起兵法》，今存本四卷六篇，篇名分别是

---

① 正不获意，通过正常的手段不能达到目的。权，变通。分合为变，按照分散或集中兵力的方式来变换战术。

《图国》《料敌》《治兵》《论将》《应变》《励士》，全书近五千字。它是吴起军事思想的主要载体，也记载了一些吴起的生平活动事迹。当是由吴起及其门人编缀成书，从这个意义上说，《吴子》一书是吴起兵学流派的集体性创作。《吴子》一书的理论特色相对单薄，但仍不失为一部有价值的兵学著作，尤其是关于战争观念、治军理论的阐述，不无独到与深刻之处。吴起曾受业于儒家曾子门下，故其论治军时，多袭用"仁""义""礼""德""教"等儒家学说的重要范畴。这其实开启了后世"兵儒合流"的先河，是反映中国古代兵学的主流价值观的，因此，"武经七书"中有《吴子》的一席之地，绝非偶然。

## （五）《六韬》

《六韬》的贡献，在于其是先秦兵学理论的集大成之作，集中体现了战国后期学术思潮融会贯通趋势在当时的兵书撰著上所打下的深刻烙印。具体而言，首先，它具有军事学术体系的完备性与系统性，其所论述的范围包括政治、经济与军事的关系，全胜等军事战略，治军理论，作战指导原则，国防建设思想，军事后勤方针等各个方面，从而构筑起一个十分完备的兵学理论体系。其次，当时社会政治思潮对《六韬》有广泛的渗透与高度的规范。这包括黄老之学清净无为、执一统众的指导性质，儒家民本主义思想的深厚影响，以及法家、墨家学说的不同程度的参与。最后，《六韬》所阐述的许多问题，具有鲜明的独创性和启迪意义。如"文伐"十二法的高明运用，《王翼》中早期"司令部"构成的具体设想等，就是这方面的有力例证。显而易见，《六韬》在"武经七书"中，也是不可替代的。

## （六）《三略》

从每一部兵书的身上，都可以看到它特有的时代属性，秦汉时期成书的《三略》所体现的，就是显著的封建大一统兵学的特点。

秦汉时期是中国历史大一统封建王朝的确立时期，大一统的封建王朝需要为大一统服务的兵学，《三略》正是这种时代需要的必然产物。它既总结了"取天下"的经验，更探讨了"安天下""治天下"的基本原则。这一时代的文化精神在《三略》表述的理论宗旨，诸如"设礼赏，别奸雄，著成败""差德性，审权变""陈道德，察安危，明贼贤之咎"之中有突出的反映。

正因为《三略》以如何安天下、治天下为基本宗旨和立论的出发点，所以全书上下贯穿着维护大一统、巩固大一统的一根红线，响彻着"陈道德，察安危"的主旋律。《三略》安天下、治天下的大一统时代文化精神，集中体现在以下两个方面：第一，《三略》的显著特点是偏重于阐述政略，这同《孙子兵法》等先秦兵书偏重于阐述兵略存在着很大的差异，而这恰恰是大一统时代文化精神指导规范兵学建设的客观反映和应有之义。第二，《三略》的另一个显著特点是在论述君主与将帅、君主与群臣的关系问题上花费大量笔墨，提出了一系列君主如何驭将统众的重要原则。这同样是大一统时代文化精神指导规范当时兵学理论建设的具体表现之一。从这个意义上讲，《三略》更像是一部政治学著作，它的出现和流传，表明军事从属于政治，军事学政治伦理本位化趋势的强化已成为不可逆转的事实。

### （七）《唐太宗李卫公问对》

《唐太宗李卫公问对》一书在结合战例阐述兵学哲理，并使之深化方面，比前人取得了更大的成绩。具体地说，就是《唐太宗李卫公问对》的作者继承和发展了《左传》用具体战例来阐述和探讨战略战术原则的方法，把军事学的研究方法，从单纯的哲学推理发展到理论与实际密切结合的新境界，在认真总结战争经验的基础上丰富和深化战略战术原则，使其日益科学化。这对于古典兵学理论研究来说，乃是一个显著的贡献。同时，《唐太宗李卫公问对》的研究视角以及由此而形成的特色，也显示出古典兵学的重点正开始由战略的层次向战术的层次转移，这说明，随着战争实践的日益丰富，人们对军事的认识也趋于多元、复杂、缜密和深化了。《四库全书总目提要》卷九十九《子部·兵家类》曾对其主要内容及特色作过较精辟的概括，称"其书分别奇正，指画攻守，变易主客，于兵家微意时有所得"。这一概括提纲挈领，要言不烦，基本上符合该书的思想要旨。宋人戴溪在其《将鉴论断》中称赞它"兴废得失，事宜情实，兵家术法，灿然毕举，皆可垂范将来"。其军事学术价值毋庸置疑，其入选"武经七书"亦属当之无愧。

由此可见，宋代学人对兵学经典的认识与遴选，的确是独具匠心、别出心裁的。其眼光之独到，选择之精准，令人叹为观止。有宋一代，虽说在军事实践的舞台上乏善可陈，留下的只是"遗民泪尽胡尘里，南望王师又一年"的绵绵遗恨，但是在兵学理论的建树方面则是独领风骚，让"楼船夜雪瓜洲渡，铁马秋风大散关"的魂魄随着"武经七书"的流传而依稀残存于千秋江山。

这就是宋代的文化气象，也是后人谈及宋代时百感交集、五味杂陈的缘由！

# 第四讲
# 《孙子兵法》成书的历史契机

司马迁在《史记·孙子吴起列传》中说，孙武之所以"显名诸侯"，名于当世，是因为他曾经担任将军，立下赫赫战功，辅佐阖闾"西破强楚，入郢，北威齐晋"。然而，在今天，孙武之所以在军事史上享誉中外，名播千秋，则主要是因为他写了一部脍炙人口、被人们推崇为"百世谈兵之祖"的《孙子兵法》。

《孙子兵法》武经本5900余字，十一家注本6000余字，篇幅并不长。但却是一部论述军事领域内部联系和规律的兵学杰作，是一部从战略高度论述军事问题的不朽之作。

## 一、齐国兵学甲天下：《孙子兵法》成书的文化土壤

那么，为什么在东方的中国，在两千五百多年前能够产生《孙子兵法》这样一部伟大的兵学著作？我们认为，社会文明的演进，战争方式的变化，社会思潮的激荡，地域文化的孕育，家

庭环境的熏陶以及个人实践的影响，所有这一切，就是《孙子兵法》诞生的历史契机。

　　孙武生活的春秋末期，正是我国历史上"礼崩乐坏"的社会大变革时代。当时，新兴势力在各个领域以各种方式向旧的贵族统治秩序展开挑战，晋国"六将军专守晋国之地"，鲁国季孙氏等"三分公室"，齐国田氏崛起、取代姜氏，等等，皆是这方面具有标志性意义的事件。其中在政治领域内，战争是最重要的斗争方式。各方诸侯为了赢得战争，夺取政权，都高度重视对战争经验的总结，急切需要有本阶级的军事学家为自己提供从事战争实践的理论指导。从这层意义上说，孙武撰著《孙子兵法》，乃是顺应时代的要求。这当为《孙子兵法》一书诞生的宏观历史大背景。

　　尽管诸侯国都在研究战争，培养军事人才，但是相形之下，哺育孙武成长的故土——齐国，却具有得天独厚的有利条件，因而它最终成为培育一代兵圣的摇篮。齐国主要位于今山东省境内，也占有今河北省的一小部分，具有悠久的历史。姜太公立国伊始，即推行正确的治国方针，奠定了齐国长期强盛的基础。而齐国开放、发达的社会环境，使得在此基础上发展起来的齐国文化具有注重实用和兼容博取这两大突出特点。兵学本是实用之学，它不尚空谈，源于实践，又服务于实践，因此它在齐国得到迅速的发展。姜太公本人就是一位杰出的军事家，他不仅辅佐周武王剪灭商朝，在战争实践方面功业卓著，而且在军事理论方面也颇有建树。他的《太公兵法》虽早已失传，但据《史记·齐太公世家》记载，它的核心是"多兵权与奇计"，因而"后世之言兵及周之阴权，皆宗太公为本谋"。作为先秦兵学源头之一的"古司马兵法"的发明与总结，也与姜太公和齐国兵家有直接关系。《唐太宗李卫公问对》卷上载："周之始兴，则太公实缮其法……周《司马法》，本太公者也。"由此可见，他是中国历史上兵学理论建设的重要奠基者。

姜太公初步确立的齐国兵学传统，到春秋战国时期由于时代条件的变革而得以弘扬和光大。由于各种原因，齐国军队的战斗力在当时的诸侯国中相对比较弱小。所谓"齐号为怯"（《史记·孙子吴起列传》），"齐之技击不可以遇魏氏之武卒"（《荀子·议兵》），就是例证。为了改变这种不利的态势，齐国终先秦之世尤其注重对兵学的研究，提倡运用谋略，以己之长，击敌之短，借重兵学理论方面的优势，以弥补军队战斗力不强的缺憾。在这样的背景之下，著名的军事家在齐国大地上不断涌现，精彩的军事理论著作也纷纷面世。先秦时期最重要的兵学著作大部分都诞生于齐鲁大地。收入"武经七书"中的五种先秦兵书，属于齐地兵家系统的就有三种：《司马法》《孙子兵法》和《六韬》。另外，据《汉书·艺文志·兵书略》记载，齐国的重要兵学著述，还有《齐孙子》八十九篇，《子晚子》（今佚）三十五篇等。而《管子》一书，兵学思想也是其重要组成部分，它所涉及的军事问题的篇目，就有《兵法》《制分》《七法》《地图》《参患》《势》《九变》《霸言》《小匡》《小问》《幼官》《侈靡》《重法》《法法》《立政》《大匡》《八观》《五辅》等。这些情况表明，在先秦及两汉传播的兵学著作中，数量最为丰富，内容最为精博，且影响最为深远者，当首推齐国兵学著作。兵学是齐国整个学术文化体系中极具特色、富有影响的重要构成部分。《唐太宗李卫公问对》卷上称："今世所传兵家者流，又分权谋、形势、阴阳、技巧四种，皆出《司马法》也。……张良所学，太公《六韬》《三略》是也；韩信所学，穰苴、孙武是也。"这充分显示出齐国兵学在中国古典兵学发展史上所占据的统治地位。换言之，没有齐国兵学，实际上中国古典兵学就不复存在。这样的兵法之国的特殊环境，对于孙武创作《孙子兵法》，无疑具有重要的推动作用。

## 二、际会风云：《孙子兵法》成书的文化渊源

尽管孙子与乃祖孙书的关系扑朔迷离，还有许多疑窦有待澄清，但他出身于田氏家族——一个具有深厚渊源的军事世家当无问题。这一优越条件，对于孙子撰著《孙子兵法》的意义也不可低估。因为，在当时家族内部专门学问的累代相传，乃是当时传授学问的主要方式，我们通常把这种情况叫作"家学"。比如，赵括熟读其父赵奢的兵书，据传苏代、苏厉学习其兄苏秦的纵横之术，甘罗继承并光大其祖父甘茂的谋略，这些都是家学代代相传的史例。孙武在这方面自然也不例外。《孙膑兵法·陈忌问垒》所附残简中提到的"孙氏之道"，是"明之吴越，言之于齐"，就说明两种《孙子》本系一家之学。在这样的军事世家中成长起来

的孙武，耳濡目染，感化抱注，自然具备了最好的学习条件和创作基础。军事世家对于《孙子兵法》的诞生，其意义也许正在这里。

孙武能够写出不朽的兵法著作，和他个人积极投身军事实践活动这一经历有关。俗话说，实践出真知。孙武在吴国参与了大量的军政活动，积累了丰富的军事经验，这就为他将感性认识上升到理性认识创造了必要的条件。尤其是他亲身参与指挥破楚入郢之战，从中总结归纳出许多带有普遍意义的军事规律，这对于丰富和完善自己的兵学理论具有十分重大的意义。还需要指出的是，孙武迁居吴国之后，曾同出身楚国贵族、深富韬略的伍子胥过从甚密，切磋学术，这无疑使他间接地增加了对以吴楚为代表的南方军事文化的了解和认识，扩大了自己的视野，从而使《孙子兵法》彻底摆脱"古司马兵法"的窠臼，成为反映当时社会新要求，更准确地体现军事斗争自身规律特点的划时代兵学经典。另外，这也使得《孙子兵法》一书呈现出浓厚的吴越文化特色。

孙武的可贵之处，不仅在于他个人的天赋，更在于他自己对战争规律的探索孜孜不倦，永不停顿。这既表现为他善于借鉴、吸取前代典籍中所反映的战争经验，也表现为他善于根据新的情况，修改、充实自己的兵学理论。在《孙子兵法》中，对吴楚战争经验的总结，就充分展示了这一点。孙武向吴王阖闾呈献十三篇时，柏举之战还没有发生。但《火攻篇》中却有这样一段话："夫战胜攻取而不修其功者，凶，命曰费留①。"这很可能是孙武

---

① 按，费留，财货耗费而师老淹留的意思，师老淹留即因长期滞留敌境而士气低下、斗志全无。

对于吴军破楚入郢之后，"不修其功"，导致失败这一教训的深刻反省。又同书《作战篇》中讲道：如果军队疲惫，士气受挫，实力耗尽、国家经济枯竭，那么其他诸侯国便会利用此危难发兵进攻，那时候即使有智慧超群的人，也将无法挽回败局了。[①]这或许也是对夫差放松对世仇越国的警惕，举兵北上，在黄池与晋国争当盟主，而导致越国乘隙进攻，亡国破军历史悲剧的总结。所有这些，都足以说明孙武为了使自己的兵学理论更深刻、更完善，曾经修订并完善其兵学著作。

《孙子兵法》的诞生，也是先秦兵学自身嬗变的客观结果。前已论及，先秦时期的兵学思想，先后呈示了四个依次交替、逻辑嬗递的阶段性特色，《孙子兵法》是其中第三个阶段的主要标志。

春秋战国之际，随着整个战争环境发生根本性的变化，原先反映西周礼乐文明的"军法""军礼"传统渐渐趋于式微，而代表新兴势力兵学诉求的"兵法"则蓬勃兴起，成为兵学思想领域中的主导力量。这决定了该阶段兵学的基本特征是摆脱"军礼"的束缚，对过去那种"鸣鼓而战"的堂堂之阵战法予以坚决的否定，确立了"兵以诈立，以利动，以分合为变"的基本原则，更准确地体现了军事斗争的自身规律和特点。对此，东汉班固曾有过洗练而准确的揭示："自春秋至于战国，出奇设伏，变诈之兵并作。"（《汉书·艺文志·兵书略序》）而孙武撰著《孙子兵

---

① "夫钝兵挫锐，屈力殚货，则诸侯乘其弊而起，虽有智者，不能善其后矣。"

法》，正是"兵法"形成并占据主导地位的最显著标志。

但是，"军法"的存在，毕竟为孙武构筑其兵学理论体系提供了可资借鉴和汲取的丰厚思想文化资源。换言之，《孙子兵法》之成书，在很大程度上是对"古代王者司马兵法"的具体继承与扬弃，这不仅仅体现为兵学原则的全面归纳和总结，而且也反映为文字语言的广泛袭用转引。《孙子兵法》中所谓"用兵之法""法曰"等内容，实际上就是已佚失的上古兵学著作之基本条文，既"述"且"作"乃是孙子思想体系的重要特色之一。对此，笔者曾在《从〈文选注〉看〈孙子〉成书的渊源》一文中详加考论，指出孙武在撰著《孙子兵法》的过程中，曾大量引用了"古代王者司马兵法"的内容（载中华书局《学林漫录》第十五集）。这种引用，大致可以划分为四大类：

一是注明出处，如《军争篇》所云"《军政》曰：'言不相闻，故为金鼓；视不相见，故为旌旗'"，等等。如前所述，《军志》《军政》《令典》《大度之书》等均系"古司马兵法"大类之下具体的军事典章文献典籍，《孙子兵法》对《军政》的引述，实际上就是对"古司马兵法"的引录。

二是以"法曰""兵法曰""用兵之法"的方式征引，如《形篇》云："兵法：一曰度，二曰量，三曰数，四曰称，五曰胜。"《军争篇》中的"用兵之法"："高陵勿向，背丘勿逆，佯北勿从，锐卒勿攻，饵兵勿食，归师勿遏，围师必阙，穷寇勿迫。"这些"用兵之法"，并非孙武本人的创造，而当为他对"古司马兵法"的借鉴和引用。如"穷寇勿迫，归众勿迫"，注《后汉书》的李

106

贤并没有把它们归入孙子的名下，而是在《皇甫嵩传》中径直注明它们出自"司马法"，从而明晰了这两句话的真正出处。这类情况并不少见，如后人津津乐道的孙子"诡道十二法"，不少内容亦出自"古司马兵法"，对此，意大利汉学家高利考斯基曾作过考证，指出"孙武'诡道'的12条原则中至少有3条实际上是从他之前的书中引录的"[①]。这里所说的"他之前的书"究竟指什么？按高氏的考证，认为这三条原则分别见于《军志》《军政》的佚文。而《军志》等又为"古司马兵法"类名之下的具体军事文献，这就表明所谓"他之前的书"实际上就是指"古司马兵法"。

三是不注明具体出处的原文照录。这些引用最具典型意义地证明了"古司马兵法"在《孙子兵法》成书过程中所发挥的作用，即点破了《孙子兵法》与"古司马兵法"之间存在着的因袭抄录关系之本相。这一点，在《文选》李善注、《后汉书》李贤注以及李筌的《阃外春秋》等文献中均有所体现。

考《文选》李善注，今本《孙子兵法》中的不少内容，其出处均被李善本人断定为《司马法》。如《文选》卷二〇《关中诗》注引《司马法》："兵者诡道，故能而示之不能。"《文选》卷五七《马汧督诔》注引："善守者，藏于九地之下；善攻者，动于九天之上。"又同篇注引："火攻有五。"《文选》卷九《射雉赋》注引

---

① ［意大利］高利考斯基：《孙武的思想和中国的军事传统》，载黄朴民主编《孙子探胜——第三届孙子兵法国际研讨会论文精选》，军事科学出版社1993年版，第53页。

《司马法》："始如处女。"这些引文，皆可见于今本《孙子兵法》，其中第一则见于《计篇》，第二则见于《形篇》，第三则见于《火攻篇》，第四则见于《九地篇》。

类似的现象也见于李筌的《阃外春秋》和李贤的《后汉书》注。如"守则不足，攻则有余"一语见于《形篇》。《汉书·赵充国传》引用此语作："兵法：攻不足者守有余。"然而李筌在《阃外春秋》卷四中，则径自将它记录为"《军志》曰：攻不足而守有余"，明确无误地把赵充国所称引的"兵法"具体坐实为《军志》，即"古司马兵法"大系之中的一部文献。

这样就产生了一个问题：《孙子兵法》经西汉刘向、任宏校书后即已有了定本，三国曹操作注后，删繁就简①，恢复了《孙子》之原始面貌，十三篇更成为流行的兵学典籍，风靡于世，《隋书·经籍志》曾著录"魏武帝注本""张子尚注本""王凌集解本"等②。作为唐朝同一时代的著名学者李善、李贤、李筌等人，他们所见到的《孙子兵法》无疑当为业已经曹操诸人整理后的定本。可是他们征引上述多则今本《孙子兵法》的文字，又为何不注明系出自《孙子兵法》，而偏偏要别出心裁，说成是引自"古司马兵法"呢？

其实要解开这个谜底也不是太困难。李善、李贤、李筌等人作为严谨的学者，在征引史料时，自然要采用最原始的依据，以

---

① 曹操《孙子注·序》有言："而后世人未之深亮训说，况文烦富，行于世者失其旨要，故撰为《略解》焉。"

② 参见《隋书》卷二九《经籍志三》。

力求避免出现弃最原始的材料于不顾，而引用较晚材料的现象。也许在他们看来，"火攻有五""始如处女""攻则不足，守则有余"等文字材料，虽然见于《孙子兵法》的记载，可是它们并不属于孙子本人的发明，而是直接抄自于"古司马兵法"，后者才是这些材料真正原始的出处。所以在征引的过程中，李善等人便径自注明其最原始的出典，以求恢复事物的本相，这正是他们从事学术研究时"淹贯该洽""以原用事所出"的基本宗旨在古籍注疏释读问题上的客观体现。而他们这么做的结果，恰好从文献源流学的角度起到了返璞归真、正本清源的作用，为我们提供了《孙子兵法》诸多内容（从思想到文字）来自"古司马兵法"的确凿证据，使《孙子兵法》继承和沿袭"古司马兵法"的历史本来面貌得以恢复。

　　四是大意概括式的征引。吕思勉先生云："盖古人辑佚之法，与后世异。后人辑佚，必著出处，任其辞意不完，散无友纪，逐条排列。古人则必随义类聚，以意联缀，又不著其所自来。"[1]其实不仅辑佚是如此，其著述也一样是概括前人文献之大意，辗转沿袭，纳入己作之中。这一现象同样存在于《孙子兵法》对"古司马兵法"的汲取移用方面。如《军争篇》曹操注引《司马法》："围其三面，阙其一面，所以示生路也。"这在《孙子兵法》中遂被概括提炼为"围师必阙"四字。又如"古司马兵法"关于将帅机断指挥权的论述有"阃外之事，将军裁之"，"进退惟时，无曰

　　① 吕思勉：《先秦史》，上海古籍出版社1982年版，第15页。

寡人"①等等，在《九变篇》中被总结为"君命有所不受"这一重要原则，强调"战道必胜，主曰无战，必战可也；战道不胜，主曰必战，无战可也。故进不求名，退不避罪，唯民是保，而利合于主，国之宝也"。②虽然彼此文字言辞有所出入，但意义一致，亦应视作是"古司马兵法"对《孙子兵法》成书影响的表现之一。

由此可见，孙子撰著《孙子兵法》有丰富的前人兵学著作可以参考借助，因袭汲取乃是不争的事实。从这个意义上说，《孙子兵法》既是孙武本人的天才创造，也是前人兵学智慧的浓缩总结。

《孙子兵法》的成书，也与春秋后期的学术文化生态变化息息相关。众所周知，春秋之前，"学在官府"，由王室设专门职官分别执掌和传授各类知识与学术，兵学作为一门专业理论与实践知识并重的工具性学科，自然也不例外。清代学者汪中在《述学·自序》中尝言："观《周礼》太史云云，当时行一事则有书，其后执书以行事，又其后则事废而书存。""有官府之典籍，有学士大夫之典籍，故老之传闻。行一事有一书，传之后世，奉以为成宪，此官府之典籍也。"（《清史稿·汪中传》）汪中的这一看法，已为学术界普遍认同，如吕思勉先生就指出："古代史料传于后者，当分官私二种。"③罗根泽先生亦认为战国前无私家著作，"古者政教不分，书在官府，欲得诵习，颇非易易。故韩宣

---

① 《公羊传·襄公十九年》疏引，《谋攻篇》曹操注引。

② 《地形篇》。

③ 吕思勉：《先秦史》，第18页。

子，晋世卿也，必俟至鲁观书于太史氏，始得见《易象》与《鲁春秋》（《左传昭二年》）。季札，吴公子也，亦必俟至鲁，始得闻各国之诗与乐（《左传襄二十九年》）。一般平民，更无论焉。大凡典册深藏官府，则有承传，无发展；谨世守，乏研究"①。

以此尺度衡量，可知在文献典籍"皆官府藏而世守之，而民间无有"的上古时期，处于"古人不著书，古人未尝离事而言理，六经皆先王之政典"②的特定文化氛围之中，兵学典籍亦不可能由个人创作，而只能由官方统一编纂、专职传授，这类文献泛称为"司马兵法"。换言之，春秋之前的"古司马兵法"，实乃上古三代言兵之"成宪""典志"，也即军事领域"官府之典籍"，属于集体创作。

自春秋后期起，随着整个社会政治生态的彻底改变，学术文化的传承与发扬，也出现了全新的局面。概括而言，就是"天子失官"导致"学术下移""私学勃兴""诸子蜂起"，个人著书立说遂成为学术文化建树、思想观念发展中的新生事物。老子《道德经》的面世，孔门《论语》的形成，就是这方面的代表。在兵学领域，孙子际会风云，顺势而发，撰就《孙子兵法》，引领兵学风骚，同样理有固宜，势所必然。

---

① 罗根泽：《诸子考索》，人民出版社1958年版，第57页。

② ［清］章学诚：《文史通义》卷一《内篇一·易教上》。

# 第五讲
# 笼罩在《孙子兵法》身上的几个谜

## 一、疑窦丛生：孙子其人其书的真伪

"古来圣贤皆寂寞，唯有饮者留其名"，这是李白怀才不遇、借酒浇愁心态下的激愤之辞，然而孙武身后并不寂寞，他在很长一段时期里遭到了不少人的怀疑和攻讦。所谓怀疑，就是对他本人的有无和其著作真伪的存疑否定；所谓攻讦，就是对他的思想体系以儒学的观点进行批判。

俗话说，"无风不起浪"，对孙武其人其书的怀疑事出有因：第一，详细记载春秋史事的原始史籍《左传》《国语》等书对孙武的生平事迹丝毫不曾涉及；第二，《孙膑兵法》在魏晋以后悄然亡佚，杳无踪影，两孙子因而被人们所混淆；第三，现存的《孙子兵法》一书中多少带有某些战国时代色彩。加上北宋以来疑古思潮的勃兴，孙武及其著作的真实与否便成为一桩疑案，而诉诸学术殿堂了，众说纷纭，莫衷一是。

的确，由于文献资料的匮乏，现在在孙子生平问题上尚存在着许多难以解释的疑窦。《史记·孙子吴起列传》过于简略，仅说"孙子武者，齐人也。以兵法见于吴王阖庐"。然后，就是一则"吴宫教战"的故事，迹近小说家之言。最后来个概括性的评论："西破强楚，入郢，北威齐晋，显名诸侯，孙子与有力焉。"其家世背景、入吴动因、最后下落，都是后世追叙甚至有可能是杜撰的，方凿圆枘，难以自圆其说。

例如孙子为田书（孙书）之孙，主要依据的是《新唐书·宰相世系表》、邓名世《古今姓氏书辩证》等材料的记载，多有可疑。田书因"伐莒有功，景公赐姓孙氏，食采于乐安"（《新唐书·宰相世系表》），但按《春秋左传》，田书若参与齐国伐莒，当在公元前523年，从其统兵缒城克莒的表现看，田书此时应当为青壮之年，否则"缒城"（在城墙上攀绳而上）这样的行动，恐怕难以胜任。而孙子见吴王阖闾，至迟不会晚于公元前506年，能写出这样杰出的兵法，当时的孙子当在30岁以上，尽管古时早婚，但祖孙之间年龄之隔，按常理推算，实不太能契合。另外，先秦时期并无乐安之地名，乐安之名，始见于《汉书·地理志》，汉代有乐安县，隶属于千乘郡，春秋时期既然无"乐安"，那么，所谓"食采于乐安"，又何从谈起？

又如，据《新唐书·宰相世系表》等记载，孙子奔吴是为了躲避齐国的内乱——"以田、鲍四族谋作乱，奔吴，为将军"，这同样不合情理。田氏是齐国内部政治斗争的胜利者，最后代替姜氏，成为齐国统治者，将姜氏之齐，变为田氏之齐，这就是史上著名的"田氏代齐"。作为田氏的支孽，孙子完全可以坐享田氏胜利的成果，而不必跋山涉水，为"避祸"而南逃吴国。因此，所谓的"避祸"奔吴之说，似乎从逻辑上也讲不通。

再如，孙子最后的结局，历史上也是说法多样，或讲他"飘然高隐"，不知所终，如同范蠡似的，功成身退，逍遥快活去了，《唐太宗李卫公问对》卷下尝云："若张良、范蠡、孙武，脱然高引，不知所往。"或说他如同商鞅等人一样，被杀受戮，不得善终，如《汉书·刑法志》："孙、吴、商、白之徒，皆身诛戮于前，而国灭亡于后。报应之势，各以类至，其道然矣。"分歧甚大，让人无所适从。关于这个问题，我们今天在没有更多新出土文献作佐证的情况下，也只能存而不论了。

尽管细节上我们已无法追求绝对的历史真相，但是，历史毕竟还有近似真实与逻辑真实。我们在孙子其人其书的考察上还是可以有所作为，以尽可能接近并了解历史的本相。

## 二、聚讼无已：否定孙子与《孙子兵法》的种种说法

关于《孙子》的成书年代和作者，自宋代以来，争论辩诘已延续了千余年之久。论争的焦点，是其书成于春秋抑或战国？其书的作者是孙武还是孙膑？抑或如宋代叶适所言，为某"山林处士"？在疑古思潮的影响下，不少学者不承认孙子拥有《孙子兵法》一书的著作权，也否定《孙子兵法》的主体内容形成于春秋

后期。这些怀疑意见总括起来，大抵不外乎以下几种：

第一，论说历史上本无孙子其人，《孙子兵法》十三篇系战国时人伪托。主张这一说法的人主要有南宋的叶适、陈振孙，清代的全祖望、姚际恒，以及现代学者钱穆、齐思和等。叶适指出："凡谓穰苴、孙武者，皆辩士妄相标指，非事实。"论定《孙子兵法》乃是"春秋末战国初山林处士所为"①。陈振孙则云："孙武事吴阖闾而不见于《左氏传》，未知其果何时人也。"②全祖望继承叶适等人衣钵，进一步发挥道："水心疑吴原未尝有此人，而其事其书皆纵横家所伪为者，可补《七略》之遗，破千古之惑。至若十三篇之言，自然出于知兵者之手。"③姚际恒中亦唱同样的调子，说："然则孙武者，其有耶？其无耶……其书自为耶？抑其后徒为之耶？皆不可得而知也。"④到了现代，依旧有相当数量的学者步叶适之流的后尘，向孙武及其著述发出诘难怀疑之声，如钱穆说："其人与书，盖皆出后人伪托。"⑤又如齐思和云："孙武实未必有其人，十三篇乃战国之书。"⑥

---

① ［宋］叶适：《习学记言》卷四十六《孙子》，中华书局1977年点校本。

② ［宋］陈振孙：《直斋书录题解》卷十二《兵书类》，上海古籍出版社1987年点校本。

③ ［清］全祖望：《鲒埼亭集》卷二十九《孙武子论》，"四部丛刊"本。水心，叶适号水心居士。

④ ［清］姚际恒：《有未足定其著书之人者》，载《古今伪书考》，"丛书集成初编"本。

⑤ 钱穆：《孙武辨》，载《先秦诸子系年》，香港大学出版社1956年版。

⑥ 齐思和：《孙子兵法著作时代考》，载《中国史探研》，中华书局1981年版。

他们的怀疑依据主要是两点：《左传》等史籍未载孙武的事迹，"孙武为大将，乃不为命卿，而《左氏》无传焉"（叶适《习学记言》）；《孙子兵法》所反映的是战国时代社会状况和战争特色，时代特征明显晚于春秋。由于这一派既怀疑《孙子兵法》其书，又怀疑孙武其人，态度最为坚决，故可以称作彻底怀疑论者。

第二，历史上虽有孙武其人，但《孙子兵法》一书则断非其人所著。持这一观点的代表人物有北宋的梅尧臣，清代的姚鼐，近现代的梁启超、黄云眉等人。梅尧臣认为此书非孙武自著，而是"战国相倾之说也"①。姚鼐的意见也相同，认为"吴容有孙武者，而十三篇非自所著"，认为"是书所言皆战国事耳"②。梁启超同意梅、姚等人的意见，指出"此书未必孙武所著。当是战国人依托，书中所言战事规模与战术，虑皆非春秋时所能有也"③。黄云眉认为"孙武之有无其人虽未暇定，而十三篇之非孙武书，则固无可疑者"④。

这派学者怀疑、否定《孙子兵法》为孙武所著的主要依据，不外乎一条——孙武是春秋时人，而《孙子兵法》"所言皆战国事耳"，"书中所言战事规模与战术，虑皆非春秋时所能有也"，因此书的作者不可能是孙武本人。由此可见，这一派在孙武其人

---

① 见［宋］欧阳修：《欧阳文忠公文集》卷四十一《居士集·孙子后序》，"四部丛刊"本。

② ［清］姚鼐：《惜抱轩文集》卷五《读孙子》，"四部备要"本。

③ 梁启超：《汉书艺文志诸子略考释》，载《饮冰室合集》，中华书局1989年版。

④ 黄云眉：《古今伪书考补证》，齐鲁书社1980年版，第315页。

其书问题上，实际上是采取了"存其人而疑其书"的态度。

第三，《孙子兵法》与《孙膑兵法》实为一书，其真正的作者是战国中期的孙膑，抑或其书源于孙武，而完成于孙膑。持这一观点的有钱穆、陈启天等现代学者，以及日本学者斋藤拙堂、武内义雄等人。钱穆在否定孙武其人其书的基础上，进一步推论道："《孙子》十三篇，洵非春秋时书。其人则自齐之孙膑而误。"[1]斋藤拙堂在《孙子辨》中称"今之《孙子》一书，是孙膑所著。孙武与孙膑，毕竟同是一人，武其名，而膑是其绰号"[2]。而武内义雄在《孙子十三篇之作者》一文中，虽然承认孙武、孙膑各有其人，各有著述，却认为今本《孙子》十三篇从其内容看，"非孙武所著之书"，而"出于孙膑所作"。[3]至于陈启天的观点，则是折中的，他指出："古人为学，均有传授。孙膑既为孙武之后世之孙，则武之兵法授之于膑，膑即据之撰成十三篇，而署武之名以行世。"[4]

这一派的观点当缘于历史上《孙膑兵法》久已亡佚，而今本《孙子兵法》又多呈战国时代特征，故将孙武与孙膑混为一谈，将两部不同时代的兵书视为一体。从这个意义上讲，这一派的意见可以命名为"张冠李戴"。

除上述三种主要怀疑论调外，还有一些影响稍逊的否定观

---

① 钱穆：《孙武辨》，载《先秦诸子系年》。

② 载江侠庵编译：《先秦经籍考》，国家图书馆出版社2010年版。

③ 载马导源译述：《日本汉学研究论文集》，台湾中华丛书编审委员会1960年版，第155—158页。

④ 陈启天：《孙子兵法校释》，中华书局1947年版。

点。如清代牟庭在其《校正孙子》中谓孙武就是伍子胥，二者实为一人，由于其说过于离谱，因此很少有人信从。

总之，持否定意见的学者认为：孙武的事迹不见于《左传》等先秦典籍的记载，《孙子兵法》所反映的战争规模、运动作战方式、注重诡诈权变的特点以及专有名词的称谓（如主、将军等）、文体的风格均带有鲜明的战国时代特征。因此，《孙子》十三篇不可能成书于春秋末年，而只能是在战国时期甚至更晚时期成书。

当然，历史上也有不少学者对种种怀疑孙武其人其书的论调颇不以为然，并撰文予以辩疑解惑。这方面的主要代表有元末明初人宋濂，明人胡应麟，清人纪昀、孙星衍、章学诚，今人余嘉锡等。如宋濂申辩道："春秋时列国之事，赴告者则书于策，不然则否。二百四十二年之间，大国若秦、楚，小国若越、燕，其行事不见于经传者有矣，何独武哉？"①认为不能以《左传》等史籍不载孙武事迹而否定其人。又如孙星衍说："诸子之文，皆由没世之后门人小子撰述成书，惟此是其（孙武）手定，且在《列》《庄》《孟》《荀》之前，真古书也。"②从著作体例的角度，论定孙武为《孙子兵法》的作者。

---

① ［明］宋濂：《诸子辨》，载顾颉刚主编《古籍考辨丛刊（第一集）》，中华书局1955年版。

② ［清］孙星衍：《问字堂集》卷三《孙子略解序》，载《孙渊如先生全集》，商务印书馆1935年版。

## 三、说有易，说无难：破解《孙子兵法》的真相

从以上简单的回顾中可以看到，关于孙武其人其书真伪的争论，在历史上延续了千余年之久，可谓学术史上一场旷日持久的聚讼。种种怀疑、否定孙武其人其书的论点，虽然皆自申其理由，有的还说得头头是道，天花乱坠，但究其实质，多属猜测乃至臆断，既与历史文献记载不合，也与地下考古的发现相悖，因此是不足凭信的。

1972年山东临沂银雀山一号汉墓中出土了一批珍贵的竹简，其中有《孙子兵法》和《孙膑兵法》。0233号汉简上书"吴王问孙子曰……"，0108号汉简上书"齐威王问用兵孙子曰……"。两种兵法同墓出土，而两则简文的内容又恰与《史记》等史籍关于孙武、孙膑的记载相吻合，这证实了历史上孙武、孙膑各有其人，《孙子》的作者不是孙膑。肯定论者据此认为《孙子》的成书年代与作者这些"千年聚讼"已"一朝得释"。然而否定论者却认为银雀山汉墓竹简的出土，并不能完全解决其书的成书年代与作者问题，他们依旧坚持《孙子》一书带有浓厚的战国时代特征。①

我们认为，《孙子》一书当基本成型于春秋末年，其作者当

---

① 参见李零：《关于银雀山简本〈孙子〉研究的商榷》，载《文史》1979年第7辑；郑良树：《论〈孙子〉的作成时代》，载《竹简帛书论文集》，中华书局1982年版；等等。

为孙武本人。具体理由有以下几点：

第一，孙武撰著《孙子》见于《史记》的明确记载。《史记·孙子吴起列传》云："孙子武者，齐人也。以兵法见于吴王阖庐。阖庐曰：'子之十三篇，吾尽观之矣。'"这段记载至少透露了两点信息：（1）孙武曾著有兵法，以此进见吴王阖闾并获重用。（2）"十三篇"篇数与今传本《孙子》篇数相符。这是孙武著有《孙子》的最原始且有说服力的证据。

《史记·货殖列传》记载："白圭，周人也。当魏文侯时，李克（悝）务尽地力，而白圭乐观时变……故曰：吾治生产，犹伊尹、吕尚之谋，孙、吴用兵，商鞅行法是也。"白圭是战国前期人，他这里提到的"孙"，自然是指孙武而非孙膑，这表明历史上孙武确有其人。《汉书·刑法志》云："吴有孙武，齐有孙膑，魏有吴起，秦有商鞅，皆禽敌立胜，垂著篇籍。"又《吕氏春秋·上德》云："阖庐之教，孙、吴之兵，不能当也。"高诱注："孙、吴，吴起、孙武也。吴王阖庐之将也，《兵法》五千言是也。"这两则史料均明确指出孙武实有其人，并著有兵法。高诱更指出《孙子》凡五千言，与今传本字数相近。其他像《韩非子》《尉缭子》《黄帝内经》《战国策》《论衡》等典籍亦有类似的记载。这些情况表明，孙武善用兵，且撰有兵书，乃是战国、秦汉时人们的普遍共识。

又，《银雀山汉墓竹简·孙子佚文·见吴王》及青海《上孙家寨汉简·孙子佚文》均提到"十三篇"（"十三扁"），且《银雀山汉墓竹简·孙子》之内容与传世本《孙子》内容基本相一致。①这样便从现代考古学的角度进一步证实了孙子其人其书的可信程度。

第二，叶适、全祖望、陈振孙、钱穆、黄云眉诸人以《左传》不载孙武事迹，而断言孙武非《孙子》作者，或进而揣度孙武与孙膑为一人，或以为《孙子》成书于孙膑之手，凡此种种，多属猜测之辞。仅凭借《左传》之记载有无而论定孙武与《孙子》的关系，显然是缺乏证据的，宋濂《诸子辨》中即有反驳（见前文）。而银雀山汉简的出土亦从考古学角度推翻了这些论断。

第三，否定论者常就战争规模、作战方式、文体特征考论《孙子》一书带有浓厚的战国色彩，进而判定其成书于战国年间，孙武非其书作者。我们认为这一观点也是无法成立的。首先，春秋乃是一个过渡时期，其前中期与西周的"军礼"传统一脉相承，而自晚期起，则发生巨大的变化，反映为军队人数剧增，战争规模扩大，作战方式改变。仅就作战方式而言，示形动敌、避实击虚、奇正相生等"诡诈"战法开始流行，过去那种约日定地、鸣鼓而战、堂堂之阵战法日趋没落。《孙子》集中反映这一历史潮流趋向实属正常。其次，在这一时代变革中，南方地区的吴、楚诸国乃得风气之先者。当时这些较少受旧"军礼"传统束缚的国家，在战争活动中更多地采用了埋伏、突袭、诱敌等"诡诈"战法，并经常奏效。孙武曾在吴国为将，深受当地军事文化

① 参见吴九龙：《简本与传本〈孙子兵法〉比较研究》，载《孙子新探》，解放军出版社1990年版，第185页。

的影响，在其著述中自然体现出南方军事文化（包括战法）的特点。所谓"孙氏之道，明之吴越，言之于齐"（《孙膑兵法·陈忌问垒》所附残简），指的就是这层含义。所以，不能以战争规模扩大、野战机动性增强等现象来简单地和战国特征画上等号，更不宜由此而否定孙武的著作权。

第四，值得注意的是，《孙子》书中也明显带有春秋前中期战争的基本特色，如：其言"合军聚众"，就反映了商周以来战争动员的主要特点；其言"穷寇勿迫"，其实就是早期战争"不穷不能""战不逐奔"的翻版；而其"不战而屈人之兵"的全胜观念，则更体现了它与早期战争的联系。春秋前中期的战争更多的是以迫使敌方屈服为基本宗旨，因而军事威慑多于会战，真正以主力进行会战决定胜负的战争为数比较有限。换言之，当时大中型国家发生冲突时，多以双方妥协或使敌方屈服为结局，而彻底消灭敌方武装力量，摧毁对方政权的现象比较罕见。于是，会盟、"行成"与"平"，乃成为当时军事活动中的重要手段。公元前770年，屈瑕率楚军大败绞师，结城下之盟而退还；公元前612年，晋攻蔡，入蔡，为城下之盟而退师；公元前571年，晋、宋、卫等国之师攻郑，冬，城虎牢，逼迫郑国求和……都是这方面的显著事例。对这类传统的追慕和借鉴，遂构成《孙子》兵学的理想境界："不战而屈人之兵。"其他如言兵种而未提及骑兵，言"仁"而未尝"仁义"并称，以及"舍事而言理"的论述风格，均突出体现了春秋的时代精神。种种情况表明，《孙子》全书打上了春秋晚期社会变迁、军事斗争艺术递嬗的深深烙印，它只能成书于春秋期间。

第五，有些被人们用来辩驳《孙子兵法》成书于春秋晚期的史证，其实是一种治学不严谨状态下的"误读"。如，见到《孙子兵法》中有"焚舟破釜"①的文字，就联想到秦汉之际的巨鹿之战，联想到项羽"破釜沉舟"的典故，于是率尔断言《孙子兵法》晚出。殊不知，早在春秋前期的秦晋王官之役中，秦军就已玩过这一招术。是役，秦将孟明视统率秦师东渡黄河，为了昭示与晋军决一死战的坚定意志，孟明视采取了"济河焚舟"的做法，给晋军以极大的震慑，迫使其龟缩固守，不敢撄秦军的兵锋，秦军如入无人之境，攻克晋邑王官，取得了春秋时期秦晋交战中的一次重大胜利，一洗崤之战秦师"匹马只轮无反者"（《公羊传·僖公三十三年》）的耻辱。王官之战爆发于周襄王二十八年，即公元前624年，早于孙子撰著兵书足足一百多年，孙子在其兵书中引为史鉴，留下"焚舟破釜"等文字，自然是完全合乎情理与逻辑的。

当然，我们也不否认《孙子》书中有后人所增益的成分。如其"五行"观就有较明显的战国色彩。众所周知，先秦时期的"五行说"主要是两类，一为"五行相生说"，一为"五行相胜说"。另外，还有一种"五行不常胜"说，乃墨家后学的观点。《墨子·经下》云："五行毋常胜，说在宜。"其含义是五行相遇固不免相胜，但并非确定不移，因种种机遇，且能生出变化来，

---

① 仅见于十一家注本，但皆不见于汉简本、武经本、平津馆本、樱田本。

大概是多方可以胜少。《墨子·经说》："火烁金，火多也。金靡炭，金多也。"就是"毋常胜"之说。学界多认为，墨家后学的观点所反映的是战国中后期的思想，今本《孙子兵法》云"五行无常胜"，意思接近墨家后学"毋常胜"之说，这从一个侧面表明《孙子兵法》一书有一定的后人增附现象。其实细细体会《虚实篇》原文，我们可以看到，至"兵无常势，水无常形，能因敌变化而取胜者，谓之神"，全篇文义俱足，已经有了十分精彩的结尾。可是，后学者好事，生怕人们不能领悟孙子的要旨，遂增添了"故五行无常胜，四时无常位，日有短长，月有死生"数语，以为注解，来叠床架屋式地阐释"兵无常势"之义，这纯属画蛇添足。在日后辗转传抄的过程中，这些注文就被混入正文，而徒滋烦扰，治丝益棼。再如，《用间篇》最后一段言"昔殷之兴也，伊挚在夏；周之兴也，吕牙在殷"云云，也与《孙子兵法》全书"舍事而言理"的基本风格相悖。然而所有这一切，均不足以动摇孙武为《孙子兵法》作者，其书成书于春秋晚期这一基本事实。

# 第六讲　先秦兵学的地域特征与《孙子兵法》的吴文化色彩

## 一、异曲同工：先秦兵学的地域特征

中华大地上的居民早在文明初曙之时，就逐渐形成了各具特色的地域文化特征，原始社会末期的华夏、东夷、苗蛮三大部族集团，实际上既是血缘关系、文明形态的分野标志，更是地域文化属性的畛域界别。

地域文化的特征鲜明而稳定，这一点在社会思潮的演变方面表现得尤为显著。先秦时期（主要是春秋战国阶段）思想学术界出现了众多学派，呈现诸子蜂起、百家争鸣的热烈景象。这固然反映了不同阶级、不同阶层的利益和诉求，同时也与各家所处的地域文化传统有密切的关系，如儒家之于邹鲁、法家之于秦晋、道家之于楚地、阴阳家之于燕齐等等。学者们敏锐地意识到这一文化现象的普遍存在，力图考察社会文化所植根的地域土壤，从

125

地域文明的角度审视和把握文化的趋向和特色。这一努力早在《禹贡》、司马迁《史记·货殖列传》和班固《汉书·地理志》那里即告开始。直到今天，仍有不少学者在这上面投入很多精力，如任继愈先生在其主编的《中国哲学发展史（先秦）》中将春秋战国的文化区域划分为四个，指出当时产生了四种文化类型，即邹鲁文化、荆楚文化、三晋文化、燕齐文化。晁福林先生在其《霸权迭兴——春秋霸主论》一书中将当时的文化类型归纳为周文化圈、齐鲁文化圈、秦晋文化圈、楚文化圈。

兵学思想作为整个思想文化形态的重要组成部分，它的产生、发展、成熟，与人类社会的思想意识形态总体发展演化，有着深刻的历史与逻辑的一致性，也与地域文明的主导趋势相同步。换言之，先秦时期的兵学文化，同样显示出鲜明的地域特征。它在当时主要体现为三大类型，即齐鲁兵学文化、三晋兵学文化和以楚、吴、越为代表的南方兵学文化。

## （一）齐鲁兵学文化

齐鲁兵学文化是先秦兵学文化中最主要的构成部分，其兵学思想之精粹，范围之广泛，个性之鲜明，影响之深远，在先秦诸国中是首屈一指的。齐鲁兵学文化的突出地域特征，大致有以下几个方面：

第一，形成最早，地位最尊。学术界一般的看法是，齐鲁文化的源头为东夷文化。东夷文化的重要特色之一，是骁勇善战，"尚武"之风盛行。其中最典型的例子，就是蚩尤作兵，使其成

为中国历史上最早的战神——兵主。而作为先秦兵学源头之一的
"古代王者司马兵法"的发明和总结，也与姜太公、周公旦等齐
鲁兵家有直接的关系。第二，薪火相传，代有承继。它始终以勃
勃的生机逐代传授下来，并不断地得以发扬和光大。春秋早期齐
桓公、管仲"复修太公法"，"太公既没，齐人得其遗法。至桓公
霸天下，任管仲，复修太公法，谓之节制之师，诸侯皆服"[①]；
春秋晚期，齐景公时期的著名军事家司马穰苴，对"古代王者司
马兵法"进行"申明"，并在此基础上系统构建了自己的兵学思
想体系——《司马穰苴兵法》；在战国前中期，《孙膑兵法》等杰
出兵学著作先后登场，极大地深化了人们对军事斗争一般规律的
理性认识；在战国晚期，《六韬》《管子》等重要典籍面世，使齐
鲁兵学乃至整个先秦兵学进入综合融汇、全面总结的崭新阶段。
第三，兼容博采，注重实用。从"古代王者司马兵法"到《孙膑
兵法》，再到《六韬》，齐鲁兵学文化一直能根据军事实践的需要
而不断地丰富发展，及时转型，从提倡"军礼"，到崇尚"诡
诈"，最终进入总结综合，使兵学与时俱进，呈现新的风貌。第
四，体大思精，影响深远。《唐太宗李卫公问对》卷上云："张良
所学，太公《六韬》《三略》是也；韩信所学，穰苴、孙武是
也。""臣案，《太公·谋》八十一篇，所谓阴谋，不可以言穷；
《太公·言》七十一篇，不可以兵穷；《太公·兵》八十五篇，不
可以财穷。""今世所传兵家者流，又分权谋、形势、阴阳、技巧

---

① 《唐太宗李卫公问对》卷上。姜太公是齐国开国之君，其十二代孙齐
桓公沿用其法，任用名相管仲，富国强兵，终成"春秋五霸"之一。

四种，皆出《司马法》也。"这充分显示出齐鲁兵学在中国古典兵学发展史上所占据的统治地位。

## （二）三晋兵学文化

三晋文化指春秋晋国，战国韩、赵、魏一带的中原文化。关中地区的秦文化主要受三晋文化的滋育和影响，曾在秦地活动的思想家，如商鞅、范雎、韩非等人，也主要来自三晋地区。秦文化本身缺乏自己的显著特色，所以可以归入三晋文化类型。三晋兵学文化以其丰富的内涵和独特的品格在中国古典兵学发展史上占有显著的地位，并成为三晋文化的重要组成部分。

三晋兵学文化的特征主要表现为兵学传统的源远流长，成果丰硕，并具有自己的鲜明个性。具体而言：首先是兵学著作数量繁富，形式多样。据《汉书·艺文志·兵书略》记载，可明确认定属于三晋兵学系统的著名兵书有《公孙鞅》二十七篇、《吴起》四十八篇、《庞煖》三篇、《兒良》一篇、《广武君》一篇、《尉缭》三十一篇、《魏公子》二十一篇、《师旷》八篇、《苌弘》十五篇、《魏氏射法》六篇等。其次是呈示出理论与实践相结合、学理与操作相统一的鲜明特征。与齐鲁兵学较多地关注兵学理论体系构筑的情况有所不同，三晋兵学在重视理论建树的同时，也十分强调理论与实践之间的沟通，讲求兵学理论的可操作性。最后是内涵丰富，体系完整，观点鲜明，思维辩证，注重将厉行耕战、增强实力、推行法制、严明赏罚置放于优先的位置。概而言之，三晋兵学特别贴近先秦时期军队建设与战争活动的实际，突

128

出反映了当时军队与作战的特点与规律，其在兵学史上的地位实不亚于齐鲁兵学。清代朱墉在《武经七书汇解》中说："七子谈兵，人人挟有识见。而引古谈今，学问博洽，首推尉缭。"这可以说是对以《尉缭子》为代表的三晋兵学在中国兵学历史上地位与贡献的正确界定。

作为中国古典兵学文化的最杰出代表，《孙子兵法》既是中华民族传统文化的璀璨瑰宝，也是先秦时期地域文化的珍贵结晶。长期以来，人们一般将它归入齐文化的范围。笔者之前亦持类似的观点，在拙著《孙子评传》《孙子兵法详解》《孙子兵法选评》以及相关论文中按齐国兵学文化体系解读《孙子兵法》的文化地位与历史贡献。

但是，随着相关《孙子兵法》研究的进一步深化，"《孙子兵法》为齐地兵学代表"这一传统看法正遭到越来越多的质疑。笔者虽然不否认齐文化与《孙子兵法》之间的内在联系与深厚渊源，却认为仅仅这样观察问题、阐释背景是不够全面的，至于将齐文化作为《孙子兵法》唯一来源的判断更是武断偏颇的。在笔者看来，比较公允的意见应该是《孙子兵法》显示着多元综合的文化品格，它在弥漫着齐文化基本精神的同时，也带有深厚的吴文化特色，它的成书实际上是齐鲁文化与吴越文化碰撞、沟通、融合的产物，反映了中国古典兵学开放进取、兼容博采、随时创新的时代精神。

## 二、"自将磨洗认前朝"：文献著录中的《孙子兵法》文化属性

《孙子兵法》与吴地文化具有密切的关系，这一点既可以从有关古代文献典籍中寻找到有力的依据，也能够在《孙子兵法》一书中获得比较充分的内证。

孙子虽是齐人，但自其从齐国出奔吴地起，他的活动基本上都是在吴地展开的。换言之，史籍所载可供采信的孙子生平大事，如吴宫教战，辅佐阖闾富国强兵，对楚实施战略欺骗，五战入郢，等等，均以吴国大地为广阔的舞台。从这个意义上说，孙子所创作的兵书，自然是吴文化的有机组成部分。对此，先秦两汉时期的人们是不曾持有什么异议的。东汉班固的《汉书·艺文志》沿袭西汉刘向诸人的考辨意见，称《孙子兵法》为"吴孙子"，著录为"《吴孙子兵法》，八十二篇，图九卷"。《汉书·刑法志》评论汉以前的著名军事家与军事理论家，也直言孙子系吴地的历史人物："雄桀之士因势辅时，作为权诈以相倾覆，吴有孙武，齐有孙膑，魏有吴起，秦有商鞅，皆禽敌立胜，垂著篇籍。"类似的记载，亦见于《史记·律书》："自是之后，名士迭兴，晋用咎犯，而齐用王子，吴用孙武，申明军约，赏罚必信，卒伯诸侯，兼列邦土。"

其他先秦两汉时期的重要典籍、重要历史人物，同样视《孙子兵法》诞生于吴国大地，为吴国波澜壮阔、绚丽多彩军事实践的卓越理论总结。《尉缭子·制谈篇》称："有提三万之众而天下

莫当者，谁？曰武子也。"吴军在公元前506年的破楚入郢之役中所动用的水陆兵力约为3万人，史有明载，可见这里提及的"武子"即为孙武无疑。又，《吕氏春秋·上德》云："阖庐之教，孙、吴之兵，不能当也。"汉代高诱注云："孙、吴，吴起、孙武也。吴王阖闾之将也，《兵法》五千言是也。"这里，《吕氏春秋》的作者以及高诱，也将孙子视为吴地人士，将《孙子兵法》一书看作吴越兵学文化的杰出成就。东汉王充同样将孙子及其著述置放到吴国争霸事业的大背景下进行考察，从而曲折地透露了《孙子兵法》归属吴文化系统的判断："孙武、阖庐，世之善用兵者也。知或学其法者，战必胜；不晓什伯之陈，不知击刺之术者，强使之军，军覆师败，无其法也。"（《论衡·量知篇》）

正是因为《孙子兵法》有十分浓厚的吴地背景，所以《吴越春秋》的作者东汉人赵晔干脆不再提孙武的原籍（"齐人"）了，而根据孙武的主要活动事迹以及兵书著述的吴地文化背景径称孙武为"吴人"，指出其"善为兵法，辟隐深居，世人莫知其能"（《吴越春秋·阖闾内传》）。这虽然是对孙子生平的误解与曲说，但是也从一个侧面反映了《孙子兵法》与吴地文化渊源之深，纠葛之重，似乎要超过它与齐鲁文化的关系。

### 三、"立马吴山第一峰"：《孙子兵法》一书的吴文化烙印

就《孙子兵法》本书内证而言，笼罩在《孙子兵法》全书上的吴地南方兵学文化特征更是十分显著的，这在书中所反映的军

队体制编制、军事地理特点与战争外部环境、作战指导理念与方法、吴越争霸兼并战争背景诸环节中均可以获得充分的印证。

## （一）从军队编制体制看《孙子兵法》一书的吴文化性质

《孙子兵法》所提到的"军、旅、卒、伍"四级基本编制在春秋时期为吴国所特有，而与晋国军队的六级编制、齐国军队的五级编制有较大的区别。春秋时期正规的军队一般编制及隶属系统为《周礼·夏官司马》所称的"军、师、旅、卒、两、伍"的六级编制。在当时，晋国的军队编制是这种六级编制的典型代表。据文献记载，晋国先后作"二军""三军"，乃至"五军""六军"，可见"军"是晋国军队的最高建制单位。另外，晋国军队中有"师"与"旅"的建制，"百官之正长，师旅及处守者，皆有赂"①；也有"卒、两、伍"的中下层建制，"以两之一卒适吴"②，"卒伍整治，诸侯与之"③。

齐国的情况有所不同，据《国语·齐语》以及《管子》相关篇章的记载，齐国军队实行的是五级编制，其成建制的军事单位为"军、旅、卒、小戎、伍"，"五家为轨，故五人为伍，轨长帅

---

① 《左传·襄公二十五年》。鲁襄公二十五年，晋伐齐，齐人杀死齐后庄公请罪，并对晋国上下施以贿赂。按，正长，各级行政长官。处守，主管都城守卫的官吏。

② 《左传·成公七年》。《春秋左传正义》注云："以两之一，谓将二十五人也。卒谓更将百人也……凡将一百二十五人适吴也。"

③ 《国语·周语中》。按，五人为伍，百人为卒。

之；十轨为里，故五十人为小戎，里有司帅之；四里为连，故二百人为卒，连长帅之；十连为乡，故二千人为旅，乡良人帅之；五乡一帅，故万人为一军，五乡之帅帅之。三军，故有中军之鼓，有国子之故，有高子之鼓"（《国语·齐语》）。即"军"至"伍"五级编制，分别辖有万人、两千人、两百人、五十人和五人。

吴国的军队编制既不同于晋国，也不同于齐国，而有其独特的编制结构。以现存的文献考察，其军队的基本编制当为四级，即"军、旅、卒、伍"。其中"伍"为五人；"卒"为百人，"陈士卒百人，以为彻行百行"；"旅"为千人，"十行一嬖大夫"；"军"为万人，"十旌为一将军……万人以为方阵"。[1]这一点恰好在《孙子兵法》一书中得到颇具说服力的证明。《谋攻篇》云："凡用兵之法，全国为上，破国次之；全军为上，破军次之；全旅为上，破旅次之；全卒为上，破卒次之；全伍为上，破伍次之。"《孙子兵法》所涉及的军队编制不以晋国的六级编制或齐国的五级编制为基本对象，却与吴国的四级编制相一致，这从一个方面有力地说明了《孙子兵法》的吴文化属性。

## （二）从地理环境描述看《孙子兵法》一书的吴文化性质

《孙子兵法》所记述的"地形""相敌之法"等内容，恰好与

---

[1]《国语·吴语》。按，彻行，指以百人为一行的队列。嬖大夫，下大夫的别称。

《尚书·禹贡》《史记·货殖列传》《汉书·地理志》等典籍所描述的南方地区地理环境的基本特征相吻合。

《禹贡》称吴国所在的扬州之地的特点是"厥草惟夭，厥木惟乔，厥土惟涂泥"①；《史记·货殖列传》所云东楚，就地理范围言，即春秋时期吴国疆域之所在，"彭城以东，东海、吴、广陵，此东楚也"。其地之特点，为有"三江五湖之利"，"江南卑湿"。而《汉书·地理志》则同样称："吴东有海盐章山之铜，三江五湖之利……江南卑湿，丈夫多夭。"由此可见，吴地的地理环境的主要特征是卑湿泥泞、江河湖泊遍布、草木茂盛等。《孙子兵法》所描述的大部分地理环境，正好与史籍所载的吴地地理环境相同，如"绝斥泽，惟亟去无留；若交军于斥泽之中，必依水草而背众树"（《行军篇》），"众草多障者，疑也"（《行军篇》），"行山林、险阻、沮泽，凡难行之道者，为圮地"（《九地篇》），云云，正是吴地卑湿泥泞、多江河湖泊，杂草丛生、乔木森森之地理环境的形象写照。而孙子有关"处山之军""处水上之军"以及"处斥泽之军"的行军屯驻要领，也恰恰是基于吴地特定作战地理条件的具体产物。总之，《孙子兵法》所论述的作战地理对象，与齐地地理环境多不相类，而接近于史籍所载的吴地地理环境。这同样是《孙子兵法》立足于吴地自然条件、文化特色的一个有力佐证。

---

① 按，夭，茂盛。乔，高耸。涂泥，湿润的泥土。

（三）从作战方式的差异看《孙子兵法》一书的吴文
化性质

《孙子兵法》所汲汲倡导的诡诈作战指导原则，与中原地区
所流行的"以礼为固，以仁为胜"之"军礼"传统相对立，与所
谓"结日定地，各居一面，鸣鼓而战，不相诈"的"偏战"战法
相区别，而体现了深厚的南方兵学文化的历史渊源。

先秦南方文化的中心地带是江汉淮水流域，它受西周传统文
化的影响较小，具有自己独特的风格，对中原礼乐文化持保留乃
至批判的态度，其基本特色是崇尚自然，鄙薄仁义礼治，故为孟
子斥责为"南蛮鴃舌之人，非先王之道"①。这一文化性格在其兵
学思想中同样有鲜明的反映，所谓"诡诈谲变"的作战指导原
则，就发轫于南方地区。它的提出乃是对旧军礼"以礼为固，以
仁为胜"传统的否定。泓水之战前夕，宋国司马子鱼指出楚人狡
诈多变即是例证。

具体而言，南方兵学文化的基本特征是讲究人道与天道的统
一，从自然规律中汲取营养，以求为战争指导提供启示。晦日进
兵、设伏诱敌、突然袭击、避实击虚、奇正相生、化迂为直等是
其热衷的命题与追求的理想境界，诡诈用兵、阴阳变化、刚柔并
济是其兵学的基本精神。伍子胥、范蠡的兵学实践，《鹖冠子》
《经法》的理论建树，堪称这方面的代表。范蠡认为，"天道"的

---

①《孟子·滕文公上》。按，鴃，伯劳鸟。鴃舌，伯劳鸟弄舌啼聒。比
喻语言难懂。

运行是"赢缩转化"的，即所谓"阳至而阴，阴至而阳；日困而还，月盈而匡"。世间万事万物同样也处于不断变化、循环往复的过程之中。这就要求人们"因阴阳之恒，顺天地之常"。这一基本原则同样也可应用于军事斗争。他为此指出：圣人因天地阴阳而获得成功，所以能够战胜敌人而不被报复，能够夺取土地而不被夺回，在外取得战争的胜利，于内为万民带来福祉，用力甚少而名声赫赫。①

以此为参照系数，考察《孙子兵法》的时代精神与文化特征，我们必须承认它与南方兵学文化的风格一致，而与提倡"逐奔不远，纵绥不及""不鼓不成列"原则的以《司马法》为代表的中原以及齐地兵学之风格迥异其趣。《孙子兵法》一再强调"兵者诡道"，宣称"兵以诈立，以利动，以分合为变"，强调"形兵之极，至于无形"，"始如处女，敌人开户；后如脱兔，敌不及拒"，追求"攻其无备，出其不意"的用兵境界，等等，很显然是南方兵学风格的集中体现，是对旧的中原"军礼"兵学传统的全面否定。这多少也透露出《孙子兵法》的地域文化特征与吴地文化相一致的重要信息。

**（四）从作战对象的设定看《孙子兵法》一书的吴文化性质**

现存的《孙子兵法》近六千言之中，曾多次提及"吴、越"

---

① 《国语·越语下》："圣人因而成之，是故战胜而不报，取地而不反，兵胜于外，福生于内，用力甚少而名声章明。"

之争，"越人之兵"，云云，将越国视为吴国主要的假想敌之一，这也表明它是立足于南方战争形势与战备格局基础之上的，是有关南方地区军事实践活动的理论总结与思想升华。

《虚实篇》有云："以吾度之，越人之兵虽多，亦奚益于胜败哉？"《九地篇》则云："夫吴人与越人相恶也，当其同舟而济，遇风，其相救也如左右手。"这里，孙子处处以越国为吴国的主要对手与具体作战对象，总是站在吴越争战的角度来阐说自己兵法的重要作战原理，这恰恰是春秋的争霸战争具体形势的写照。晋、楚争霸是春秋战略格局演变发展的一条主线。它们之间的长期争霸，直接制约与影响着吴、越诸国的战略选择与形势变化。当时，晋国曾拉拢吴国，期望其从侧后方牵制打击楚国，而楚国也如法炮制，利用越国来抗衡吴国，日后在吴越兼并战争中发挥关键作用的范蠡与文种，皆为楚国人士。

在这样的背景之下，吴越两国之间多年征战不已，遂为世仇。孙子为吴王阖闾论兵，自然要以越国为吴国的主要假想作战对象了。

当然，我们肯定《孙子兵法》具有鲜明的吴文化特点，并不是否定其同样富有齐文化之因子的基本事实。而只是想强调指出，《孙子兵法》的成书是一个融会贯通中国早期兵学的历史过程，因此综合性、博大性是其书文化精神的重要体现，与之相联系，其书的地域文化特征乃是极其复杂、极其多样的。

# 第七讲 "运筹于帷幄之中"：
# 孙子的制胜之道(上)

纵横八万里，上下五千年，烽火连天，杀声动地，战争舞台上曾上演过多少幕悲壮激烈、触目惊心的厮杀活剧。这个残酷的现实，驱使古代兵家在追求"不战而屈人之兵"用兵理想境界的同时，把更多精力投入对制胜之道的研究和阐述，用之于指导战争，赢得胜利。换句话说，理想与现实之间的距离，决定了中国古代兵学的主流传统，是探讨如何运用卓越的智谋，实施灵活的指挥，争取实战的凯旋。为此，古代军事家立足于战争，又超越于战争。在长期的战争实践中，制胜之道的理论不断得到丰富和发展。

在探求制胜之术的漫漫跋涉过程中，孙子是当之无愧的先锋战士。"善战"思想在近六千言的《孙子兵法》中占有主导的地位，"兵以诈立，以利动，以分合为变"是孙子兵学实用理性和精髓要义的集中体现。孙子思想的重点是他的作战谋略和作战指导思想，孙子兵学的精华是他独创的军事理论范畴，诸如奇正、虚实、主客、攻守形势等，它们无不是古代战争规律的理性总结和揭示，无不是后世将帅赖以叱咤疆场、克敌制胜的法宝。孙武之所以能在灿若星河的军事伟人之林中脱颖而出，光照千秋，被誉为"兵圣"，尊为"战神"，主要的原因，就是他的制胜理论令古代任何人都无法望其项背。

孙子制胜之道的灵魂，就是夺取克敌制胜的主动权，用孙子自己的话说，即简洁洗练的一句"致人而不致于人"。主动权就是军队行动的自由权，堪称军队的命脉之所系。在孙子眼中，掌握了主动权，就等于掌握了制胜之道，就能将自己所拥有的全部军事潜能淋漓尽致地发挥出来，战无不胜，攻无不克。从"致人而不致于人"这一核心原则出发，孙子具体阐述了制胜之道方方面面的内容、方法和特点。

## 一、知彼知己，预见胜负

崇智尚谋，是孙子兵法乃至整个古代兵学的基本特色。这就决定了孙子把战略决策和作战指导的制定和实施，立足于"先胜"的前提之上。他斩钉截铁地表示，"胜兵先胜而后求战，败兵先战而后求胜"（《形篇》），可见在他心目中，从事战争必须如履薄冰，千万马虎不得。必须先有胜利的条件，先有胜利的方案，先有胜利的把握，才可以与敌一战。这就是所谓的"先胜"。因此，他不厌其烦地强调要"料敌制胜，计险厄远近"，认为这才是巧妙驾驭战争的"上将之道"（《地形篇》）。

然而，如何达到"先胜"的目的呢？孙子认为，"先胜"不是可以坐而致之的，而必须通过主观上的不懈努力来加以实现。努力的正确方向，则是全面了解和掌握各种情况，预测各种变数，在此基础上正确筹划战略全局，机宜实施战役指导，以赢得战争的胜利。用他自己的话来表述，即"知彼知己，胜乃不殆；知天知地，胜乃不穷"。由此可见，以"知彼知己"为主要方式的"先胜"思想，是孙子制胜之道的出发点和基础。

孙子认为，从事战争的先决条件是要做到"知彼知己"，因为只有全面了解各种情况，正确估量敌我态势，才能作出正确的判断，定下正确的决心，制定正确的作战方针。鉴于这样的认识，孙子主张在开战之前对敌我双方的主客观条件——"五事七计"作出全面的了解，并进行仔细周密的考察比较，"校之以计而索其情"（《计篇》）。看一看究竟哪一方君主政治清明？哪一方将帅更有才能？哪一方拥有有利的天时地利条件？哪一方法令能够贯彻执行？哪一方武器坚利精良？哪一方士卒训练有素？哪一方赏罚公正严明？以期对战争的胜负趋势作出高明的预测，并据此来制定己方的战略战术方针。孙子一再强调这样做的必要性，认为不如此就意味着失败："不知彼而知己，一胜一负；不知彼不知己，每战必殆。"（《谋攻篇》）

孙子进而认为，不但在战前战略决策中要贯彻"知彼知己"的原则，而且在实施作战指导的整个过程中，也要始终不渝地将"知彼知己""知天知地"作为自己行动的最高纲领。他首先是通过对未能"知彼知己"而造成不利的后果的论述，从反面印证了全面了解掌握敌情的重要性，"不知战地，不知战日，则左不能救右，右不能救左，前不能救后，后不能救前"（《虚实篇》），"知吾卒之可以击，而不知敌之不可击，胜之半也；知敌之可击，而不知吾卒之不可以击，胜之半也；知敌之可击，知吾卒之可以击，而不知地形之不可以战，胜之半也"（《地形篇》）。接着，他又从正面充分肯定了"知彼知己"对于指导战役胜利的意义，"故知战之地，知战之日，则可千里而会战"（《虚实篇》），"故知兵者，动而不迷，举而不穷"（《地形篇》）。层层递进，环环紧扣，反复论证，鞭辟入里，从战役战术的层次将"知彼知己"、预见胜负的要义阐述无遗。

《军争篇》中有这么一段精彩的文字："不知诸侯之谋者，不能豫交；不知山林、险阻、沮泽之形者，不能行军；不用乡导者，不能得地利。"可见上至"伐谋"这样的战略层次，下至行军屯兵这样具体的举措，都不能须臾违背"知彼知己""知天知地"的根本原则。那么应该通过何种方式来了解和掌握情况呢？孙子对此也提出了自己系统的看法，从而使"知彼知己"的原则没有流于空泛。

第一，是重视用间，掌握第一手的敌情材料。孙子大力提倡用间，把这看成是"知彼"，也即"知敌之情实"的最重要手段之一，并将其提高到战略的高度上来加以认识，"故惟明君贤将，能以上智为间者，必成大功。此兵之要，三军之所恃而动也"（《用间篇》）。为此，孙子专门撰写了《用间篇》，来集中论述用间的原则和方法。主张乡间、内间、反间、死间、生间等"五间并起"，而以"反间"为主。通过间谍将敌人的方方面面情况侦察得一清二楚，以确保自己战略方针得以顺利实施。

第二，是战场"相敌"，掌握敌人的动向。所谓"相敌"，其本义是战场交锋之前，仔细观察敌情，并在此基础上判断敌人的行动意图，从而根据正确的判断，来相应决定自己的作战措施。孙子在《行军篇》中列举了三十余种具体相敌之法。其中包括通过对敌人言论行动的观察以判断敌之作战意图，通过对鸟兽草木和尘埃的观察以判断敌人的行军动向，通过对敌人活动状况的观察来判断敌人的劳逸、虚实、士气以及后勤补给等情况。虽然在今天看来，这些具体的相敌方法大部分业已过时，但是在当时的历史条件下，孙子主张相敌，把它作为战争指导者达到"知彼知己"目的的主要手段之一，却是具有其特殊意义的，反映了孙子对作战指导规律孜孜以求的可贵努力。

第三，是火力侦察，通过试探性进攻，来进一步了解和掌握敌情。在《虚实篇》中，孙子论述了四种具体的试探敌人虚实的方法："故策之而知得失之计，作之而知动静之理，形之而知死生之地，角之而知有余不足之处。"意思是说：要通过认真的筹算，来分析敌人作战计划的优劣得失；要通过挑动敌人，来了解敌人的活动规律；要通过佯动示形，来试探敌人生死命脉之所在；要通过小规模交锋，来探明敌人兵力的虚实强弱。所有这些，都是在临战状态之下为了获取敌人情报而采用的方法，是孙子对战争经验的总结，并在战争实践中屡试不爽。它们的提出，表明孙子"知彼知己"的指导思想，已在具体的作战行动各个环节上得到了实实在在的贯彻。

## 二、先发制人，进攻速胜

"先其所爱"，"兵贵胜不贵久"，孙子强调先发制人，提倡速战速决，推崇作战行动的突然性、主动性、进攻性、运动性，这可以说是孙子制胜之道的重要特点。

在军事上，"先发制人"是一个非常重要的命题。早在《军志》中便有"先人有夺人之心"（《左传·昭公二十一年》引）的提法，《左传》里也有"宁我薄人，无人薄我"（《左传·宣公十二年》）的见解。其实质含义即主动进攻，实施突然袭击，以争取作战上的先机之利。

孙子主张"伐大国"，积极主动进击敌人，"威加于敌"，以泰山压顶之势，摧毁敌人的抵抗意志，消灭敌人的有生力量，实现"自保而全胜"的战略目的。这表明孙子所奉行的是进攻战略的指导原则，主动性是他所坚持的主要作战纲领。这一特点，决定了孙子推崇在作战行动中先发制人，以克敌制胜。

孙子对"先发制人"问题的论述是相当精辟的。他强调在作战过程中，一切都要抢先一步，使自己处于主动有利的地位。在《虚实篇》中，他曾指出这样做的重要性："凡先处战地而待敌者佚，后处战地而趋战者劳。"意思就是先敌一步，即可以逸待劳，一举击败来犯之敌。鉴于这样的认识，孙子一再主张在展开军事行动时，要做到"后人发，先人至"（《军争篇》），夺取先机之利。

"先发制人"的重要性既然不言而喻，那么剩下的问题，便是如何实施高明指导，来贯彻"先发制人"的目的了。孙子指出，要"先发制人"必须做到两点。一是创造和把握正确的时机。具体地说，就是要通过示形惑敌等方法，诱使敌人放松戒备，暴露破绽，然后以迅雷不及掩耳之势，主动进攻，乘虚而入，一举克敌，"敌人开阖，必亟入之"，"是故始如处女，敌人开户；后如脱兔，敌不及拒"（《九地篇》）。二是在己方处于完全主动的情况时，进攻的目标应当选择敌人最薄弱且又是要害的环节，从而牵一发而动全身，以收事半功倍之效，确保"先发制人"的战略意图能够得以顺利实现。具体地说，就是要"先夺其所爱，则听矣"，"先其所爱，微与之期"（《九地篇》）。

"先发制人"的主要目的之一，乃是给敌以猝不及防的打击，尽可能迅速地完成战略任务以结束战斗，以较小的代价换取较大的战果。这样的指导思想，落实到具体作战行动中，就势必按逻辑推导出"速战速决"的主张。应该说，"先发制人"与"速战速决"乃是同一个问题的两个方面。

从《孙子兵法》所反映的情况来看，孙子是坚定不移地提倡速战速决的，主张在最短的时间里战胜敌人，夺取胜利，反对使战争旷日持久，疲师耗财。他的基本观点是："兵闻拙速，未睹巧之久也。夫兵久而国利者，未之有也。"（《作战篇》）

孙子之所以强调进攻速胜，除了这样做符合"先发制人"战法的基本要求外，也是出于对战争的经济重荷以及当时列国战略格局等因素的考虑。

从战争与经济的关系这一角度观察问题，孙子认为进攻速胜至关重要。《作战篇》指出：凡兴师打仗的通常规律是，需要动用战车千辆，辎重车千辆，士卒十万，同时还要越境千里运送军粮；前方、后方的经费，款待列国使节的费用，胶漆器材的用度，车辆兵甲的开销，每天都要耗费千金，然后十万之师才能出动。[1]类似的论述也见于《用间篇》诸篇。它们表明，从事战争所损耗的财力、物力，数量多得惊人，对国计民生来说，不啻是极其沉重的负担，虽可暂时支撑，但如果时间一长，各种严重的后果便会纷至沓来，使国家和民众陷于不能自拔的困境。因此他在《作战篇》中态度鲜明地继续论述道：旷日持久就会使军队疲惫，锐气受挫。攻打城池，会使得兵力耗竭；军队长期在外作战，会使国家财力不继。[2]绝不可等闲视之。这样，孙子便从战略经济的高度论证了采取速战速决方针的必要性。

孙子强调进攻速胜，同时也是基于对当时列国战略格局的认识。春秋时期，诸侯林立，竞相争霸称雄，关系错综复杂。在这种情况下，如果某一国长期从事征战，就会给他国带来可乘之机，最终使自己陷于多线作战的被动局面，出现"鹬蚌相争，渔翁得利"的情况。用孙子自己的话说，就是如果军队疲惫，士气

---

[1]《作战篇》："凡用兵之法，驰车千驷，革车千乘，带甲十万，千里馈粮；则内外之费，宾客之用，胶漆之材，车甲之奉，日费千金，然而十万之师举矣。"

[2]《作战篇》："久则钝兵挫锐，攻城则力屈，久暴师则国用不足。"

受挫，实力耗尽、国家经济枯竭，那么诸侯国便会利用此危难发兵进攻，那时候即使有智慧超群的人，也将无法挽回败局。①春秋末期吴国的衰亡就是明显的例子。吴国的灭亡，最主要的原因是它长期穷兵黩武，北上与齐、晋争雄，造成"钝兵挫锐，屈力殚货"的局面，以致为越国乘隙捣虚。

从这个角度出发，孙子反复阐述"兵贵胜不贵久"的道理，指出：善于用兵打仗的人，兵员不一再征集，粮草不多次运送；武器装备由国内提供，粮食给养在敌国补充。②他之所以反对攻城，主要也是看到一旦攻城，那么必将因准备攻城的器械，建筑用于攻城的土山而导致战斗旷日持久，无法速胜。这些情况充分表明，孙子是从战略全局的高度来认识速战速决的军事意义的。

为了实现速战速决的战略意图，达到"兵不顿而利可全"的目的，孙子提倡采取突然袭击的方式来展开战略进攻行动，主张纵深突袭，似尖刀直插敌人的心脏，一举战胜敌人。

首先，战前秘密决策，隐蔽准备。为了确保突然袭击能出其不意，攻其无备，孙子主张在战前作出秘密决策，保证军事机密不致泄露，即要在庙堂里反复秘密谋划，作出战略决策。③一是要"夷关折符"，封锁关口，销毁通行凭证，防止敌方间谍潜入侦察。二是要"无通其使"，既不接受敌方新派使臣来访，以防

---

① 《作战篇》："夫钝兵挫锐，屈力殚货，则诸侯乘其弊而起，虽有智者，不能善其后矣。"

② 《作战篇》："善用兵者，役不再籍，粮不三载；取用于国，因粮于敌。"

③ 《九地篇》："厉于廊庙之上，以诛其事。"

其高明的间谍见微知著，察觉我方的战略意图；也不允许敌方留居人员离境，以免走漏消息。总之，巧妙地加以伪装，诱使敌人放松戒备，暴露弱点，"始如处女，敌人开户"。

其次，及时把握进攻的时机，正确选择主攻的方向。孙子强调，优秀的作战指导者应该善于捕捉战机，一旦发现敌人呈示弱点，有机可乘，就应当以迅雷不及掩耳之势发起攻击，"敌人开阖，必亟入之"，如神兵从天而降，打得敌人措手不及，找不着北，"后如脱兔，敌不及拒"。而作为军事指挥员，则要在这个过程中，充分发挥主观能动性，通过"顺详敌之意""运兵计谋，为不可测"等方法，来催化有利进攻时机的形成，而不要站在一旁无所事事，睁着眼干等待。关于选择主攻方向的问题，孙子主张在实施战略突袭的时候，"并敌一向，千里杀将"，"兵之情主速，乘人之不及，由不虞之道，攻其所不戒也"，"先其所爱"（《九地篇》），等等。即集中优势的兵力，以最快的速度，打击敌人虚弱的要害，大量杀伤敌人的有生力量，事半功倍地结束战斗。

再次，巧妙灵活地变换战术，刚柔兼济，因敌变化。一旦作出了战斗的决策，决定了进攻的时机，选定了主攻的方向，做好了打击的准备，那么，在战役战斗中，灵活用兵，巧妙指挥也就成为实现战略突袭目标的主要环节了。孙子对战略进攻中的战术运用问题进行了认真探索，提出了相应的原则和方法，其中心内容是"践墨随敌，以决战事"（《九地篇》），即根据敌情的变化，灵活机动地决定自己的战术运用。诸如：隐蔽自己的作战企图，示形动敌，瞒天过海，调动对手，牵着敌人的鼻子走，"易其事，革其谋"，"易其居，迂其途"（《九地篇》）；布列阵势要如同常山之蛇一般，灵活自如，反应敏捷，善于策应，"击其首则尾至，击其尾则首至，击其中则首尾俱至"（《九地篇》）；等等。其宗旨就是强调灵活的指挥，多变的战术，反对墨守成规，避免贻误战机，陷入被动。

这里，孙子实际上触及了战术运用上的最深层次命题，即战术理论原则性与灵活性的统一问题，这用哲学范畴来表述，就是"常"与"变"的对立与统一。所谓"常"，是指事物的稳定性、永恒性，大经大法，这在儒家那里，便是"经"；所谓"变"，是指事物的变化性、适时性，通权达变，这在儒家那里，便是"权"。这两者既是对立的，"男女授受不亲"，但又是统一的，"嫂溺，援之以手者，权也"（《孟子·离娄上》）。

就兵学而言，"常"与"变"的统一尤为重要，因为战争本身就是或然性与盖然性的有机统一。既定的战术原则是千百万人用鲜血和生命凝聚而成的，自然有它的合理性和通用性，对它自然应该予以最大的尊重，这一点孙子心里非常清楚。他一再强调"高陵勿向，背丘勿逆"，坚决提倡"围师必阙，穷寇勿迫"（《军争篇》），就充分说明他对既定的战术原则是何等的信赖，何等的推崇。

但是战争是最具有或然性的活动，随机性、变化性是它的根本特点，战术上的"常法"不可能完全适应千变万化的战场形势，如果一味拘泥以往的经验，迷恋于作战的成规，那么就等于胶柱而鼓瑟，非打败仗不可，即所谓兵法有确定的结论，而战争却没有固定刻板的模式。一日之内，一次战斗中，离合取舍，变化无穷。转瞬之间，战场的形势就会发生变化。如果照搬兵书，死守教条，来应对那变幻莫测的敌情，那么就很可能转胜为败，事与愿违。[1]因此，用兵打仗，在尊重"常法"的同时，更应注重战术的灵活变化、随机创新，后者才是真正的用兵艺术魅力之所在，才是兵学原则不断丰富、不断升华的不竭动力。这正如何去非所说：不要将兵法当作教条来拘泥坚守，而应该根据实际情况对兵法的原则加以灵活运用。常能在遵循兵法的原则基础上提出新的原则，这样做，从表面上看似乎是背离了兵法，而实际上却真正合乎兵法的精神实质。[2]从这个意义上说，孙子主张在战略进攻中，坚定不移地贯彻"践墨随敌"，因敌变化的战术原则，实在是切中了要害，识破了玄机。

最后，大胆坚决地深入重地，把战争指向敌人的腹地。战略纵深是敌人的腹心，对它的打击，效果要远远超过其他地区，往往能起到大伤元气、动摇根本的作用。所以，孙子主张以坚决果断的行动，迅速快捷地将重兵插入敌人的心脏地带，"帅与之深入诸侯之地，而发其机"，"信己之私，威加于敌"（《九地篇》），来确保战略突袭行动取得成功。为达到这一目的，他要

---

[1]《何博士备论·霍去病论》："法有定论，而兵无常形。一日之内，一阵之间，离合取舍，其变无穷。一移踵瞬目，而兵形易矣。守一定之书，而应无穷之敌，则胜负之数戾矣。"

[2]《何博士备论·霍去病论》："不以法为守，而以法为用，常能缘法而生法，与夫离法而会法。"

求在敌国浅近纵深的"轻地"要迅速通过，不作纠缠，即便是作为敌之战略前哨的"争地"，也要巧妙迂回，决不旁骛，免得干扰和牵制自己的战略主攻行动。同时，要实行脱离后勤保障的无后方作战，依靠对敌国的劫掠来补充自己军队的粮草，"掠于饶野，三军足食"（《九地篇》）。

孙子这一深入重地、击敌腹心的作战指导原则，在美英联军攻打伊拉克之战中有非常精彩的印证。战争伊始，美英联军即迅速突入伊拉克境内，兵锋直指首都巴格达。美英联军置卡尔巴拉、纳西里耶、纳杰夫等城市、要点于不顾，全速开进，在短短几天的时间里推进四五百公里，基本上形成了对巴格达的战略合围之势，并很快将这座象征着萨达姆政权力量的城市攻克，为这场战争画上一个句号。这种直插腹心、占敌重地的做法，是战略进攻的最佳选择，古今战争史上均无例外。

综上所述，孙子关于战略突袭的指导思想是：以优势的兵力，多变的战术，出敌不意的时间、方向，深入敌之重地，给敌以毁灭性的打击。在战术上，收到使敌人前后部队不能相互策应，主力和小分队无法相互依靠，官兵之间不能相互救援，上下之间无法聚集合拢，士卒离散，难以集中，遇上交战，阵形不整的效果。[1]在战略上，达到进攻敌对的大国，能使敌国的军民来不及动员集中；将兵威加在敌人头上，能够使敌国的盟友无法进行配合策应，就可以顺利达到攻取敌人的城邑，摧毁敌人的国都

①《九地篇》："使敌人前后不相及，众寡不相恃，贵贱不相救，上下不相收，卒离而不集，兵合而不齐。"

的战略目的。<sup>①</sup>

孙子这一思想，深刻揭示了进攻突袭作战的普遍规律，曾在实践中得到广泛的运用，孙子亲自参与指挥的破楚入郢之战，可以说是这一原则的实战体现。

这次影响春秋晚期战略格局的重大战争，以吴军五战入郢、大获全胜而告终。而吴军之所以取胜，除了其政治清明，具备一定的经济、军事实力，善于"伐交"之外，关键在于其作战指导的高明，而这种高明，集中体现为吴军正确遵循了孙子的战略突袭原则。一是"顺详敌之意"，采取疲楚误楚的正确策略，使楚军疲于奔命，并且放松戒备。二是正确把握进攻时机，明智选择主攻方向，乘隙捣虚，实施远距离的战略突袭，迫使楚军在十分被动的形势下仓促应战。三是把握有利的决战时机，先发制人，一举击败楚军主力。四是适时进行战略追击，不给楚军以重整旗鼓、进行反击的机会。

孙子先发制人、进攻速胜的思想对后世兵家的影响至为巨大，他们大多在继承孙子这一理论的基础上，进一步阐明、发挥先发制人的作用，进攻速胜的意义。如《吕氏春秋》就把迅猛神速，先发制人，看成"此所以决义兵之胜"，反对进攻行动上的旷日持久，"不可久处"（《吕氏春秋·仲秋·论威》）。又如《兵垒》也强调"时不再来，机不可失，则速攻之，速围之，速逐之，速捣之，靡有不胜"（《兵垒》卷一《迅》）。所有这些，

---

① 《九地篇》："伐大国，则其众不得聚；威加于敌，则其交不得合"，"其城可拔，其国可隳"。

均显示出孙子速胜理论的强大生命力。

当然，从军事科学的层面上看，孙子先发制人、进攻速胜的作战原则也是有一定的片面性的，这主要表现为他将速胜与持久的关系机械地截然对立起来。虽然战役战斗上采取速战速决的方针始终必要，不可动摇，然而，在战略上，则必须根据双方力量对比等实际情况，来具体决定是进攻速胜还是防御持久，当速则速，宜久则久，不可拘定。否则，便是形而上学，到头来必定会遭到战争规律的惩罚。

## 三、兵不厌诈，因敌制胜

兵不厌诈，计出万端，灵活机动，因敌制胜，这是孙子制胜之道的主要手段和方式。它的核心含义，就是灵活用兵，"战胜不复"。

孙子认为在战争中，要掌握战场主动权，实现克敌制胜的目的，就必须在具体作战指挥上坚决贯彻"兵者诡道""兵以诈立"的原则，施行诈谋奇计，人为地造成敌人的错觉，使之产生判断错误，然后再予以出其不意的打击，一举而致克敌之效。

在这里，孙子把兵不厌诈推崇为军事家指挥艺术的精妙极致，指出作战成功的奥秘在于：能打，却装作不能打；要打，却装作不想打；明明要向近处，却装作要向远处；实际要向远处，却装作要向近处；敌人贪利，就用小利引诱他；敌人混乱，就乘机攻取他；敌人实力雄厚，就注意防备他；敌人兵势强盛，就暂时避其锋芒；敌人暴躁易怒，就挑逗扰乱他；敌人卑怯谨慎，就设法使之骄横；敌人休整良好，就设法使之疲劳；敌人内部和睦，就设法加以离间。所有这些，都是兵不厌诈的具体表现形式，孙子认为，通过它们，即可达到"攻其无备，出其不意"的目的，使敌人"不知其所守""不知其所攻"，置其于处处被动挨打的困境。

众所周知，进攻与防御，乃是两种最基本的战斗形式，至于追击、退却、包围、迂回等，不过是它们的变化而已。那么，究竟采用何种战斗形式，就必须根据客观情况来决定。要知道，战争的现象是难于捉摸把握的，所谓的"战机"，乃是稍纵即逝的东西。因此，捕捉战机，采取行动，完全依赖于指挥人员的"妙用"，这就是灵活机动。

灵活机动，关键在于正确地使用兵力和灵活地变换战术。既要尊重作战原则，又不能死守作战原则，而是根据天势、地势、敌势、我势，做到"战胜不复，而应形于无穷"。如前文所述，就是要正确处理作战指导的"常""变"关系问题。

在尊重作战"常法"的前提下，孙子更重视用兵的灵活机宜、不拘一格。用他自己的话讲，就是"践墨随敌，以决战事"（《九地篇》）。他认为"因敌制胜"是通往胜利彼岸的舟楫，走向光辉顶点的阶梯。指挥员不论在何时何地都不能违背这一原则。

在《孙子兵法》一书中，孙子关于"因敌制胜"作战指导原则的具体论述，是相当丰富且十分精彩的。这里可以列举几个突出的例子来说明问题。

一是对攻守关系的看法。孙子在《形篇》中指出："不可胜者，守也；可胜者，攻也。守则不足，攻则有余。"这里孙子对攻守之宜问题提出了辩证的看法，认为当自己力量不足，或者时间和地点都不利，没有战胜敌人的可能时，就要实施防御；反之，当自己力量占有优势，具备了战胜敌人的条件时，便要展开进攻，而切切不能一厢情愿地从主观意愿出发，想进攻就进攻，不想进攻就防御，以致陷于攻守失据的被动地位。孙子进而指出，只有在攻守问题上真正做到因敌变化、随机制宜，才算是掌握了灵活机动指挥艺术的精髓，不论是进攻还是防守，均可以得心应手，从容自如，无往而不胜："善守者，藏于九地之下；善攻者，动于九天之上，故能自保而全胜也。"（《形篇》）

二是以"因敌制胜"原则来观照和认识作战的机断指挥问题。《九变篇》集中体现了这层思想。王晳注该篇主旨是"九者，数之极。用兵之法，当极其变耳"，张预注说得更为明确具体，"变者，不拘常法，临事适变，从宜而行之之谓也"。这些看法无疑均是正确的。孙子在此篇中既提出了一些行军作战的常法，"圮地无舍，衢地交合，绝地无留，围地则谋，死地则战"；更强调了要根据具体情况灵活变化，机断指挥，不囿于一时一地的得失，立足于全局进行指导，"涂有所不由，军有所不击，城有所不攻，地有所不争，君命有所不受"。并把将帅能否精通各种机变的利弊，看作是否懂得用兵的标志，指出"治兵不知九变之术，虽知五利，不能得人之用矣"。

三是从"因敌制胜"原则的高度阐述"奇正"的变化问题。孙子对"奇正"的变化运用的论述，乃是以"因敌制胜"原则为出发点的，既肯定"战势不过奇正"，强调用兵打仗要做到"以正合，以奇胜"；同时，更提倡根据战场情势的变化来灵活变换奇正战法，"奇正相生"，"奇正之变，不可胜穷也"（《势篇》）。总之，一切从实际出发，当正则正，当奇则奇，因敌变化，应付裕如，进入驾驭战争规律的自由王国。

其他像《火攻篇》言"凡火攻，必因五火之变而应之"，《九地篇》言"九地之变"，《军争篇》言"四治""无邀正正之旗，勿击堂堂之陈"，等等，都概莫能外地蕴含着"因敌制胜"的深刻哲理，闪烁着辩证观察和处理战机的思想火花。

由于孙子"因敌制胜"的作战指导思想，符合战争活动的内在规律，在实战实践中一再获得验证，因此为后世兵家奉为圭臬，备受青睐。他们沿着孙子开辟的道路前进，进而从各方面深化"因敌制胜"的思想，《吴子》提到了"其将愚而信人，可诈而诱"等十一种情况，《阵纪》归纳为"因敌之险以为己固"四种情况，《兵法百言》又概括为"艰于力则借敌之力"等六种类型，均可视之为这方面的具体努力。其中南宋抗金名将岳飞那句名言——"阵而后战，兵法之常；运用之妙，存乎一心"，可谓对孙子"因敌变化"思想最深刻、最洗练的阐发，堪称孙子千载之后的真正知音。

总之，"兵之变化，固非一道"，因敌变化，随机制宜，永远是高明的战争指导者自由驰骋的广阔天地。倘若不懂得这层道理，不遵循这条原则，那么即便遍读天下兵书，也终究只是纸上谈兵，隔靴搔痒，到头来难免夸夸其谈，一事无成。历史上赵括、马谡之流丧师辱身，贻笑天下，就是最显著的例子。

# 第八讲 "决胜于千里之外"：
# 孙子的制胜之道(中)

## 一、致敌就范，把握主动

孙子认为决定战争胜负的症结，在于"胜兵先胜而后求战"。
要确保自己在战争中永远立于不败之地，就必须创造条件，始终
牢牢地掌握主动权，"先为不可胜，以待敌之可胜"（《形篇》）。
而掌握主动权的核心，关键则在于做到"致人而不致于人"，即
调动敌人、钳制敌人而不为敌人所调动、所钳制。这从战略层次
上说，就是要做到"夫霸王之兵，伐大国，则其众不得聚；威加
于敌，则其交不得合"（《九地篇》），进入"其所措必胜，胜已
败者也"（《形篇》）的理想境界；就战术层次而言，掌握主动
权，就是意味着"能使敌人前后不相及，众寡不相恃，贵贱不相
救，上下不相收，卒离而不集，兵合而不齐"（《九地篇》），
"敌佚能劳之，饱能饥之，安能动之"（《虚实篇》）。总之，就

是让敌人处处被动挨打，无可奈何；让自己攻守皆宜，稳操胜券！

主动权不是现成的东西，战争指导者必须运用聪明才智，发挥主观能动性，才能争取到手。因此孙子在充分肯定夺取主动权的重要性的同时，更以极大的精力来探讨如何争取主动权的问题，发表了许多非常精辟的见解，概括而言，大致有以下几个方面：

第一，加强军队实力，造成对敌力量的绝对优势，胜利的军队较之于失败的军队，有如以"镒"比"铢"那样，占有绝对的优势，胜利者指挥军队进行战斗，就像在万丈悬崖上决开积水一样，呼啸奔腾，所向披靡，这就是军事实力的"形"。① 这里的"形"，是"军形"，即军事实力及其外在表现。战争固然是智的角逐，但同样也是力的较量。如果没有强大的军事实力，奇谋妙计再多再好，也是无从争取战争主动权的。孙子对这层道理洞若观火，因此他讲主动权问题，首先立足于增强军事实力这一点上，主张造就"以碬投卵"的主动态势，然后在这基础上争取先机之利。

第二，造势任势，发挥主观能动性，主动灵活地打击敌人。所谓"势"，按孙子的本意，指的是军事力量合理的积聚、运用，并充分发挥其威力，突出表现为有利的态势和强大的冲击力。孙子认为要夺取主动权，光有实力还不够，还要造势任势，即所谓

---

① 《形篇》："胜兵若以镒称铢"，"胜者之战民也，若决积水于千仞之谿者，形也"。

在精心筹划的方略已被采纳的情况下，还要设法造成一种态势，用来辅佐战略计划的实现。①因此他一再指出：善于用兵打仗的人，总是努力创造有利的态势，而不对部属求全责备，所以他能够选择人才去创造和利用有利的态势。②孙子所说的造势和任势，其实质含义就是要在强大军事实力的基础上，充分发挥将帅的杰出指挥才能，积极创造和运用有利的作战态势，主动灵活、卓有成效地克敌制胜。

孙子还指出：善于指挥作战的人，所造成的态势险峻逼人，进攻的节奏短促有力；险峻的态势就像张满的弓弩，迅疾的节奏犹似击发弩机。③这表明孙子在重视造势任势以夺取主动权的同时，也注意到以"节"制"势"的问题。他认为"势"与"节"二者互为关系，相辅相成。有势无节，不能发其机；有节无势，则不能逞其威。势要险，即应该快速、突然；节要短，即应该近距离发起攻击。孙子说：鸷鸟高飞猛击，以至能捕杀鸟雀，这就是短促急疾的"节"。④可见只有做到节量远近，掌握时机，正中其宜，才能充分发挥"势"的威力，遇之者毁，触之者折，从而真正把握战场的主动权。

第三，示形动敌，主动创造条件。"兵以诈立"，在战争中，如果同敌人讲信义，比道德，那么就会成为宋襄公一类的蠢人，

---

① 《计篇》："计利以听，乃为之势，以佐其外。"

② 《势篇》："善战者，求之于势，不责于人，故能择人而任势。"

③ 《势篇》："善战者，其势险，其节短；势如彍弩，节如发机。"

④ 《势篇》："鸷鸟之疾，至于毁折者，节也。"

丧师辱国，为天下笑。正确的做法应该是真真假假、虚虚实实，以迷惑对手，把握主动，左右战局，夺取胜利。孙子把这种高招，概括为"示形动敌"。

所谓"示形"，就是隐真示假，诱使敌人中计上当，被自己牵着鼻子走，最后陷入失败的命运。用孙子自己的话说，就是"善动敌者，形之，敌必从之；予之，敌必取之；以利动之，以卒待之"（《势篇》）。孙子指出，战场上示形动敌、克敌制胜的最上乘境界乃是"形人而我无形"，"形兵之极，至于无形。无形，则深间不能窥，智者不能谋"（《虚实篇》。深间，即深藏的间谍）。孙子认为，一旦达到这种境界，那么进行防御，即可"藏于九地之下"，坚如磐石；实施进攻，即可"动于九天之上"，置敌于死地。一句话，我军处处主动，而敌军则处处被动。

第四，奇正并用，避实击虚。孙子认为，要造成有利的作战态势，掌握战场主动权，在作战指挥上一是要解决战术上的"奇正"变化运用问题，"三军之众，可使必受敌而无败者，奇正是也"（《势篇》）。所谓奇正，首先是兵力的配置和使用，"以正合，以奇胜"，也即《尉缭子·勒卒令》所言的"正兵贵先，奇兵贵后"。其次，也是更重要的，是战术的选择和运用，"奇正相生"，"奇正之变"。

孙子同时指出，要掌握战场主动权，在作战指挥上还要正确贯彻"避实而击虚"的原则。

"虚实"是孙子兵学中的一个重要军事范畴。一般而言，无者为虚，有者为实；空者为虚，坚者为实。表现在具体军情上，大凡怯、饥、乱、劳、寡、不虞、弱为虚；勇、饱、治、逸、众、有备、强为实。

孙子"避实而击虚"的原则，首先表现在对攻击目标、攻击方向的选择上。基本的指导思想是，避开敌人的强点，攻击敌人虚弱且攸关性命的关键部位，从根本上调动对手，制服敌人。他说要出击敌人无法驰援的地方，要奔袭敌人未曾预料之处。行军千里而不劳累，是因为行进的是敌人没有防备的地区。进攻而必定能够取胜，是因为进攻的是敌人无法防御的地点；防御而必能稳固，是因为扼守的是敌人攻打不动的地方，又说前进而使敌人无法抵御的，是由于袭击的是敌人懈怠空虚的地方，[①]其实讲的都是一个意思。总之，只要在作战目标及方向选择上贯彻了"避实而击虚"的方针，那么就可以达到"善攻者，敌不知其所守；善守者，敌不知其所攻"（《虚实篇》）的目的了。

孙子"避实而击虚"的原则，其次还表现为对攻击时机的把握。基本的指导思想是，避免同士气高涨、斗志旺盛的敌人作正面交锋，要通过各种手段瓦解敌人的士气，消磨敌人的斗志，而后再予以突然而凌厉的打击，夺取战争的胜利。《军争篇》所提到的"治气"主张，就集中反映了孙子"避实而击虚"原则在战机捕捉把握上的运用，"善用兵者，避其锐气，击其惰归"。另外像《九地篇》言"敌人开阖，必亟入之"，也是类似的道理。

---

①《虚实篇》："出其所不趋，趋其所不意。行千里而不劳者，行于无人之地也。攻而必取者，攻其所不守也；守而必固者，守其所不攻也"，"进而不可御者，冲其虚也"。

综上所述，孙子制胜之道的核心就是致敌就范，掌握主动权。孙子认为，只要掌握了主动权，战略方针即可确保落实，战术运用即可得心应手，在这样的情况下，胜利的天平自然而然会朝着自己这一边倾斜：所以我军要交战时，敌人即使高垒深沟也不得不出来与我交锋，这是因为我们攻击了敌人所必救的地方；我军不想交战时，即使是画地防守，敌人也无法同我军交锋，这是因为我们诱使敌人改变了进攻方向。<sup>①</sup>

历史在前进，战争在发展，夺取主动权的内容、方法和手段也随之而丰富、完善或改变，然而主动权是军队行动的自由权，行动自由是取胜的关键这一点永远不会改变。因此，孙子的名言——"致人而不致于人"将作为普遍的真理，而同战争现象相共存。

## 二、集中兵力，以镒称铢

正确选择主攻方向，集中优势兵力，在全局或局部上造成"以镒称铢"的有利态势，各个歼灭敌人，这是孙子制胜之道的突出环节。

作战双方，谁具有优势的战场地位，谁就能拥有军队行动的主动权，这乃是古今中外战争中的一条重要规律。大体而言，两军对阵，凡兵力薄弱、指挥笨拙的一方，一般会比较被动。所

---

①《虚实篇》："故我欲战，敌虽高垒深沟，不得不与我战者，攻其所必救也；我不欲战，画地而守之，敌不得与我战者，乖其所之也。"

以，古往今来的军事家们很自然地提出了"众寡分合"的著名命题。所谓"众寡"，就是兵力的对比问题；所谓"分合"，就是指兵力的部署使用问题。两者的核心所在，就是要集中兵力，在全局或局部造成优势，各个击破敌人。

孙子是历史上第一个重视并系统阐述"众寡分合"作战原则的兵学大师。在《谋攻篇》中，他明确强调"识众寡之用者胜"，把这看成"知胜有五"的一项重要因素。这里的"众寡"，当然是指兵力的多少，而"用"则是指兵力的运用，也即《军争篇》所说的"分合为变"。孙子认为，要确保掌握主动权，夺取战争的胜利，就必须在战场交锋时集中优势兵力，以镒称铢，"以碫投卵"，给敌人以毁灭性的打击。为此，他在自己的兵法著作中反复阐发了集中兵力问题的重要性，并一再提出具体的集中优势兵力的种种主张——"并力""并敌一向""并气积力""我专为一"，从而达到"以众击寡"的目的。

当然，战场的敌我态势是多种多样且瞬息万变的，因此集中兵力的方法也不宜固守一道，而应该是因敌变化、随机制宜。孙子对此是有清醒的认识的，所以他在《谋攻篇》中论述了集中兵力的各种对策：拥有十倍于敌的兵力就包围敌人，拥有五倍于敌的兵力就进攻敌人，拥有两倍于敌的兵力就设法分散敌人，兵力与敌相等就要努力抗击敌人。[1]主张针对不同的兵力，分别灵活地采取"围""攻""分""战"等战法，确保己方进退自如，攻

---

[1] "十则围之，五则攻之，倍则分之，敌则能战之。"

防皆宜。

兵力的多少与兵力的集中分散，并不是同一回事。兵力在总体上占优势，但在具体作战过程中也可能因兵力部署的分散而丧失优势；反之，兵力在总体上占劣势，但也可能因相对集中而形成局部上的优势。由此可见，集中兵力是有一定条件的。从主观上说，敌我双方都力求集中兵力，谋求战场上的优势。然而能否达到这个目的，则取决于指挥员主观能动性有无得到充分的发挥。换言之，必须通过高明的指挥，使我方兵力集中而使敌人兵力分散，这才是集中兵力的关键。

孙子不愧为杰出的军事理论家，在"众寡之用"问题上，他既肯定集中兵力的意义，提倡"以十攻其一"，又积极探讨如何在战争活动中，通过对"分合为变"等手段的运用，以达到集中兵力、掌握主动的目的。

孙子认为集中兵力的关键，在于最大限度地发挥主观能动作用，善于创造条件，捕捉战机。从战术上说，就是要做到"形人而我无形"，使敌人显露真情而我军不露任何痕迹。他进而论述道："则我专而敌分。"即这样一来，我军兵力就可以集中而敌人兵力却不得不分散。于是，集中兵力的意图即得以实现，从而造成我众而敌寡的有利态势，即"吾之所与战者约矣"。基于这样的认识，孙子乐观地表示了充足的信心，"胜可为也。敌虽众，可使无斗"，"越人之兵虽多，亦奚益于胜败哉"。（《虚实篇》）

孙子的思维方式是辩证的，在肯定集中兵力重要性的同时，也深刻揭示了分散兵力的危害性。他认为，在兵力部署上如果不

164

分主次，单纯企求"无所不备"，那就势必形成"无所不寡"的局面，不能达到"我专而敌分"的目的，也就失去了主动权。据此，孙子一再提醒战争指导者要避免犯"以一击十""以少合众"这一类分散兵力的错误，因为这是"败之道也"，到头来一定会覆军杀将，自取其辱。

孙子集中兵力，以镒称铢的作战指导思想对后世兵家的影响殊为深远。一方面，他们进一步肯定集中兵力的军事学术价值，如《淮南子·兵略训》就曾用形象的比喻来说明这层道理：五个手指轮番敲打，不如握紧拳头狠命一击；一万人逐个轮番进攻，不如一百人同时出击。[1] 而《百战奇法·形战》则更明确指出"以众击寡，无有不胜"。另一方面，他们也高度重视运用"分合为变"的手段，来达到集中兵力的目的，"设虚形以分其势"，造成"敌势既分，其兵必寡；我专为一，其卒自众"的有利态势。（《百战奇法·形战》）

---

① "夫五指之更弹，不若卷手之一挃；万人之更进，不如百人之俱至也。"

# 第九讲 "兵无常势,水无常形": 孙子制胜之道(下)

## 一、巧用地形,攻守得宜

察知天候地理,巧妙利用地利,根据地理条件制定切合实际的战略战术,确保作战的胜利,乃是孙子制胜之道的重要内容。

用兵打仗,需要一个平台,这个平台,就是"时间"和"空间"。换句话说,战争总是在一定的空间和时间范围中进行的。时间体现为战争过程的速决或持久,空间体现为战争规模(主要指战场覆盖面)的广阔或狭小。在古代冷兵器作战时代,没有飞机,没有导弹,也没有潜艇,所以,战争只能在陆地或水面展开,这决定了战争不能不受一定的地形条件的影响和制约。

因此,对于影响军队行动的战场地形地貌,就不能不详细研究,全盘掌握;而为了在整个战略布局上取得有利主动的地位,就不能不对兵要地理作缜密的考察。前者属于"军事地形学"的范畴，而后者则属于"战略地理学"的范畴。[①]当然，在中国古代，对两者的区分并不严格，人们通常是对它们作通盘的研究和阐述的，就像人们不曾严格规范战略、战役、战术、战法、战斗基本含义的情况一样。孙子尽管很伟大，但在这些方面也不可能超越时代，有所例外。

在冷兵器作战时代，掌握和利用地形地理，对于战争胜负的影响尤为重大。如在戈壁荒漠地区，如果后勤补给跟不上，那么不用打仗，光饥饿与干渴便能置人于死地。又如在荆棘丛生、崎岖不平的崇山峻岭地带，你就是骑了的卢、赤兔一类的宝驹名马，也无法信马由缰，和敌人挥戟搏杀。因此，早在孙子之前，就有人探讨军事与地理条件之间的关系了，并且留下了一些足资启迪的军事地理理论的雏形。例如，《易·师卦·六四》有云："师，左次，无咎。"即军队在作战行动中只要占领了有利的地形，就等于掌握了主动，不会有任何危险。又如《易·同人卦·九三》说："伏戎于莽，升其高陵，三岁不兴。"意谓如果能充分利用草木茂盛、地势起伏的特殊地形条件，巧妙隐蔽军队，并抢先占领有利的制高点，就能够顺顺利利打败敌人，并使得敌人元气大伤，在好多年之内都无法得到恢复。这些片言只语的论述，在很大程度上成为孙子构筑其军事地理思想的历史文化渊源。

然而，这些片言只语的论述零碎散漫。光谈地形，不谈地域，没有涉及军事地理中最核心的兵要地理问题，缺乏广度。孙

---

[①] 参见姜春良主编：《军事地理学》，军事科学出版社1995年版，第140、157页。

子提出，可以利用地理条件来达成克敌制胜的目的，才使军事地理学粗具规模，成为兵学理论中的重要组成部分。孙子称得上中国第一位系统探讨地形、地理条件与军事斗争成败之相互关系的兵学大师。

明末清初的学者顾祖禹指出："夫论兵之妙，莫如孙子；而论地形之妙，亦莫如孙子。"（《读史方舆纪要》）孙子对地理条件在战争中的地位和作用极为重视，十三篇中专辟两篇——《地形篇》和《九地篇》来论述军事地理问题。他指出地理条件与作战的胜负有着密切的联系，主张把熟悉和利用地利提到战略的高度加以重视："夫地形者，兵之助也。料敌制胜，计险厄远近，上将之道也。"（《地形篇》）鉴于这样的认识，孙子进而强调行军作战时，要侦察或利用向导去了解地形、掌握地形，指出"不知山林、险阻、沮泽之形者，不能行军；不用乡导者，不能得地利"（《九地篇》）。

孙子的军事地理学思想主要包括两个方面。一是对兵要地理的论述。他撰写《九地篇》，对这一问题集中进行了探讨，提出了军队在九种不同的战略地理环境中展开行动的基本指导原则。二是对战术地理的论述，主要见于《行军篇》《地形篇》诸篇。以下我们就根据这一线索作一番必要的概述。

"知彼知己，胜乃不殆；知天知地，胜乃不穷"，这是孙子认识战争、指导战争的思想基础。它要求战争指导者尽可能全面了解和掌握各种情况，在这个基础上筹划战略全局，实施战役指导，活用战法战术，赢得生死搏杀。关注地形，了解地形，分析地形，利用地形，就属于"知天知地"的范围，这正是孙子苦心孤诣打造其军事地形学理论体系的出发点。

　　孙子非常重视战场地形条件对展开作战行动的具体影响，提出了"地形者，兵之助也"这一精辟的论断，强调作战指导者要注重对地形的观察和利用。在孙子看来，能不能根据地形条件制定适宜的战法战术，直接关系到战争的胜负，军队的存亡，所以要想成为一位真正有所成就的将帅，条件之一便是了解和熟悉地形，认真研究、巧妙利用地形，即在判断和掌握敌情的同时，准确地计算地理形势上的险要或平坦、遥远或邻近、广阔或狭窄，以便对军队的开进速度、机动方式、部署主次以及阵地的选择、伪装和使用等，作出明确正确的抉择。他强调这是高明指挥员所不可或缺的素质，是夺取军事斗争胜利的基本保证："料敌制胜，计险厄远近，上将之道也。"如此这般，孙子就将地形学首次引入了军事斗争的领域，使得敌情分析和地形利用得到了有机的结合，这在中国古代军事学术发展史上具有相当深远的意义。

　　从"地形者，兵之助也"这一基本见解出发，孙子根据当时实战的具体要求，进而系统地探讨了战术地形的基本类型和主要特征。他具体列举了军队在作战行动中极有可能遇到的六种基本地形：四通八达的"通形"，能进难退的"挂形"，双方行动都不便的"支形"，狭隘重阻、易守难攻的"隘形"，险峻陡峭、不便展开的"险形"，以及距离遥远、双方机遇相等的"远形"。指出了这六种基本地形的各自特点，并且就这六种不同的地形条件，提出了详尽而又有针对性的作战指挥要领。例如，在敌我双方都可以自由来去、四通八达的"通形"地域上，作战指挥者应该抢先占领开阔向阳的高地，确保后勤补给线的畅通无阻，从而牢牢把握主动。又如，在"支形"地域上，先要做到戒除贪多务得的人性弱点，不受敌方诱兵的迷惑，持重待机，然后"以其人之道，还治其人之身"，统率部队假装退却，诱使敌人前出一半时再突然回师反击，大杀回马枪，玩弄对手于股掌之中。

孙子认为，地形条件固然重要，但毕竟仅仅是用兵打仗的重要辅助条件，如何巧妙利用地形，确立战场优势，关键还在于发挥将帅的主观能动性，实施卓越的作战指导。因此，孙子进而论述了军队由于将帅战术呆板、指挥失当而导致失败的六种情况，即"六败"——"走、弛、陷、崩、乱、北"，细致剖析了产生"六败"的具体原因和"六败"的主要表现，并且指出作战失败的责任应该由将帅来承担，不能归咎于自然条件。由此可见，孙子的军事地形学思想是相当系统和辩证的，真正做到了主客观条件的有机结合，即通过对"地有六形"的具体阐发，揭示了地形条件与战争活动之间的内在关系；又通过对"兵有六败"的深刻论述，说明了主观指导失误必然会造成作战行动的失败。这里，"地有六形"讲的是自然的客观因素，"兵有六败"讲的是人为的主观因素。孙子军事地形学思想的高明之处，在于恰如其分地评价地形在军事上重要作用的同时，正确地强调了发挥人的主观能动性的意义。认为只有将战场地形等有利的客观因素与战争指导者的主观能动性相结合，才能达到趋利避害、稳操胜券的目的。

需要指出的是，孙子的军事地形学思想在后世为众多兵家所一致推崇，《百战奇法·地战》强调"凡与敌战，三军必要得其地利"，《草庐经略·地形》指出"两军交战，地不两利；我先得之，敌为我制。虽可利人，实由人择；固分险易，还务通权"，等等，都属于对孙子战术地理思想的继承和发挥。

西方近代军事学家重视战场上重要地形的战略价值，也是十分普遍的现象，甚至把它视为国力的重要组成部分。如美国学者科宁·格雷提出，国力要素包括人和文化因素、领土面积、地形、经济资源、政治实体间的距离等，并认为自然地理很大程度上决定经济地理，经济地理决定人文地理，人文地理对政治的发展又产生重大影响。[①] 又如美国的约翰·柯林斯的《大战略》中把国力要素归纳为十个基本方面，其中属于自然地理的有空间关系、主要的陆地形态、气候、天然植被，而属于经济和人文地理的有资源、工业、人口的数量和分布、重要部门的分布、交通网和通信网。并指出这些因素"构成了加强国家力量的地理成分。它影响到政治力量、军事力量和其他各种形式的力量如何使用的问题"。

至于若米尼在《战争艺术概论》一书中更是多次就地形在军事活动中的地位与作用进行了阐述。指出那些位居要冲的、具有重要战略价值的要地，例如交通中心、重要军事基地、要塞所在地、在山地唯一可通过的隘道、在河川地域能控制几个流域的交汇点等，都是永久地理性的战略点。一个国家的边境上，具有良

---

① ［美］科宁·格雷：《超级大国的地缘政治》（*The Geopolitics of Super Power*），美国肯塔基大学出版社1988年版，第43—44页。

好的障碍物体系，如高山、大河或人为的要塞，这个国界本身就可当作永久性防线；任何相当宽度的河川，任何山脊和隘道，只要有了临时工事的保护，就可当作暂时性防线，它可以在一段相当长的时期内阻止敌人前进，或强迫敌人改变进攻方向，这些利益是纯战略性的。[1]

同时，若米尼也辩证地看到单纯注重地形条件的局限性，认为利用地形说到底是军事指挥员发挥主观能动性的结果，一个天然形势十分险要的地方，敌人固然难以进攻，可自己的军队也一样不容易攻击。敌人可以用少数兵力封锁各要地，而我军则会坐困在里面，无法自由行动。由此可见，若米尼重视地形条件以及辩证对待其利弊得失的做法，实与孙子既重视战场地形等客观因素，又强调发挥人的主观能动性的思维逻辑如出一辙，异曲同工。

由于孙子的军事地形学思想不是其在书斋里冥思苦想的产物，而是对众多战争实践活动进行总结的结晶，因而在指导后世战争方面产生过深远的影响。公元263年爆发的魏灭蜀汉之战就是这方面颇具说服力的史证。

公元249年，司马懿发动高平陵政变，夺取了曹魏政权的实际军政大权。他在继续血腥剪除曹氏势力的同时，笼络士族，协调内部关系，注意发展生产，扩充军力，收到了重大的政治、经济、军事效益。到了其次子司马昭执政时，魏国的综合实力相对

---

[1] ［瑞士］A. H. 若米尼著，刘聪、袁坚译：《战争艺术概论》，解放军出版社1986年版，第104、115页。

于其他两个独立政权蜀汉、东吴来讲，已经拥有了绝对的优势，三分归一统，不过是时间问题罢了。

建都成都的蜀汉政权是三国之中疆土最小、人口最少、实力最弱的国家。前期在诸葛亮的治理下，政治上还比较稳定，经济和军事上也有一定的实力，要想开疆拓土虽力有不逮，但尚能拥兵自保。诸葛亮病死五丈原后，蒋琬和费祎相继辅政。他们在内政上遵循诸葛亮的成规，没有新的变革和建树；外交上维持联吴抗魏的国策；军事上由主动进攻转变为防御自固，因而暂时还能保持国内的稳定和防御曹魏的能力。公元253年，费祎去世，大将军姜维主持蜀汉军政，采取西连羌人，夺取陇右，相机进图关中的战略，在十年中，先后六次向陇右出击。结果不但没有达到目的，反而使得蜀汉兵疲民困，内部矛盾加剧。而蜀汉后主刘禅庸弱无能，重用宦官黄皓，政治腐败，导致蜀汉政权日益处于风雨飘摇之中。而姜维率蜀军主力远驻沓中屯田，躲避黄皓的迫害，更使战略要地汉中正面防御薄弱，为魏军的大举进兵提供了虚隙。

景元三年（公元262年）冬，司马昭根据蜀汉内政不修、边境无备、士气低落等情况，定下了灭蜀的计划，并积极从事具体的战争准备。半年后（公元263年）一切就绪，便正式颁下诏书，起兵近二十万，大举攻蜀。其具体作战部署是：征西将军邓艾统兵三万向甘松、沓中开进，牵制姜维；雍州刺史诸葛绪率兵三万切断姜维向东、南方向的归路；镇西将军钟会率主力十二万人分别从斜谷、骆谷、子午谷直趋汉中。八月，魏军主力自洛阳出

173

发，开始了灭蜀行动。

汉中地处秦岭和米仓山之间，是巴蜀的屏障，益州的咽喉，战略地位十分重要，蜀汉方面历来重视对它的防御。诸葛亮、蒋琬、费祎等人都曾亲率大军驻守，并修建了汉、乐二城以屯兵，同时依山阻险、重叠交错地部署戍卒扼守各个重要关口。这些措施在对魏作战中曾收到了很好的效果，使魏军的多次进犯都无功而返。但是自从姜维把蜀汉主力部队调往沓中后，汉中的蜀军人数不到三万人，兵力薄弱。姜维还改变了汉中历来的防御方针及设施，采取了收缩兵力，防守要城，诱敌深入，然后乘敌疲惫而出击的方针。这一作战方针从理论上说固然没错，但是在当时魏极强而蜀极弱的条件下，这么做，无异于开门揖盗，自取败亡。

姜维在探知到"钟会治兵关中，欲窥进取"的消息后，仍没有当机立断变更作战部署，立即将沓中的蜀军主力转移到汉中，扼守诸险隘，以抗击魏军的进攻，而仅仅是上表刘禅，建议派遣左、右车骑将军张翼、廖化率军守卫阳安关口和阴平桥头。连这一建议也受黄皓的阻挠而未得实施，蜀汉方面再次错过了据守险厄以抗魏军的机会。

九月初，魏方三路大军按预定计划，同时向汉中、沓中、武街与桥头发起进攻。魏军主力在钟会统率下，迅速突入汉中要地，袭占阳安关，杀死蜀军阳安关守将傅佥，然后分兵进围汉、乐两城。钟会本人则自率主力"长驱而前"，企图一举夺取剑阁，进逼成都。

与此同时，姜维率领沓中的蜀军主力向汉中方向移动。在东移过程中，蜀军遭遇到邓艾部队的追击骚扰，损失很大，终因撤退迅速，摆脱了邓艾的追兵。数日之后，姜维大军进抵阴平一带。

在这节骨眼上，魏军庸将诸葛绪犯了一个重大的错误。当时他已经占领了武街和阴平桥头，姜维的归路实际已被切断。姜维见状不妙，遂走了一步险棋，故意北出孔函谷，向诸葛绪侧后迂回。诸葛绪果然中计，把军队后撤三十里，让出了要道。姜维见奇谋奏效，立即回军通过桥头隘道，会合廖化、张翼、董厥诸部退守剑阁。剑阁地势险峻，易守难攻，是"蜀境之巨防"，汉中通往成都的咽喉。姜维凭借剑阁之险，设防固守，钟会大军久攻不克。因粮道险远，军食匮乏，钟会计无所出，不得不考虑引兵回国。由此可见，魏军对阴平桥头战略要地的得而复失，是己方攻势受挫，蜀方形势暂时稳定的关键。

驻守在阴平一线的邓艾见钟会有撤兵之意，急忙向钟会提出出奇制胜、偷渡阴平的袭击方案。邓艾是这样分析形势并提出对策的：蜀军已遭到沉重打击，现在应乘机进攻。如果从阴平出发，由小道经德阳亭出剑阁以西百里，去成都仅三百余里，即可以奇兵出击蜀汉之腹心。如果姜维放弃剑阁而救援涪县，您就率兵长驱直入；如果姜维老鼠不挪窝，仍龟缩剑阁，涪县的守军一定很少，我便统兵直取成都。不管怎么样，灭亡蜀汉乃是瓮中捉鳖，手到擒来。钟会采纳了这一建议。

于是邓艾挑选精兵一万人，于十月中旬从阴平出发，沿白水河谷东行，登上摩天岭，行经荒无人烟的山陵地带七百余里，凿

175

山开道，架设便桥。山高谷深，军粮又逐渐不继，处境相当危险。邓艾知道自己已无退路，便鼓励部下说：快速进入平地，就有粮食，否则就只能被饿死在这里，成为野狼的美餐。至马阁山时，路不能通。邓艾身先士卒，用毛毡裹着身体，从山上一滚而下。兵士也都手攀树木，沿着悬崖，一个接一个地越过深涧。就这样，邓艾军很快抵达江油，蜀汉江油守将马邈毫无准备，猝不及防，乖乖地向魏军投降。魏军得到给养补充，士气大振，邓艾遂率军迅速向涪县挺进。

江油失守后，刘禅派遣诸葛亮之子、官拜军师将军的诸葛瞻率军迎击邓艾。诸葛瞻抵达涪县后，屯兵休整，部将黄崇再三建议："宜速行据险，无令敌得入平地。"（《三国志·蜀书·黄权传》）但未为诸葛瞻所采纳。邓艾军因没有遇到任何抵抗，得以逾越险阻径抵涪县，击败了诸葛瞻的前锋部队，诸葛瞻无计可施，被迫退守绵竹。邓艾命令其子邓忠和司马师纂分左、右两路猛烈夹击诸葛瞻军，大获全胜，击杀诸葛瞻及其子诸葛尚，攻克了绵竹。

绵竹失守，蜀国上下陷入一片混乱，大臣谯周等人极力主张投降。刘禅眼见邓艾大军兵临城下，成都难守，逃遁无路，遂于同年十一月自缚请降，邓艾大军趾高气扬开入成都，立国四十三年的蜀汉政权就此覆灭。

纵观魏灭蜀汉之战，双方对地形的认识、利用上的优劣高下，对战争的进程产生了决定性的影响。蜀军对险形地域、隘形地域的汉中地区，疏于戒备，违背了孙子所说的在"隘形"地域上，我们应该先敌占领，并用重兵封锁隘口，以等待敌人的进犯，在"险形"地域上，如果我军先敌占领，就必须控制开阔向阳的高地，以等待敌人来犯等原则，[①]而让主力远驻沓中，等于是洞开门户，给魏军的大举开进提供了极大的便利。当蜀军成功占据剑阁险要，一度遏制魏军的凶猛攻势之后，又未能及时考虑到对手从阴平小道偷渡奇袭的可能性，以致腹背受敌，完全陷入被动。而蜀汉唯一一支战略机动部队诸葛瞻军未能及时进兵据守要地，则使得冒险偷渡阴平成功的邓艾军更牢固地掌握了作战的主动权，最终导致军队丢盔弃甲、社稷覆亡。

魏军方面则充分认识到了利用地形、避实击虚的重要性，尤其是邓艾出奇制胜，翻越天险，神速挺进，袭取成都，堪称"敌无备，出而胜之"（《地形篇》）的杰出典范。而魏军在此役中曾经一度被阻于剑阁，几乎功败垂成、徒劳而返，其主要原因也在于西线魏将诸葛绪没有坚守住阴平桥头这一险阻，而让姜维大军从容退守剑阁。魏军在这场战役中的作战指导得失成败两方面的经验教训，都证明了在军事活动中遵循孙子军事地形学基本原理，巧妙运用地形条件以出奇制胜的必要性。

孙子重视地形的思想被后人所继承和发展。诸葛亮《将苑·地势》曰："夫地势者，兵之助也。不知战地而求胜者，未之有也。山林土陵，丘阜大川，此步兵之地；土高山狭，蔓衍相属，此车骑之地；依山附涧，高林深谷，此弓弩之地；草浅土平，可

---

① 《地形篇》："隘形者，我先居之，必盈之以待敌""险形者，我先居之，必居高阳以待敌"。

177

前可后，此长戟之地；芦苇相参，竹树交映，此枪矛之地也。"《武经总要·杂叙战地风俗》中说："若择地顿兵，不能趋利避害，是驱百万之众而自投死所，非天地之灾，将之过也。"《兵法百言·地》中曰："凡进师克敌，必先相敌之形势。十里有十里之形势，百里有百里之形势，千里有千里之形势。即数里之间，一营一阵，亦有形势……利骑利步，利短利长，利纵利横，业有成算，而后或扼吭，或抚背，或穿夹，或制根基要害。"这些论述在继承孙子军事地理思想的同时，具体展现了各种地理、地形条件下的战法，使孙子的军事地理思想得以具体化。

当然，孙子的军事地形学思想作为冷兵器作战时代的产物，随着岁月的流逝，其中不少内容已明显陈旧过时，成了明日黄花。譬如像半渡而击、以主力扼守隘塞险阻等战法也许早已进了历史的博物馆，没有哪一个指挥员会在战争中再加效仿，新的时代，自有新的战法，也自有新的利用地形条件的做法，这是事物发展的内在规律。现代战争是全方位、多维空间范围内的高技术较量，它对地形的利用提出了新的更高的要求。然而需要充分肯定的是，孙子重视利用地形的思维方式及其基本精神是永远不会失去其魅力的。

只要战争在一定的空间范围内展开，那么，地形条件对战争活动具有制约意义这一根本属性就永远不会改变，熟悉地形、利用地形就始终是战争指导者驾驭战争、赢得胜利的一个不可或缺的环节。现代战争虽然是全方位、多维空间范围内的高技术较量，智能化、信息化、数字化正成为战争运作的主宰，但是，这并不意味着地形条件的重要性有了本质的改变，地形环境、气候因素对于高技术兵器效能的发挥依然有着重要的影响，这是不以人们的主观意志为转移的。

例如在北约空袭南斯拉夫联盟之战中，以美、英为首的北约空军战机投下了无数的炸弹，其中精确制导炸弹的数量占有相当大的比例，这个比例要远远超过海湾战争时期多国联军投掷的同类型炸弹占比。可是战场评估显示，它的杀伤效果却比较有限，至少要比海湾战争时差上许多，南联盟军队的主力并没有因此而遭到毁灭性的打击。其重要原因之一，是南联盟境内多为高山丘陵地带，地势高低起伏，植被严实茂盛，其军队的机动、武器的配置均可以凭借这些特殊地形进行巧妙的伪装、隐蔽，从而使得北约的高技术兵器的能量释放受到了一定的限制，不像美军统帅部所吹嘘的那样神乎其神，不可一世。这就是现代高科技战争条件下，地形继续影响或制约军事活动的一个典型例子。

不过，南联盟尽管顽强抗争，利用包括地形条件在内的各种有利因素，同北约这个强大的对手死缠硬磨，整整坚持了七十多天，但最终还是挂出白旗，向北约投降了，实际上失去了自己对科索沃地区的控制，并使得"南斯拉夫联盟共和国"国号被取消，前领导人被押上海牙战争法庭受审（这当然是强权逻辑下的最大不公正）。这个结局说明，地形条件虽然对军事行动有影响，但这影响不是决定性的，所以夸大它的作用也是不正确的。

值得关注的是，孙子尤其高度重视对兵要地理的研究。

所谓"兵要地理"，其实就是军事战略地理，按现代术语表

179

示，军事战略地理"是在军事领域内，从战略的高度研究与军事有关的地理环境，对军事战略的影响，为决策者进行安全环境分析，选择战略目标，拟制战略方针，制定武装部队建设规划和建立一个有利的战略态势服务"①。孙子《九地篇》所谈到的"兵要地理"问题，其概念似乎没有这般拗口与复杂，但主要精神是相通的，特别是在"建立一个有利的战略态势"方面，古今战略地理学的出发点和努力方向可谓高度一致，所以不妨用现代战略地理学的一些原理，来观照和认识孙子兵要地理的价值与意义。

毫无疑义，对兵要地理在军事活动中的地位与作用，孙子是高度重视的，他曾从自然地理与人文地理相结合的角度，阐述了战略地理环境的不同类型及其主要特点。

在《九地篇》中，他把战略地理区分为"散地""轻地""争地""交地""衢地""重地""圮地""围地""死地"九大类，对它们的内涵和特点进行了扼要而精辟的概括归纳："诸侯自战其地，为散地。入人之地而不深者，为轻地。我得则利，彼得亦利者，为争地。我可以往，彼可以来者，为交地。诸侯之地三属，先至而得天下之众者，为衢地。入人之地深，背城邑多者，为重地。行山林、险阻、沮泽，凡难行之道者，为圮地。所由入者隘，所从归者迂，彼寡可以击吾之众者，为围地。疾战则存，不疾战则亡者，为死地。"其实可以将它们笼括划分为两个类型，一是自己国土内的"散地"，一是敌人国土内的"重地"。

---

① 雷杰：《战略地理学概论》，解放军出版社1990年版，第2页。

针对上述不同的战略地理条件，孙子进而论述了具体的军事行动方案：处于散地就不宜作战，而应统一军队的意志。处于轻地就不宜停留，即使不得已屯驻，也要使营阵紧密相连。遇上争地就不要勉强进攻，而应迅速出兵包抄敌人的侧后方。遇上交地就不要断绝联络，同时谨慎进行防守。进入衢地就应该结交诸侯。深入重地就要掠取粮草，保障军粮的供应。碰到圮地必须迅速通过。陷入围地，就要堵塞缺口，并设计脱险。处于死地，就要显示殊死奋战的决心，力战求生。

从孙子这些战略地理学说的内涵来看，孙子的重点，是放在纵深奔袭上的，他认为了解兵要地理的目的，是更好地展开战略突袭，以坚决果敢的行动，迅速将军队插入到敌国的腹地，与敌军展开决定性的会战，争取一战而胜。用他自己的话说，就是："凡为客之道，深入则专，主人不克。"（《九地篇》）由此可知，孙子的兵要地理理论，是其进攻战略观念在军事地理学上的具体反映，两者之间存在着一种"体"与"用"的逻辑关系。

孙子的兵要地理思想是对无数战争经验教训进行总结的产物，具有强烈的针对性和显著的成效性，也经受住了历史长河的洗礼。北宋末年浙江的方腊，啸聚山林，揭竿起事，曾先后攻陷多座城池，占据六州五十二县的地盘，人们争相附从，其众最盛时曾发展到百万人以上，几乎成就一番气候。可是好景不长，还是被朝廷大军赶回"帮源洞"老巢，最终兵败被杀。这中间原因虽然很多，但方腊本人在关键时刻不能驾驭全局，及时把战火烧向北宋王朝的统治腹心，反而退守"散地"，导致其部属信众怀土恋家，斗志涣散，战斗力下降，当是不可忽略的因素。又如明末农民军首领高迎祥、李自成统率部队南征北战，谁知稍不注意，落进了官军的包围圈，在明军总督陈奇瑜的围攻下，不得不退入车厢峡，陷入围地。眼见覆灭在即，李自成福至心灵，设计运谋，献宝诈降，居然骗过了陈奇瑜，诱使官军网开一面，乘机突围，死灰复燃，卷土重来，从此一发而不可收。这可以说是与孙子"围地则谋"的指导思想不谋而合。

战国中后期秦国战略优势地位的确立，是与其地缘战略环境优越密切相连的。班固有云："秦地天下三分之一，而人众不过什三，然量其富居什六。"（《汉书·地理志》）特别是秦统治中心关中地区的地理条件更是十分优越，它作为四塞之地，被山带河，处于进可以攻，退可以守的有利地位。兼之它土地肥饶，水利灌溉系统发达，特产丰富，"号称陆海，为九州膏腴"，"沃野千里，民以富饶"，（《汉书·地理志》）能够支持长期的战争活动，一直是秦国实施兼并统一战略的有力保障。值得注意的是，秦国长期贯彻拓土开疆、扩展战略纵深、巩固战略后方、争夺战略要枢的方针，先后攻占河西、上郡等地，完全控制黄河天险与崤函要塞，向南灭亡巴蜀，夺取汉中，向西北攻灭义渠，并进而占领黔中、陶邑、南阳、河内等战略要地，几乎将主要的兵家必争的战略形胜地区都收入了自己的疆域，进一步占有了地理环境上的优势，为展开席卷天下、统一六国的战略行动创造了非常有利的条件。用苏秦的话说，就是"秦四塞之国，被山带渭，东有关河，西有汉中，南有巴蜀，北有代马，此天府也。以秦士民之众，兵法之教，可以吞天下，称帝而治"（《史记·苏秦列传》）。

应该指出的是，战略地理、战术地形固然重要，为战争指导者所必须充分了解和巧妙利用，但它毕竟是用兵打仗的辅助条件。要在战争中消灭敌人，保存自己，关键还在于拥有强大的实力，并实施卓越的作战指导。同时，孙子所揭示的巧用地利的方法，也仅仅是一般的通则。要真正驾驭它，实有赖指挥员别具匠心，临机应变。

## 二、因粮于敌，事半功倍

战争都是在一定的物质基础上进行的，受物质经济条件的制约，因此古代兵家均十分重视战争对经济力量（包括人力、资源、财物等）的依赖关系。他们普遍认为，战争的实施必须以充足的物质保障为基本前提。换言之，军事后勤是进行战争的重要条件，没有充足的后勤保障，军队就会陷入困境，不论进攻还是防守，一切奇谋妙计都将失去现实的物质基础。基于这样的认识，古代兵家对军队的后勤保障意义、手段均进行了充分的论述，提出了许多著名的原则。

孙子对军事后勤保障问题的理性认识已达到一定的深度，这表现为他对军事后勤的地位、作用，军事后勤与经济、战争胜负的关系作出了较为全面广泛的论述。他的军事后勤思想是其制胜之道的有机组成部分，对后世兵家产生了持久且深刻的影响。

孙子对军事后勤的重要性是有深刻的认识的，《军争篇》那

183

句名言就集中体现了这一点:"军无辎重则亡,无粮食则亡,无委积则亡。"这里的"辎重"泛指军用器材装备,"粮食"泛指粮食和草料,"委积"泛指军用战略物资的储备。它们概括了军事后勤保障的主要方面,包含了军队行军作战所必须具备的客观物质条件。很显然,孙子业已将搞好后勤保障提高到关系军队存亡、战争胜负的战略高度来加以认识了。

除了强调军事后勤保障本身的重要性外,孙子也注意到健全后勤保障制度对搞好后勤供应的意义。他在《计篇》中所讲的"五事"之一"法"中的"主用",据曹操等人的注释,便是指军需、军用器械、军事费用的供应管理制度。孙子将它单独提出来加以阐述,即表明他高度重视后勤的战略地位。

在充分肯定军事后勤重要性的基础上,孙子进而提出了落实军事后勤保障的基本原则和具体手段。其中"因粮于敌"的主张,就是这方面的根本纲领。这在《作战篇》中,有非常精练、明确的表述:"善用兵者,役不再籍,粮不三载;取用于国,因粮于敌。故军食可足也。"

所谓"因粮于敌",其基本含义乃是军队的粮食给养在敌国境内进行补充,予以解决。孙子认为这是整个军事后勤保障问题的核心,是确保战争顺利进行,并最终取得胜利的一大关键。

应该说,孙子提出"因粮于敌"这一后勤保障基本原则,乃是抓住了解决问题的关键。古代中国以农为本,这决定了粮食问题在军事后勤中一直占有最突出的地位,军事后勤保障的成功与否,实际上在很大程度上取决于粮食供应的情况,所谓"用兵制胜，以粮为先"（辛弃疾《美芹十论》），就是这层意思。因为对军队来说，有粮才有战斗力，才能保持高昂的士气。粮食供给的意义既然如此重大，那么将帅在考虑军事后勤保障问题时，自然要再三强调"兵马未动，粮草先行"，并采取具体的措施，以确保粮道的畅通无阻，粮秣补给的妥善解决。

孙子提出"因粮于敌"的后勤保障原则绝非偶然，乃是春秋晚期战争实践的客观要求和他本人速战速决进攻战略指导思想的必有之义。

春秋中期以前，战争的规模相对不大，战争的时间相对短暂，战争的机动性相对不强，参战的人数相对较少，这就决定了粮食补给问题在战争中的迫切性相对不突出。然而，到了春秋晚期，情况有了重大的变化。这一时期，战争规模日趋扩大，战争进程旷日持久，参战人数大大增多，军队行动的机动性日益增强。于是如何确保以粮秣补给为中心的军事后勤保障的落实，也就成了战争中不可或缺的重要环节。从这个意义上说，孙子提出"因粮于敌"原则乃是时代的必然，现实战争的产物。

粮食补给固然重要，可是为什么解决的方式要选择"因粮于敌"？这乃是孙子"兵以利动"、进攻速胜战争指导思想在军事后勤问题上的必然反映。

孙子清楚地看到了战争对社会生产力的破坏，指出战争势必造成国家财力物力的严重损耗，加重民众的负担，从而导致社会矛盾的激化。之所以会出现这种局面，主要的原因之一，是粮秣的转运补给至为困难，不仅费用开销过大，"日费千金"，而且人力消耗严重，前方后方动乱不安，民众疲惫地在路上奔波，不能从事正常耕作生产的，就有七十万家。[①]在《作战篇》中孙子对远道转输的危害性进行了详尽的阐述，大意是：国家之所以因用兵而导致贫困，就是由于远道运输。远道运输，就会使百姓陷于贫困。临近驻军的地区物价必定飞涨，物价飞涨，就会使得百姓之家财富枯竭。财富枯竭就必然急于加重赋役。力量耗尽，财富枯竭，国内便家家空虚。孙子认为这实在得不偿失，是违背"兵以利动"这一根本宗旨的，必须坚决加以避免，而避免的途径唯有"因粮于敌"，即所谓"智将务食于敌"。在这一认识基础上，孙子进而从经济成本核算的角度，论证了"因粮于敌"的合理性，消耗敌国的一钟粮食，等同于从本国运送二十钟；耗费敌国的一石草料，相当于从本国运送二十石。[②]由此可见，以战养战，"因粮于敌"，出发点在于尽可能减轻后勤供给上的负担，以顺利达到进攻速胜的战略目的。

该如何贯彻"因粮于敌"这一原则？对此，孙子也提出了自己的看法。其基本立足点就是抢掠劫夺。在这一问题上，孙子的态度倒是十分坦白的。其具体的措施便是："重地则掠"——深入重地就要掠取粮草；"掠乡分众"——分兵抄掠敌国乡野，分配抢夺到的人畜和财物；"掠于饶野，三军足食"——在敌国富庶的乡野进行劫掠，以保障全军上下的粮秣供给。由此可见，孙子所讲的"因粮于敌"，实质所指乃是掠夺敌国的粮仓、敌国的

---

① 《用间篇》："内外骚动，怠于道路，不得操事者，七十万家。"

② 《作战篇》："食敌一钟，当吾二十钟；萁秆一石，当吾二十石。"

民家，以保证军事行动的顺利进行。这里，孙子并无从敌国征集粮秣、收购粮秣的想法，更没有依靠或争取敌国民众箪食壶浆、自动捐献粮秣的考虑。应该说，这种做法未免失之偏颇。

毫无疑问，孙子"因粮于敌"的后勤保障思想，曾在历史上产生过相当大的影响，不少军事家都将它视作深入敌境时解决给养难题的一个对策，并在实战中加以运用。同时他们也多少意识到这种做法的局限性，注意丰富和发展孙子"因粮于敌"的思想内涵，主张争取民众，让民众自动赠粮送物，"民咸馈献"，或采取有偿征集，"设法购运"，以减少"因粮于敌"过程中人为的阻力。这样看待问题、处理事情的态度和做法，显然要比孙子的主张来得更为全面，更为得体。

由此可见，任何高明的军事思想，任何卓越的作战原则，都存在着思维上的盲区，都不是无懈可击的，这就是所谓的"智者千虑，必有一失"。就"因粮于敌"问题而言，孙子未能意识到它与"千里馈粮"的后方供应之间辩证统一、互为弥补的关系，而忽略两者的有机结合。假如在荒漠草原作战，或遇到敌方坚壁清野，便无粮可因，或可因之粮不多。所以清初的《兵法百言》认为，"因粮于敌"，"间可救一时，非可常恃也"。比较正确的做法，应该是"内必屯田以自足，外必因粮于敌"（《宋史·李郁传》），双管齐下，互为补充，各擅胜场。

# 第十讲 "五德"兼备：
# 孙子的将帅素质论

## 一、"身后是非谁管得"：孙子也曾遭非议

按照辩证法的基本逻辑，任何人，任何事物，都可以一分为二。所以，在评论历史人物时，无论如何优秀，怎样杰出，也得用显微镜找到他的缺点，即所谓的"历史局限性"。

在孙子身上挑刺，并不是一件太容易的事情。当然，横挑鼻子竖挑眼，再厉害的书，再优秀的人，也一定能够挑出毛病。大致而言，对孙子其人其书的批评和指责，在古代，主要立足于儒家的道德伦理规范，贬斥的重点，不外乎看不惯孙子明白地道出用兵打仗的真谛："兵者，诡道也。"（《计篇》）揭示了克敌制胜的普遍规律："兵以诈立，以利动，以分合为变。"（《军争篇》）这样赤裸裸的真理，让那些沉溺于"仁义道德"幻梦，习惯于"君君臣臣，父父子子"和谐纲常，"迂远而阔于事情"的

村学陋儒如何能够忍受？于是乎，难免要对孙子大张挞伐，严词痛斥了："非诈不为兵，盖自孙、吴始。甚矣，人心之不仁也！"（叶适《水心别集·兵权》）"兵流于毒，始于孙武乎！武称雄于言兵，往往舍正而凿奇，背义而依诈……故《诗》《书》所述，《韬》《匮》所传，至此皆索然无余泽矣。"（高似孙《子略·孙子》）有人甚至干脆将《孙子兵法》一书斥为"盗术"："孙、吴之书，盗术也，不足陈于王者前。"（陈师道《后山集》）

当代对孙子其人其书的质疑，自然不会像古代三家村的冬烘先生那样，着眼于道德的层面发高论了。不过，鸡蛋里面挑骨头的思维方式和手法乃是一脉相承的。大致而言，这些攻讦，基本上是围绕三个命题做文章。一是批评孙子的"不战而屈人之兵"主张，断言其属于一厢情愿的和平幻想，"是唯心论的说法。从来不战而屈人之兵的事，是没有的"[1]。二是批评孙子的许多看法和观点，有形而上学的弊端，其思维方式存在着一定的片面性。如在军事后勤保障问题上，孙子只讲因粮于敌，而很少说到千里馈粮，而这显然是有片面性的，"因粮于敌的思想，孙子提出于前，兵家鼓吹于后。但是其局限性也是明显的"，"是不足取的封建糟粕"。[2]正确的军事后勤补给原则，应该是因粮于敌和千里馈粮两者的有机结合，相辅相成，所谓"古之名将，内必屯田

---

① 郭化若：《论孙子兵法》，《宋本十一家注孙子》，中华书局上海编辑所1961年版，"代序"。

② 吴如嵩主编：《中国古代兵法精粹类编》，军事科学出版社1988年版，第172页。

以自足，外必因粮于敌"①。三是"在军队问题上，孙子过分强调将帅个人的偶然性作用，而轻视军中广大士兵群众的集体作用，更无视战地居民的人心向背"②。过分突出将帅的地位和作用，动辄就说什么"将者，国之辅也"（《谋攻篇》），"故知兵之将，生民之司命，国家安危之主也"（《作战篇》）。这实际上就是鼓吹和宣扬个人英雄史观。孙子将普通士兵和广大民众视作无物，不屑一顾，把他们看成牛羊，可以任人摆布，"若驱群羊，驱而来，驱而往"；主张"愚兵"，"能愚士卒之耳目"（《九地篇》）；认为慈不掌兵，将帅应该铁石心肠，做冷血动物，要把士卒置放到无路可走的绝境，让他们在求生本能的驱动下，形格势禁，不得不为活命而与敌人拼个鱼死网破，所谓"投之亡地然后存，陷之死地然后生"（《九地篇》）。总之，孙子根本不懂得"战争的伟力之最深厚之根源，存在于民众之中"的道理，也不了解"兵民是胜利之本"这一条颠扑不破的真理，其认识是不无偏颇的，应该加以否定。

这里，我们暂且不对前两种质疑和批判进行讨论，仅就孙子的重将愚兵观念作实事求是的辨析。孙子突出将帅地位与作用，忽略乃至轻视普通士卒的价值，的确是其根深蒂固的观念，这一点，我们不必为他讳言。但是，从本质上来说，这恰恰道出了虽然残酷但是正确的一般真理，将帅是军队的灵魂，是全军的核心，也是制胜的关键，所谓"兵熊熊一个，将熊熊一窝"，"千军

---

① 《宋史》卷三百七十五《李郓传》。
② 郭化若：《论孙子兵法》。

易得一将难求"，"置将不慎，一败涂地"（《史记》卷八《高祖本纪》）。在孙子看来，在队伍建设、人员配置、用人方略上，必须聚焦在将帅问题上，而不宜眉毛胡子一把抓，西瓜芝麻随地捡，空洞地讲大道理，唱道德高调，一味以今天的立场和原则，否定在特殊战争和历史条件下"愚兵"之举的必要性。

## 二、"总文武者，军之将也"：孙子心目中的"将"

军事指挥员的素质优劣，在很大程度上影响到军队建设和战争胜负。孙武对这层道理有较深刻的认识，因此强调将帅在战争中的地位和作用，对将领的选拔提出了具体而严格的要求。他指出将帅是国君的助手，辅佐周密，国家就一定强盛；辅佐有缺陷，国家就一定衰弱。显然，他是把优秀将帅的作用提到"生民之司命，国家安危之主"的高度来认识的。

为了确保将帅在战争中进行有效、灵活的指挥，孙武主张军权适当地集中和专一，反对国君脱离实际情况干涉、遥控部队的指挥事宜。《谋攻篇》指出，国君危害军事行动的情况有三种：不了解军队不能前进而硬让军队前进，不了解军队不能后退而硬令军队后退，这叫作束缚军队；不了解军队的内部事务，而去干预军队的行政，就会使得将士迷惑；不懂得作战上的权宜机变，而去干涉军队的指挥，就会使得将士产生疑虑。他进而认为，出现这几类情况，就会导致"乱军引胜"、自取败亡的结果。可见，军事成功的前提之一是"将能而君不御"，因此，孙子提倡"君

191

命有所不受"，并将它确定为一条重要的治军原则。

当然，权利和义务是相同步的。将帅在享有崇高地位和荣耀，拥有战场上生杀予夺、独断专行权力的同时，在处世原则上，要做到"战道必胜，主曰无战，必战可也；战道不胜，主曰必战，无战可也。故进不求名，退不避罪，唯人是保，而利合于主"（《地形篇》）；在知识才能上要做到"知彼知己"，"知天知地"，通于"九变之术""识众寡之用"，"知迂直之计"（参见《地形篇》《九变篇》诸篇），要知阵法，识战机，而最根本的是要掌握"战道"，即战争规律；在部队管理方面，要恰当地掌握好爱与令、厚与使、乱与治的分寸，文武并用，刚柔相济，恩威兼施，宽严结合，真正做到"令素行以教其民"，"与众相得"（《行军篇》），使广大士卒"亲附"，全军上下协力；在个人性格修养方面，将帅要具备高度自控的能力，能够做到"静以幽，正以治"（《九地篇》），沉着冷静而幽深莫测，喜怒不形于色，同时待人接物正派公道，处理各种事务精明干练，有条不紊。

当然，在将帅问题上，孙子最为关注的，是将帅综合优秀素质的养成。为此，他提出了系统的将帅素质构成体系，这就是《计篇》中说的"将有五德"："将者，智、信、仁、勇、严也。"对此，唐代杜牧解释为："盖智者，能机权，识变通也。信者，使人不惑于刑赏也。仁者，爱人悯物，知勤劳也。勇者，决胜乘势，不逡巡也。严者，以威刑肃三军也。"宋代梅尧臣注云："智能发谋，信能赏罚，仁能附众，勇能果断，严能立威。"应该说，这些理解和阐释基本上是到位的。毫无疑问，这与司马迁有关将

192

帅道德与人品的概括与揭示，实有异曲同工之妙："文能附众，武能威敌。"（《史记·司马穰苴列传》）这五项基本素质及其排序逻辑，既体现了一般领导者的普遍性要素，也揭示了军事家和战争指导者的专业性个体性要素。既兼顾了全面，更突出了重点，可谓高屋建瓴，充分呈示了孙子兵学理论的永恒魅力！

孙子是兵学家，不是道德家，所以，他毫不犹豫地将"智"列为首位。这就是说，一个将领是否优秀，是否合格，关键是看他是否足够睿智，是否聪明，能否触类旁通，能否举一反三。杜牧注云："盖智者，能机权，识变通也。"普鲁士军事学家克劳塞维茨指出："战争是充满不确实性的领域。战争中行动所依据的情况有3/4好像隐藏在云雾里一样，是或多或少不确实的。因此，在这里首先要有敏锐的智力，以便通过准确而迅速的判断来辨明真相。"[①]他又说："到此为止已经论述了军事行动要求人们必须具备的智力和感情力量的各种表现。智力到处都是一种起主要作用的力量，因此很明显，不管军事行动从现象上看多么简单，并不怎么复杂，但是不具备卓越智力的人，在军事行动中是不可能取得卓越成就的。"[②]克劳塞维茨真可谓千年之后孙子的异域知己。一个将帅倘若头脑不好使，那么再仁慈，也属妇人之仁，再勇敢，亦为匹夫之勇！

只有睿智的将帅，才能重视搜集情报，做到"知彼知己"，

---

① ［普鲁士］克劳塞维茨著，中国人民解放军军事科学院译：《战争论》，解放军出版社2005年版，第51页。

② 同上，第69—70页。

"知天知地",为正确判断敌情、正确下定决心创造必要的前提。只有睿智的将帅,才能辩证分析和认知事物的利弊得失,"是故智者之虑,必杂于利害。杂于利而务可信也,杂于害而患可解也"(《九变篇》),"故不尽知用兵之害者,则不能尽知用兵之利也"(《作战篇》),见利思害,见害思利,把握主动,胜券在握。只有睿智的将帅,才能高明预测战局的发展趋势,不但"遍知"天下,更能"先知""早知",从而未雨绸缪,从容应对各种挑战,避免犯战略选择上的错误,避免走南辕北辙的弯路。只有睿智的将帅,才能正确地评估敌我双方的实力,既看到对手的优势,也捕捉到对手的软肋,既肯定我方的强项,也不讳言我方的短板,在此基础上扬长避短,避实击虚。只有睿智的将帅,才能精准地选择战略上的突破方向,"并敌一向,千里杀将,此谓巧能成事者也"(《九地篇》),牵一发而动全身,以点带面,中心突破,四面开花。由此可见,孙子将"智"列为将帅应有的综合素质的首位,绝非偶然,乃是有深意存焉!

在孙子的将帅素质序列上,紧随"智"而居第二位的是"信"。这同样是孙子合乎逻辑的选择。"信能赏罚",梅尧臣这样解读,还是狭隘了一些。"信"是为人处世上最可贵的情操与道德,是最高的伦理准则,所谓"言必信,行必果","人而无信,不知其可也"。也是经国安邦或沙场争雄的重要保证。孔子认为,一个国家要巩固和发展,需要有三个基本要素:强大的国防,"足兵";丰厚的经济基础,"足食";以及"民信之"。如果迫不得已只能留下一个最重要的,那便是"信":"自古皆有死,民无信不立。"(《论语·颜渊》)孔子一再强调:"言忠信,行笃敬,虽蛮貊之邦行矣;言不忠信,行不笃敬,虽州里行乎哉?"(《论语·卫灵公》)孙子也认为,作为将帅,必须讲信用,守承诺,切忌出尔反尔,朝令夕改,食言而肥!将帅的威信,乃是建立在其讲信用、守诺言的基础之上的,要真正做到信赏必罚,言出必行。另外,孙子突出"信"的地位,将它置于将帅"五德"序列中的第二位,也恰好从一个侧面透露出《孙子兵法》一书的成书年代当在春秋后期。当时贵族精神尚未泯灭,"信"是贵族立身处世的核心伦理准则,所谓"成列而鼓,是以明其信也"(《司马法·仁本》)。而进入战国时期,社会文化气质和精神风貌有了根本的变化,顾炎武《日知录》卷十三"周末风俗"条云:"如春秋时,犹尊礼重信,而七国则绝不言礼与信矣。"就是对这种历史文化嬗变现象的洗练概括。那种建立在贵族精神上的荣辱观被彻底颠覆,是非心、感恩心、敬畏心几乎荡然无存,代之而成为社会普遍风尚的,是甚嚣尘上的功利之心,"泯然道德绝矣……贪饕无耻,竞进无厌,国异政教,各自制断。上无天子,下无方伯。力攻争强,胜者为右。兵革不休,诈伪并起"(刘向《战国策书录》)。在这种背景下,"信"就相对被边缘化,不再像春秋时期那样,是贵族所普遍奉行的最高道德伦理准则。虽然后世儒家所倡导的"五常"之中,尚有"信"的一席之地,但位置已在最后,算是忝陪末座了。故孟子言"四端",只涉及"五常"中的"仁、义、礼、智","恻隐之心,仁之端也。羞恶之心,义之端也。辞让之心,礼之端也。是非之心,智之端也"

（《孟子·公孙丑上》），而根本无视"信"的存在。对"信"的重视程度之别，说到底就是春秋与战国时代文化精神之别，孙子对"信"的强调，恰好透露出其书为春秋晚期之产物的信息。

在孙子所倡导的将帅素质综合指标中，"仁"也是一个十分重要的要素，位居第三。稍加考察，我们便能发现，孙子所言之"仁"，对将帅来说，其实有两层含义。浅层次的"仁"，就是指身为将帅者，当仁慈宽厚，富有悲天悯人的同情之心，能关心普通士卒，爱护广大民众，"视卒如婴儿"，"视卒如爱子"，与普通士卒劳逸相均，休戚与共。就深层次而言，孙子所说之"仁"，应该是指身为将帅者应该具备的胸襟和肚量，即，能做到虚怀若谷，海涵包容，不以己之是非为是非，所谓"海纳百川，有容乃大"；能够开诚布公，集思广益；能够兼听则明，集众人之智。换言之，统帅或决策者千万不可自以为是，锱铢必较，对属下强求一律，求全责备。很显然，孙子的"仁"之深层次考量，把包容性推崇为决策者的博大胸襟之体现、高明领导艺术之特色，乃是合乎春秋时期人们关于"仁"的普遍共识的，当时人们就倾向于将"仁"看作诸多美德的有机综合。如《左传·襄公七年》就明确提出："恤民为德，正直为正，正曲为直，参合为仁。""仁"是"德、直、正"三者之间的有机结合，"参合为仁"。

"勇"在孙子的将帅素质序列中也占有一席之地，排在第四。孙子所说的"勇"，同"仁"一样，也有两层含义。就低层次来说，"勇"就是不怕牺牲，视死如归，敢于搏杀，赴汤蹈火在所不辞，奋勇争先死不旋踵，所谓"投之无所往者，诸、刿之勇

196

也"(《九地篇》)。用《吴子》的话来说，就是"临敌不怀生"，"受命而不辞，敌破而后言返"，"师出之日，有死之荣，无生之辱"(《吴子·论将》)。从更高的层次来说，"勇"其实是要求将帅具备毅然决然的担当精神，不抱怨于上，不诿过于他人。这种敢于负责的勇气，才是真正的大勇！有些统帅之所以难以让部下心悦诚服，其中很重要的一点，就是他们优柔寡断，只会算计，患得患失，缺乏担当精神，从来不对事情负责。有了成绩，都贪得无厌地归功于自己，都是他英明领导的结果，而一旦有问题，有缺憾，他们却从不在自己身上找原因，总是千方百计甩锅，推诿责任，找下属做替罪羊，这如何能让下属服气？下属心怀怨怼，也就自然而然了！这一点，克劳塞维茨在《战争论》中也有深刻的诠释："(作为统帅)必须具有两种特性：一是在这种茫茫的黑暗中仍能发出内在的微光以照亮真理的智力；二是敢于跟随这种微光前进的勇气。前者在法语中被形象地称为眼力，后者就是果断。……果断是勇气在具体情况下的一种表现……但是，这里所说的不是敢于冒肉体危险的勇气，而是敢于负责的勇气，也就是敢于面对精神危险的勇气。"[1]而瑞士军事学家若米尼的观点也是相同的，他认为："一个军队总司令的最主要素质永远是：(1)具有顽强的性格或勇敢的精神，能够做出伟大决定；(2)冷静沉着，或具有体魄上的勇气，不怕任何危险，学问仅居

---

[1] [普鲁士]克劳塞维茨：《战争论》，第52—54页。

197

第三位。"①由此可见，孙子所说的"勇"，对将帅而言，是担当，是果断。"勇能果断"，梅尧臣的解读与阐释，真可谓一语中的。

　　"严"，也是孙子的将帅素质序列中的一个有机组成部分和必有之义。慈不掌兵，多是将帅统军理兵的客观要求。旅进旅退，令行禁止，这是军队克敌制胜的前提条件。所谓"严能立威"，按照《尉缭子·兵令上》的逻辑，其最高境界，乃是要让士卒畏将如虎，"卒畏将甚于敌者胜，卒畏敌甚于将者败"。在这个问题上，东西方军事学家的看法是殊途同归的。古希腊军事学家色诺芬也主张："一支没有惩罚的军队是没有好处的。一个兵要执行好勤务，不伤害朋友，或是毫无遁词去攻击敌人，他必须对指挥官怕得比敌人厉害。"②荀子在《荀子·议兵》中有云："齐之技击不可以遇魏氏之武卒，魏氏之武卒不可以遇秦之锐士。"战国时期，秦军之所以能够成为虎狼之师，战胜攻取，所向披靡，关键就在于秦军军纪最为严酷，这在反映秦国军事思想的兵书《尉缭子》一书中有充分的体现。它记载了大量的军纪军法，而且十分严酷，没有任何的宽贷，动辄就诛杀无赦，并株连家人同僚，充斥着血腥之气，令人闻风丧胆：统兵一千人以上的将领，作战时打了败仗，防守时投降敌人，擅自脱离阵地、抛弃部属逃跑的，称之为"国贼"。对这种人，要杀戮其本人，抄没他的家产，

---

　　① ［瑞士］A.H.若米尼著，刘聪译：《战争艺术概论》，解放军出版社2006年版，第88页。
　　② ［古希腊］色诺芬著，崔金戎译：《长征记》，商务印书馆1985年版，第57页。

削去他的户籍，挖掘他的祖坟，并暴尸闹市予以示众，将其家中男女老少全部籍没为官奴。[1]这种严刑峻法，使得秦军将士在战斗中不敢有任何的侥幸心理，只能一往直前，与敌生死相搏。这才有"奋六世之余烈，振长策而御宇内，吞二周而亡诸侯"（贾谊《过秦论》），于公元前221年实现天下一统，六合混同，"秦皇扫六合，虎视何雄哉！挥剑决浮云，诸侯尽西来！"（李白《古风》之三）

## 三、"周虽旧邦，其命维新"：孙子将帅素质论的传承与创新

孙子的将帅素质观，全面系统，要言不烦，基本上解决了将帅道德情操养成的核心问题。后人在这方面很难再有大的突破，不能绕开孙子的论述另起炉灶，而只能在孙子基本观点的理论框架内做些修修补补的工作。说到底，军事理论的核心命题是一以贯之的，是超越时空的，作战指导是如此，将帅的素质养成也不例外。

"周虽旧邦，其命维新"（《诗经·大雅·文王》），当然，这并不意味着，孙子构建的将帅素质养成系统的相关要素会一成不变，恰恰相反，"苟日新，日日新，又日新"（《礼记·大学》），它是会随着时代的变化而不断有所微调和修正的。拿春秋末年的兵学典籍《孙子兵法》与战国时代的兵学名著《吴子》

---

[1]《尉缭子·重刑令》："将自千人以上，有战而北，守而降，离地逃众，命曰国贼。身戮家残，去其籍，发其坟墓，暴其骨于市，男女公于官。"

《尉缭子》《六韬》等相比，我们可以发现，在将帅素质养成问题上，它们之间既有共性，又有各自的个性，既不乏同一性，也不无差异性。这种差异性的产生，本质上是春秋战国时期战争宗旨和性质的嬗变，是当时时代精神更替与政治命题转换在将帅素质养成上的折射。春秋战争的核心主题是争霸，而战国战争的中心命题乃是兼并，到后期更升级为统一。在这样的时代背景下，后人在孙子将帅素质论的基础上有所微调，打上新时代的烙印，也是理有固宜，势所必然了。

战国兵书中相关将帅素质养成问题，有别于孙子的论述，概括起来，主要有两点：一是将帅品德修养内容上的具体化、细致化。如关于将帅与普通士卒关系方面，虽然都提倡和衷共济，营造良好的内部氛围，但《孙子兵法》中只是提出抽象的原则，所谓"与众相得"，"视卒如婴儿"，"视卒如爱子"云云，而在《尉缭子》《六韬》等典籍中，这种"与众相得"的原则被具体化了，有了切实可行的措施。它们要求，将帅要得人之用，就必须以身作则，身先士卒，率先垂范，与普通士卒同甘共苦，休戚与共，从而争取广大士卒的衷心拥护，热忱爱戴：作为将帅，要做到冬天不穿皮裘，夏天不摇扇子，雨天不打伞。全军都已宿营就绪，为将者才能进入房中（休息）。军队的饭菜都已做熟了，为将者才能就餐。军队未曾举火照明，将帅自己也不能举火照明。①军用的水井还没有凿成，为将者不说口渴。军队的营帐还没有搭

---

① 《六韬·龙韬·励军》："将冬不服裘，夏不操扇，雨不张盖"，"军皆定次，将乃就舍。炊者皆熟，将乃就食。军不举火，将亦不举"。

好，为将者不说疲乏。军队的锅灶还未生火，为将者不说饥饿。冬天不穿皮裘，夏天不摇扇子，雨天不打伞，这就是做将帅的基本要求。与士卒们同安乐，与士卒们共危难，所以，全军上下能齐心协力而不可分离，能够任意驱使而不知疲倦，这正是因为平时恩惠有加、思想一致的缘故。因此说，将帅不断地施加恩惠于广大士卒，就能够赢得千万人的拥戴。①凡此种种，不胜枚举。

二是因时代政治生态、文化氛围的改变，而对将帅综合素质养成的具体纲目，做合乎逻辑、顺应现实的调整。孙子认为将帅综合素质的五个要素是"智、信、仁、勇、严"。《六韬·龙韬·论将》也把将帅应该具备的基本素质概括为五项，即所谓"将有五材"，但是具体内容却有了较大的差异，成了"勇、智、仁、信、忠"了，"勇"变成"五材"之首，另外，又用"忠"取代了"严"，"勇则不可犯，智则不可乱，仁则爱人，信则不欺，忠则无二心"。应该指出，这种调整，不是偶然的，而是战国新型政治生态在将帅综合素质养成方面的曲折体现。

学术界一般将《孙子兵法》视为成书于春秋后期，《六韬》的成书年代，专家们基本认同它为战国晚期的典籍②。从春秋到战国，政治生态发生了根本性的变化，即春秋时期的贵族联合执

---

① 《三略·卷上》："军井未达，将不言渴。军幕未办，将不言倦。军灶未炊，将不言饥。冬不服裘，夏不操扇，雨不张盖，是谓将礼。与之安，与之危，故其众可合而不可离，可用而不可疲，以其恩素蓄，谋素和也。故曰：蓄恩不倦，以一取万。"

② 参见孔德骐：《六韬浅说》，解放军出版社1987年版，"前言"。

政，到了战国时期，基本上为君主专制集权所取代。在"惟辟作威，惟辟作福"（《尚书·洪范》）的专制集权体制之下，将帅施行机断指挥的相对独立性自然是日趋式微，他们的身份已完全依附于君主本位，他们扮演的角色，其实也就是中央君主专制集权体制这架高速运转机器中的一颗螺丝钉而已。这样的新型政治生态，决定了"智"不可能被列为"五材"之首，因为足智多谋的将帅，只会让大权独揽的君主有芒刺在背的感觉，只会让君主很不放心，寝食难安！同样的道理，《六韬》也不可能将"仁"置于"五材"的首要位置，将帅汲汲于"爱兵恤民"，这在君主眼里，迹近收买人心，有沽名钓誉、分庭抗礼的潜在威胁。所以，在专制集权的君主看来，将帅最重要的素质，就是不怕死，骁勇善战，敢于冲锋陷阵。至于"忠"被列入"五材"，是因为专制集权体制赋予将帅必须对君主毫无保留输诚纳忠的义务，绝对不允许有任何其他的想法。这也是与当时整个社会倡导"臣之事君，义也，无适而非君也，无所逃于天地之间"（《庄子·人间世》），而最终形成的政治生态相一致的。在普遍的"臣下闭口，左右结舌"（《慎子·逸文》）的肃杀氛围里，当"臣毋或作威，毋或作利，从王之指。毋或作恶，从王之路"（《韩非子·有度》）的认知成为最大的政治正确，忠诚自然合乎逻辑地成为将帅素质养成中的重要组成部分了。

从孙子和《六韬》所列的将帅综合素质内涵与次序的微妙差异上，我们能够观察到将帅素质的构成和变化，隐晦而曲折地折射出不同历史时期之政治生态的鲜明特征。而这也意味着我们可以通过这些现象，来正确地解读和深刻地理解像《孙子兵法》这样的经典文本所蕴含的特定文化气息，从而真正感受并领悟一种难以言说且魅力永恒的时代精神！

# 第十一讲 "令之以文,齐之以武": 孙子的治军思想

## 一、"以治为胜":孙子高度重视军队管理问题

最活跃的生产力因素是人,战争的主体是军队。古往今来,武器装备经常更新,作战方式时有变化,而军队始终是战争舞台上的主角,将士的浴血奋战始终是走向胜利彼岸的关键。一句话,军队是决定战争胜负、国家安危的基石。

一支军队,无论其阶级属性如何,士气高昂、上下一致、训练有素、军纪严明、装备精良,永远是它强大有力的标志。只有这样的军队,才能在作战中掌握主动权,立于不败之地,达到克敌制胜的目的,实现其从事战争的宗旨。使军队变得强大有力,保证其很好完成战斗使命的活动,人们通常称之为"治军"。

所谓"治军",概括地说就是指对军队的管理和训练。其主要内容不外乎将帅的拔擢任用,部队的政治思想教育,士卒的管

理和训练，兵役的组织和实施，军纪军法的申明，赏罚措施的推行，等等。总的目标就是要造就一支令行禁止、进退有度、赏罚严明、内部团结、训练有素、武艺娴熟的军队。

与先秦时期其他著名兵书，如《尉缭子》《司马法》《六韬》等相比，对治军问题的论述，在《孙子兵法》中并不占据非常显著的位置。但是，孙子的治军思想是自成体系的。他提出了不少精辟的治军原则，以适应新兴势力从事战争的需要。归纳起来说，孙子的治军思想主要包括严明赏罚、重视选将、将权贵一、严格训练、统一号令、爱卒善俘等方面。而其核心精神，就是刚柔相济，恩威并施，文武两手，双管齐下——"令之以文，齐之以武"。总之，孙子的治军思想，性质进步，观点鲜明，内容丰富，充分反映了新兴阶级军事思想家在军队建设和管理上的积极进取风貌，对后世治军理论的深化、发展具有极其深远的影响。其中某些合理内核，时至今天，仍不无值得认真借鉴的价值。

## 二、"上下同欲"：政治是夺取战争胜利的基本前提

古往今来，不同阶级、不同集团总是按照自身的利益，以不同的政治标准来进行军队建设。可是有一点却具有共性，即他们在主观意图上，都希望军队内部有向心力，凝聚力，上下一致，和衷共济，从而更好地为达到一定的政治目的服务。

从这个意义上说，军队内部关系和谐，团结一致，是治军的先决条件，也是治军的首要内容，而关系和谐亲密，则取决于政

治的清明与否。如果政治黑暗，上下离心，关系紧张，矛盾尖锐，那么军队必然涣散软弱，战斗力低下，无法完成任务，走上破军亡国的末路。因此古人治军，总是把搞好军队内部的团结，提高部队的凝聚力放在重要的位置，并反复加以强调。

重视军队内部团结问题，并不肇始于孙子。早在《周易》中，就有关于治军以和为先的论述。如《晋卦·六三》爻辞指出"众允，悔亡"，意思就是说如果能得到众人的信任，取得战争的胜利便没有什么困难了。到了《左传》那里，更明确提出了"师克在和不在众"这一命题，把和军洽众视为决定军队强大、战争胜负的主要因素之一。前人这一类理性认识，对于孙子"上下同欲"（《谋攻篇》）治军思想的形成，具有重要的启示作用。

孙子处于政治变革剧烈、战争活动频繁的春秋晚期，前人在治军问题上正反两方面的经验教训，使他在构筑自己的治军思想时，有了可资借鉴的材料。为了建设一支能征惯战的军队，以应付争霸战争的需要，他系统提出了其"上下同欲，政胜为先"的治军基本思路。

在《孙子兵法》中，孙子把"主孰有道"突出地置放在"五事"的首位。这里的"道"，其本质含义就是指政治清明与否。在孙子看来，"修道而保法"不仅是克敌制胜的前提，也是治军上的要义，是须臾不可忽视的。

由于军队的基本成员——广大士卒来自于民众，孙子认为，要搞好军队内部的团结，应该从理顺整个国家统治者与被统治者的相互关系做起。于是他主张"令民与上同意"（《计篇》），即要求战争指导者尊重民众的意愿，想方设法创造条件，使统治者与广大民众的意志统一起来，上下之间团结一致，和衷共济，去夺取战争的胜利。

有了国家政治中"与上同意"这个坚实基础，那么落实到军队治理上，做到"与众相得"（《行军篇》）也就有了较大的可能。所谓"与众相得"，指的是官兵之间关系和谐融洽，心往一处想，劲往一处使，指挥员关心爱护普通士卒，普通士卒爱戴拥护指挥员，为实现共同的目标携手合作，患难与共，前赴后继，勇往直前。

当然，孙子也清醒地意识到，要实现自己良好的初衷并不容易。这主要是因为统治者与民众之间存在着巨大的利益对立。统治者建设军队、发动战争，乃是出于争霸称雄、兼并土地、掠夺财富、奴役民众的目的。而对广大民众和普通士卒来说，战争给他们带来的直接后果，乃是生命的牺牲，财产的损失，是种种不幸。因此要让他们充当炮灰、为之卖命，自然是困难重重。在这样的情况下，军队内部要做到上下关系融洽，齐心协力，一致对敌，也多属一厢情愿。这是治军上一个无从回避的矛盾。

那么，该如何化解这一矛盾呢？孙子提出了极其高明的一着，即调和上下之间的矛盾，寻找双方的共同点，既满足统治者的意愿，又多少照顾普通士卒的利益。"上下同欲"，就是他这一治军指导思想最精练、最贴切的概括。

在孙子的观念中，"上下同欲"是理兵励气、增强部队战斗力的关键，通过它，军队内部上下之间就会团结，军队行动就会步调一致，从而进入"齐勇若一"的上乘境界。

孙子"上下同欲"，政胜为首的治军立场，受到后世兵家的普遍推崇。他们从中接受启迪，并根据自身所处的时代条件，不断丰富发展孙子的这一理论。概括地说，这种发展表现为：第一，强调"上下一心"，努力保持政治思想上的一致，"与众同好"，"与众同恶"；第二，要求军队内部在日常生活中做到一致，"寒暑与均，劳逸与齐，饥渴与同"；第三，强调在战场上做到上下之间"安危与共"；第四，主张"上下同欲"从平时做起，坚持不懈，认为只有平日抚恤"得其心"，才能做到临战之际"得其死力"。

需要指出的是，封建军队的本质属性决定了其内部不可能真正做到上下一致，和衷共济。官兵之间对立的矛盾，或许暂时可以得到某种程度的调和缓解，却无法从根本上加以消除。孙子在治军上"上下同欲"的主张，虽然理论上不乏卓识远见，但是实践中却不免流于形式，其真正所发挥的作用是有限的。

## 三、"赏罚"二柄：维系军事纪律的双管齐下

军队是从事武装斗争的特殊集团，在战场上以身许国、流血牺牲是军人应尽的天职。可是蝼蚁尚惜其命，何况是身为万物之灵的人呢？爱惜生命，乐于安逸是一般人的天性，因此要让他们为国家殊力死战，那是不无困难的，"夫农，民之所苦；而战，民之所危"（《商君书·算地》）。如何克服人们天性中这一弱

点，使其做到奋不顾身，勉力作战，就是治军上的一个重要课题。一般地说，除了用思想动员、精神激励以振奋军心士气外，申饬军纪军法，令行禁止，统一号令，整肃军容，乃是约束部众、提高军队战斗力的主要保障。

申饬军纪、严明号令是中国古代兵家的共识。早在《周易·师卦·初六》中就有"师出以律，否臧凶"之说，将军事纪律视为克敌制胜的前提条件。相传三国时期政治家、军事家诸葛亮曾有名言："有制之兵，无能之将，不可以败；无制之兵，有能之将，不可以胜。"（《诸葛亮集》卷二《兵要》）认为军纪严明、训练有素的军队，才拥有强大的战斗力。

从《孙子兵法》以及孙武的生平事迹看，孙子对整饬军纪军法的重要性有清醒的认识，给予高度重视并身体力行。在《计篇》他将"法"列为"五事"中的一项，把"法令执行"作为判断战争胜负的重要因素之一。他认为一支军队必须有严格的组织编制，明确各级指战员的职守："法者，曲制、官道、主用也。"（《计篇》）一再强调指出，"治乱，数也"，"凡治众如治寡，分数是也"。（《势篇》）可见孙武他非常重视军队的法制建设。至于军队法制建设的重点，孙武则认为是统一号令，加强纪律，"斗众如斗寡，形名是也"（《势篇》）；主张以金鼓旌旗来统一将士的耳目，协调部队的行动，以达到"勇者不得独进，怯者不得独退"（《军争篇》）的目的，并指出这是最佳的"用众之法"。孙子是这样主张的，也是这样实践的，吴宫教战时他不顾吴王阖闾的求情阻拦，断然处死不听军令、不守纪律的两名吴王爱姬，就是这方面最有说服力的事例。

同时，孙子也主张在执法问题上应该做到随时制宜，灵活处置，以更好地发挥军事法纪的作用。所谓"施无法之赏，悬无政之令"（《九地篇》），就是这层意思，即施行超越常规的奖赏，颁布打破常规的军令，来将军事法纪落到实处。这充分体现了孙子既讲求执法的严肃性，又注重执法的灵活性。

孟子有言："徒法不足以自行。"（《孟子·离娄上》）申饬军纪军法必须用具体而有力的手段来加以保证。这个手段，主要是指"赏罚"二柄。即通过严刑厚赏迫使将士畏法守纪，听从命令，勇敢杀敌。

从历史考察，军队中为申饬军纪而实行赏罚，是由来已久的现象。据文字记载，至迟在夏启征伐有扈氏的甘之战中，就明确提到：听从号令者，我会在祖庙神主之前赏赐你们；不听从号令者，我会在社神神主之前惩罚你们，我会把你们降为奴隶，或者将你们处死。①但在夏、商、西周时代，赏罚只是激励士气的一种手段，并受当时"礼不下庶人，刑不上大夫"传统的影响，而不能充分发挥其应有的作用。春秋以后，随着社会变革的发生和深化，治军实践的进步和成熟，赏罚的内容和作用也有了丰富和发展，成为新兴阶级在整饬军纪、严格治军方面的主要武器。孙子作为新兴阶级在军事理论上的代言人，在赏罚问题上提出进步的主张，是非常自然的。

---

① 《尚书·甘誓》："用命，赏于祖；弗用命，戮于社，予则孥戮汝。"

孙子认为，严明赏罚乃是整饬军纪军法，发挥全军将士积极性，增强部队战斗力的最重要途径之一。在《计篇》中他把"赏罚孰明"列为预测、分析战争胜负的主要标准之一。在《行军篇》中他旗帜鲜明地指出："令之以文，齐之以武，是谓必取。"所谓"文"，就是指精神教育，物质奖励；所谓"武"，则是指军纪军法，重刑严罚。认为只要在治军中贯彻信赏明罚的原则及措施，就可以克敌制胜，永远立于不败之地。

孙武还进而阐述了实施"赏罚"二柄的具体标准。如提出在车战中凡是英勇作战，缴获敌人战车十辆以上的，应该"赏其先得者"，为众将士树立榜样，以广泛调动大家的积极性。

孙子认为，对赏罚尺度的把握和运用必须适宜，切忌畸轻畸重，换句话说，必须文武两手双管齐下，做到恩威并施，又拉又打。至于推行赏罚的时机也要恰当，具有针对性，"卒未亲附而罚之则不服，不服则难用也；卒已亲附而罚不行，则不可用也"（《行军篇》）。他一再强调，如果出现这种情况，那么就不能造就一支真正具有战斗力的军队，"厚而不能使，爱而不能令，乱而不能治，譬若骄子，不可用也"（《地形篇》）。为了避免这样的局面，孙子主张申饬军纪、严明赏罚要从平时做起，"令素行以教其民，则民服"（《行军篇》）。

孙子申饬军纪、严明赏罚的治军思想，是符合军队建设和管理的特定需要的，同时也是对旧的"大败不诛""大捷不赏"传统的一个有力冲击，具有一定的进步性。后世治军者多从他那里获得启迪，受到鼓舞，并在这一基础上丰富和发展了严明军纪、厉行赏罚的理论。如《三略·上略》言："将之所以为威者，号令也。战之所以全胜者，军政也。士之所以轻战者，用命也。故将无还令，赏罚必信，如天如地，乃可御人。"又如《六韬·龙韬·将威》云："将以诛大为威，以赏小为明，以罚审为禁止而令行……刑上极、赏下通，是将威之所行也。"这些都是这方面观点鲜明、内涵丰富、思想深刻的言辞。究其渊源，显然来自于《孙子兵法》，孙子的影响由此可见一斑。

## 四、"教戒为先"：军队战斗力发挥的根本保证

军队必须经过严格的训练，才会具有战斗力，一旦上阵，就可杀敌制胜，否则，再庞大的军队，也只是一群乌合之众，毫无战斗力可言，打起仗来就意味着让士兵白白牺牲，"以不教民战，是谓弃之"（《论语·子路》）。因此，自古至今，军事训练一直是军队建设的重要内容，而对军事训练问题的理性探讨，就成为古代兵家治军思想中的有机组成部分。

孙子所处的春秋晚期，正是古典文明嬗递为中世纪文明的过渡时期，它反映在军事训练领域中，就是旧的以"蒐狝"为主要内容的军事训练方式的没落和经常性专业化训练方式的逐步确立。

所谓"蒐狝"式军事训练，指的是商周以来在农闲时结合田猎活动，定期组织服役人员进行临时性训练。《左传·隐公五年》记载："春蒐，夏苗，秋狝，冬狩，皆于农隙以讲事也。三年而

治兵，入而振旅，归而饮至，以数军实。"在这四时的临时性军事训练中，以"冬猎"最为隆重，规模最大。因此这种训练方式又被《国语·周语上》称作"三时务农而一时讲武"。

但自春秋末期起，这种"蒐狝"式的军事训练制度，随着社会历史条件的根本性变化而开始走向没落，被以一教十、循序渐进、系统正规的新型训练方式所取代。这种训练方式的主要特点是，训练是在各级军官的直接指挥下进行的，并通过由单兵到多兵，由分练到合成的渐进过程加以完成。

孙子处于两种军事训练方式的过渡时期，因此他的军事训练思想也打上了这一时代的烙印。一方面他高度重视军队的训练问题，另一方面却仅仅提出军事训练的基本原则而来不及加以具体化、系统化。

孙子主张严格练兵，提高战斗力，把"士卒孰练"列作重要的制胜因素，提到战略地位的高度来认识。需要指出的是，孙子在这里所说的"士卒"，不单指士兵，"士"在当时是甲士或武士，也就是军官。

至于具体的训练课目，孙子没有展开充分的论述，但从《孙子兵法》等材料所曲折反映的情况看，孙子所重视的军事训练内容，是强调士卒在旌旗金鼓的指挥下，操练技能，熟习阵法，做到进退整齐，步调一致："夫金鼓、旌旗者，所以一人之耳目也。人既专一，则勇者不得独进，怯者不得独退，此用众之法也。"（《军争篇》）从而确保部队在战场交锋时，始终处于"纷纷纭纭，斗乱而不可乱也；浑浑沌沌，形圆而不可败也"（《势篇》）

213

的优势地位。

在《地形篇》中，孙子通过对"兵有六败"的严肃批判，从反面进一步论证了部队进行严格军事训练的重要性，指出部队不进行严格训练必然会招致失败，对此决不可等闲视之："将之至任，不可不察也。"六条中有三条与训练有关。一是"弛"，"卒强吏弱，曰弛"，这种军官懦弱无能而士兵强悍不驯的部队，就是缺乏训练管理、军纪弛坏的队伍。二是"陷"，"吏强卒弱，曰陷"。军官有能耐，可士兵怯懦，缺乏战斗力，这种部队打起仗来必然陷于失败。三是"乱"，"将弱不严，教道不明，吏卒无常，陈兵纵横，曰乱"。"将弱不严"，即将帅不善管理，纪律废弛；"教道不明"，即将帅不懂得军队教育训练的规律；"吏卒无常"，即官兵关系紧张，没有一定的训练管理法规；"陈兵纵横"，即训练作战时，行动没有章法，几成乌合之众。孙子认为这些现象都必须努力加以克服和避免，而克服的途径，无疑是严格管理，加强训练。

透过历史文献的记载，我们可以看到，孙子严格军事训练的思想，在吴国军队建设中似是发挥过积极作用的。《吕氏春秋·仲秋·简选》说："吴阖闾选多力者五百人、利趾者三千人以为前陈。"①而据《墨子·非攻中》，这支精锐突击部队乃是经"教七年，奉甲执兵，奔三百里而舍"的长期专门训练培养出来的。需要指出的是，吴国这种训练方法比战国中期的魏国训练武卒、

---

① 按，多力者，力大者。利趾者，善走者。

齐国训练技击、秦国训练锐士要早一二百年。这多少说明，在孙子训练为重思想的指导下，吴国的确把军事训练摆到了战略地位的高度。

为了训练出一支英勇善战的雄师劲旅，服务于新兴势力从事争霸兼并事业的政治需要，孙子积极提倡"爱兵"主张，强调要关心爱护普通士卒，做到"视卒如婴儿"，"视卒如爱子"。孙子这一"爱兵"主张的动机是很明确的，即由此而造就"上下同欲"、官兵一致的良好军内关系，保证部队达到"投之无所往，死且不北"，"犯三军之众，若使一人"（《九地篇》）这样的最佳临战状态。

孙子重视军事训练的治军思想，曾给后人以极大的启迪和有益的借鉴。就军事训练问题而言，战国兵家曾有充分的论述。《司马法·天子之义》明确指出："故虽有明君，士不先教，不可用也。"强调了训练的重要性。《尉缭子·兵教》说："凡明刑罚，正劝赏，必在乎兵教之法。"《吴子·治兵》说："用兵之法，教戒为先。"讲的也都是类似的意思。而《六韬》中的《练士》《教战》两篇，则对训练的编组、训练内容及方法，作出了更加系统、完备的阐述。所有这一切都可视作战国兵家对孙子有关军事训练思想的继承和发展，标志着当时人们在训练问题理性认识上所达到的新的高度。

# 第十二讲 "杂于利害"：
# 《孙子兵法》的利弊得失观

　　稍早于孙子的哲学家老子有句名言："祸兮福之所倚，福兮祸之所伏。"意思是事物之间具有普遍联系的特征，即使是同一事物的内部，也存在着不同倾向相互对立、互为渗透的属性，都是矛盾的对立统一体。

　　军事斗争的性质也没有例外。以孙子为代表的中国古代兵家，也善于以普遍联系、相互依存的观点、立场和方法来全面认识和宏观把握军事问题。在他们看来，兵学理论的基本范畴，如奇正、虚实、宽严、主客、攻守、形势、速拙、迂直等，无不以相互依存、互为关系的形式而存在，如无"虚"即无"实"，无"奇"即无"正"，无"主"即无"客"。这正如老子哲学中的"美丑、难易、长短、高下、前后、有无、损益、刚柔、强弱、祸福、荣辱、智愚、巧拙、大小、生死、胜败、静躁、轻重"一样，彼此间都是对立的统一和普遍的联系。不仅是对立的事物具有联系统一性，就是同一事物内部也存在着不同倾向之间相互对立、互为渗透的属性，用兵打仗作为一种特定的事物现象，本身就包含"利"与"害"的两种倾向。

孙子曰："军争为利，军争为危"（《军争篇》），"不尽知用兵之害者，则不能尽知用兵之利也"（《作战篇》）。战争既可能带来"战胜而强立"，也可能导致覆军杀将，国家灭亡。因此，孙子在全书开篇就大声疾呼："兵者，国之大事，死生之地，存亡之道，不可不察也。"对于战争中的利与害，那些头脑清醒的政治家和军事家，从来都不会等闲视之。

## 一、兵以利动：孙子用兵的逻辑起点

孙子提出，何时发动战争，如何来进行战争，取决于"利"，也就是看战争是否于己有利，他提出了"非利不动，非得不用，非危不战"，"合于利而动，不合于利而止"（《火攻篇》）的用兵原则；进行战争过程中，强调"上兵伐谋，其次伐交，其次伐兵，其下攻城"，要"以全争于天下"，从而达到"兵不顿而利可全"的目的（《谋攻篇》）；强调速战速决，原因是"兵久而国利者，未之有也"（《作战篇》）；战争计划已定，"计利以听，乃为之势，以佐其外。势者，因利而制权也"（《计篇》）；进入敌境作战则要"掠乡分众，廓地分利"（《军争篇》）。

孙子要求作战指导者在军队接敌运动过程中，自始至终坚持和贯彻"兵以诈立，以利动，以分合为变"的指导原则。所谓"以利动"，说的是从事战争当以利害关系为最高标准，有利则打，无利则止，一切以利益的大小为转移，这实际上反映了孙子的战争宗旨，是其新兴阶级功利主义立场在军事斗争原则上的具体体现。而"以分合为变"，中心含义是灵活用兵，巧妙自如地变换战术，或分或合，"悬权而动"，掌握战场主动权。它是"兵以诈立"的必然要求，体现了孙子兵学注重灵活变化，讲求出奇制胜的精神风貌。

孙子的"兵以利动"思想，具有重要的时代意义——它从根本上划清了同以《司马法》为代表的旧"军礼"的界限，正确揭示了军事斗争的基本规律。对于这一点，不少后人是洞若观火的。南宋郑友贤在《十家注孙子遗说并序》中说："《司马法》以仁为本，孙武以诈立；《司马法》以义治之，孙武以利动；《司马法》以正不获意则权，孙武以分合为变。"最为贴切地区分了两者不同的特色。从这个意义上说，孙子兵学不愧为迎合"出奇设伏，变诈之兵并作"（《汉书·艺文志·兵书略序》）时代要求的杰出代表。

值得注意的是，孙子在"利"与"弊"的关系把握中，更注重于对"害""弊"的强调。如在《军争篇》"军争为利，军争为危"之后，孙子谈的都是"军争为危"的表现形式与严重后果："举军而争利则不及，委军而争利则辎重捐"；"百里而争利"，后果如何如何；"五十里而争利""三十里而争利"，危害又怎样怎样。总之，说的全是军争容易引起之弊，军争容易导致之害，反而对所谓的"军争为利"则不着一字。

其实，这不奇怪，孙子的哲学，更注重于阐发重点，在孙子看来，人们趋利，是下意识的，逐利而行，乃是常态，所以对"军争"之利的关注与理解，乃是天然的本能，毋庸他再多费笔墨，喋喋不休。主要的问题，是人们对"避害"缺乏足够的自觉意识，好处面前，诱惑面前，丧失定力，不能警觉利益背后的陷阱，见利忘害，一味地追逐利益，如同飞蛾扑火，死不旋踵。所以，需要特别予以提醒，不让诱惑冲昏头脑，保持清醒，战战兢兢，如履薄冰，从而确保战略利益得以最大的实现。从这个角度切入，孙子才对"军争为危"作出了深入的分析与论述。其他像"知彼知己"，他也立足于"百战不殆"，而不说"百战百胜"；优先关注"不尽知用兵之害"，再言"尽知用兵之利"，其内在逻辑，亦是如此。由此可见，孙子的战略思维是何等的辩证，何等的深刻！

## 二、"上兵伐谋"：孙子所认知的"利"是什么

《孙子兵法》"利"的思想，内涵十分丰富。概括地说，大致有以下三层含义：战略上的"胜"、政略上的"全"和理想境界的"善"。

第一层，战略上的"胜"。

战争中，获取最后胜利无疑是交战双方最直接的目的。《孙子兵法》作为一部兵学圣典，主要讲如何克敌制胜这一核心问题。于汝波先生在《试论〈孙子兵法〉以"胜"为核心的战争理论体系》一文中提出，《孙子兵法》战争理论的"核心是一个

'胜'字",并提出"胜"的三个范畴:先胜、全胜和战胜。虽然在"胜"的具体内涵上,人们可能有各种各样的理解,但"胜"是《孙子兵法》的理论核心,这一点已是学界共识。

主张"兵以利动"的孙子,把"胜"作为"利"的实现途径。从词源学的角度,"胜利"一词深刻揭示了"胜"与"利"之间的因果关系。战争中,一方面"利"的获得必须先要战胜对手,只有取得胜利才能"安国全军"、保民利主,才能"掠乡分众,廓地分利","利"既是战争的根本动因与目标,又是影响和制约战争进程的深层根源;另一方面,战争中是否取胜,往往也要以是否获"利"为标准来判断。"胜"与"利"是战争目标中不可分割的两个方面,一般来说,没有无"利"之"胜",也没有不"胜"之"利"。

为了达到克敌制胜的目的,孙子主张"胜兵先胜而后求战,败兵先战而后求胜"(《形篇》),重视战前的计划、运筹、预测和谋划,要"知彼知己";要"经之以五事,校之以计而索其情。一曰道,二曰天,三曰地,四曰将,五曰法"(《计篇》),全面考察战争的主客观因素及其相互关系;要努力形成"胜兵若以镒称铢"(《形篇》)的有利态势。在作战指导方面,孙子提出"兵贵胜不贵久"的速胜战思想、"以正合,以奇胜"的灵活用兵思想、"致人而不致于人"的掌握战场主动权思想,以及示形动敌、把握主动、集中兵力、各个击破、巧用地形、攻守得宜、因粮于敌、取用于国等许多重要原则。孙子提出的克敌制胜理论,成为后世兵家构筑军事学说的思想来源和理论指导,同时也因为其带有鲜明的功利主义色彩，常常受到封建卫道士们的攻讦。

第二层，政略上的"全"。

在"兵以利动"的战争中，克敌制胜是获取利益的前提条件，但是获得战争的胜利，并不能保证一定能够带来各方面的利益。事实上，如果处理不好的话，战争中的"胜"有时还可能造成政治、经济、外交等方面的损失。

胜利的结果并非都是"胜敌而益强"，如果为了获取胜利所付出的代价过于昂贵，反而可能会事与愿违，胜而不利。正如墨子所揭示的那样，一旦发动战争，就要大量动员民众，春天则会使百姓荒废耕种之事，秋天则会使百姓荒废收获之事，[①]人员的伤亡和物质的损失不可胜计。因此，古时候天下的封国，年代久远的以耳听闻，年代方近的亲眼看到，因为攻战之事而亡国的不可胜数，[②]古代封建诸侯中的绝大部分都在无休无止的攻战中灭亡了。与孙子齐名的军事家吴起说：天下从事战争的国家，五战五胜的，定会招来祸患；四战四胜的，定会国力疲敝；三战三胜的，可以称霸争雄；二战二胜的，可以南面称王；一战而胜的，可以成就帝业。所以，依靠多次打赢战争而取得天下的实属罕见，相反因此而亡国绝祀的却为数众多。[③]

如何在战争中趋利避害呢？春秋时期的战争实践，为孙子提

---

①《墨子·非攻中》："春则废民耕稼树艺，秋则废民获敛。"

②《墨子·非攻中》："古者封国于天下，尚者以耳之所闻，近者以目之所见，以攻战亡者不可胜数。"

③《吴子·图国》："天下战国，五胜者祸，四胜者弊，三胜者霸，二胜者王，一胜者帝。是以数胜得天下者稀，以亡者众。"

供了启示。春秋时期，诸侯争霸，大国一方面兼并小国，另一方面在同其他大国发生战争时，多以双方妥协或使敌方屈服为结局，而彻底消灭敌方武装力量、摧毁对方政权的现象相当罕见。齐桓公在位四十三年，"九合诸侯，一匡天下，不以兵车"，进行战争二十余次，除个别战争外，基本上都是凭借军事活动的威慑作用，达到预期的政治目的。

孙子从春秋时期战争实践中，认识到战争结果的两重性，并在此基础上提出了"全胜"的思想。孙子认为，"百战百胜"，"战胜而天下曰善"（《形篇》），并非最理想的境界。因为"百战百胜"，只是沉醉于一种实力消耗式的胜利；"战胜而天下曰善"，只是看重"胜"的外在表现与社会评价，而没有注重诸侯国之间实力的消长与战胜的综合效益。孙子从战争全局考虑，冷静地分析战争之利与战争之害，认识到"必以全争于天下"（《谋攻篇》），认为只有这样，才能在诸侯争霸的斗争中保全自己，不断壮大实力，最终称霸天下。

《孙子兵法》"全胜"思想的实质是"全利"，是以最小的代价换取最大的利益。"凡用兵之法，全国为上，破国次之；全军为上，破军次之；全旅为上，破旅次之；全卒为上，破卒次之；全伍为上，破伍次之。"（《谋攻篇》）在孙子看来，谋求"全胜"的手段有多种，首先是以谋制敌，其次是外交服敌，再次是威加于敌，如果这些手段都不能奏效，就只好诉诸武力了。如果说，孙子的"胜"是战略层次上的，那么他的"全"，就是政略层次上的①。孙子从"利"的角度提出了"全胜"的思想，把暴力的战争手段引向非暴力的政治、外交领域，确实是孙子兵学理论的高明之处。

第三层，理想境界的"善"。

用兵求"善"是孙子独树一帜的思想，孙子从"利"的角度，提出"胜"与"全"的概念，这两者都是现实的境界；孙子并不满足于此，又提出"善"的概念。

孙子所谓的"善"，是用兵的一种理想境界。"善战"思想，充溢于《孙子兵法》的每一章。如孙子认为百战百胜固然不错，但不战而胜才是最高境界："百战百胜，非善之善者也；不战而屈人之兵，善之善者也"（《谋攻篇》），"战胜而天下曰善，非善之善者也"（《形篇》）。如果不得已诉诸武力的话，要先使自己立于不败之地，"昔之善战者，先为不可胜，以待敌之可胜"（《形篇》）；在具体作战行动中，孙子提出了一些"善战"原则，如"善用兵者，役不再籍，粮不三载；取用于国，因粮于敌"（《作战篇》），"善守者，藏于九地之下；善攻者，动于九天之上"（《形篇》），"善攻者，敌不知其所守；善守者，敌不知其所攻"（《虚实篇》），"善战者，求之于势，不责于人，故能择人而任势"（《势篇》），"善用兵者，譬如率然。率然者，常山之蛇也。击其首则尾至，击其尾则首至，击其中则首尾俱至"（《九地篇》）等。孙子的这些论述，都是用兵求"善"思

---

① 所谓政略，是指"为达到一定军事目的而采取的政治、经济、外交、军事等方略"。

想的具体表现，即孙子提出的用兵理想境界。

孙子提出的"利"的"胜、全、善"三层说，反映了中国人传统思维方式"取法乎上，得乎其中"的特点。《孙子兵法》中伐谋、伐交、伐兵、攻城的战略选择序列等，与孙子"利"的三个层次一样，反映了中国人理性务实又追求完美的思维特点。孙子提出的"善战"思想，既是其功利思想的内容，又超越功利，达到一种形而上的层次。

### 三、"智者之虑，必杂于利害"：逐"利"的辩证思维

孙子深刻地认识到，在战争与作战的问题上利与害是如影随形、相生相成的，"不尽知用兵之害者，则不能尽知用兵之利也"（《作战篇》），"智者之虑，必杂于利害。杂于利而务可信也，杂于害而患可解也"（《九变篇》）。在他的眼里，胜利和失败仅仅是一线之隔，胜利中往往隐藏着危机，而失败里也常常包含着制胜的因素。因此他要求战争指导者保持清醒的头脑，尽可能做到全面辩证地观察问题，正确地处理战争中的利害得失，趋利避害，防患于未然，制胜于久远。

孙子认为，看似有利的事物，可能会带来危害。《九变篇》提出"涂有所不由，军有所不击，城有所不攻，地有所不争，君命有所不受"。有的道路可以走却不走，有的敌人可以攻打却不打，有的城邑可以攻取却不攻，有的地方可以争下却不争，有的君命可以执行却不执行。这个以"五不"措施为基本内容的作战

224

原则，正是孙子"杂于利害"思想的很好体现。"五不"原则的要义，是要求战争指导者透过现象看本质，综合比较，深入分析，权衡利弊，唯利是动。假如权衡后得出的结论是此次行动有碍于实现战略目标，损害到根本利益，那就必须舍弃眼前的小利，不汲汲于一城一地的得失，暂时放过某些敌人，留待日后时机成熟后再去解决。如果国君的命令不符合实际情况，不利于军事行动的展开，那么就应该本着"进不求名，退不避罪，唯人是保，而利合于主"（《地形篇》）的态度，拒绝执行。这样做表面上似乎违背了常理，否定了成规，实际上相反，乃是更好地遵循了军事斗争的基本规律，有利于最大限度地争取主动，夺取战争的胜利，因此应充分加以肯定。历史上岑彭长驱入蜀击公孙，李渊不攻河东入关中，岳飞君命不受进中原，夫差强争中原酿覆亡，马援误择险道致兵败，就从正反两个方面对孙子以"五不"为中心的机变思想作出了具有说服力的实战诠释。

同样，有些看似不利的事物，甚至是有害的东西，其实也包含着有利的成分，就拿孙子所坚决排斥，认为是用兵之害、用兵下策的"攻城"来说吧，它虽然会导致进攻的一方伤亡剧增，损失惨重，酿成灾难，可往深处想，它又何尝没有有利的一面？众所周知，像国家的首都之类的城池，作为政治、经济、文化、军事的中心，它的战略地位是无可替代的，一旦能占领控制它，对敌方抵抗意志的摧毁，对整个战局的影响，常常是决定性的，远非在野战中消灭敌人一个旅、一个师、一个军所可比拟。美英攻打伊拉克之战中，巴格达、巴士拉等战略要地一旦易手，萨达姆政权便树倒猢狲散，大势尽去。你说，攻城之"利"大不大？可见，战争和世界上的其他事物一样，也存在着两重性，敌对双方往往都是利害兼而有之，利与害相辅相成，如影随形，没有无害之利，也没有无利之害，而且越是大的利，越是大的害，它相应的利与害也越多，最安全的地方往往最危险，而最危险的地方又往往最安全。

孙子提出的"杂于利害"思想的重要意义在于，它提醒战争指导者在从事军事行动时，一定要克服认识上的片面性，走出思维的误区，对利与害有通盘的了解，有互补的体会，有巧妙的转换。见利而忘害，不利的因素就有恶性发展的可能，最终影响整个战争的结局。而见害而忘利，则有可能使自己丧失必胜的信心和斗志，不再通过自己不懈的努力而有所作为，"破罐子破摔"，一蹶不振，成为扶不起的阿斗。孙子认为要追求功利，实现自己的战略目标，前提是要解决"功利"的界定和衡估问题，而要解决这个问题，关键看你是否拥有"杂于利害"的哲学智慧，有了，便可灵活机变，牢牢掌握住战争的主动权，便可在复杂激烈的战争冲突中游刃有余，左右逢源。

作为军事统帅或将领，如果他不能做到洞察几微，参悟长远战略利益与眼前战术得失之间的关系，只顾局部的、暂时的蝇头小利，而漠视或忽略根本的战略目标，那么他至多只能成为普通的战将，而不可能成为高明的战略家。

春秋时期，晋国厉公在位时的上卿范文子可谓一位富有长远战略眼光的杰出人物。我们从他对晋楚鄢陵之战的认识就能看出

226

他的战略观念高人一筹，善于从大局出发，准确地理解与把握战争的前景。

众所周知，晋楚争霸是整个春秋历史的关键节目。而在晋楚争霸战争史上，城濮之战、邲之战、鄢陵之战又各具其里程碑式的意义。城濮之战使得晋文公"取威定霸"，一跃而成为中原霸主，号令诸侯，楚国在很长时间里北进中原的势头受到遏制。而邲之战的结果是楚庄王兵进中原，陈师周疆，问鼎之轻重，俨然取代晋国而成为诸侯之伯。鄢陵之战则是晋楚争霸的第三次关键战役，也是两国军队最后一次主力会战。是役晋胜楚败的结局标志着楚国对中原的争夺从此走向颓势，晋国再一次对楚形成明显的优势，其霸业发展到极盛阶段。

按理说，作为晋国统治集团核心成员之一的范文子，应该对晋国的大获全胜感到由衷的欢欣鼓舞才是。的确，把多年的劲敌楚国杀得大败亏输，狼狈逃窜，使郑、宋等中小诸侯国纷纷叛楚附晋，这是件扬眉吐气、极有面子的事情！然而，范文子从一开始就反对晋国从事这场战争，而战争的获胜也不能激起他的兴奋之情。

早在进行鄢陵之战战略决策之时，范文子就明确表示不赞成晋楚开战。他的主要理由是，晋国的忧患在内部而不在外部，"我伪逃楚，可以纾忧……我若群臣辑睦以事君，多矣"。他指出，不如保留楚国这个外患以稳定晋国内部，"唯圣人能外内无患，自非圣人，外宁必有内忧。盍释楚以为外惧乎?"（《左传·成公十六年》）所以，他一再主张避免和楚军正面交锋。应该说，他的这个认识与后来孟子"无敌国外患者，国恒亡"的见解相一致，也与晋国当时的社会政治局面相符合。遗憾的是，晋国当时的执政者、中军帅栾书却是战略目光短浅而又自以为是的庸人，他只看到表面上对晋军有利的作战形势，认为与楚军作战有胜出的把握，坚决主张早打，大打。战略意识同样平庸的晋厉公采纳了栾书的意见，于是大举兴师，与楚军在鄢陵一决雌雄。

从表面上看，鄢陵一役如栾书之流所料是晋军打赢了，这当然使晋国上下欢腾雀跃，把酒庆功。然而头脑异常冷静的范文子并不为这种胜利的表象所迷惑，仍然坚持自己的初衷，面对晋军自鄢陵凯旋的热闹场面，他不但没有感到高兴，反而更加忧心忡忡，认为内乱就要爆发，甚至希望自己快点死去，以免于难。他说：君主骄傲自大而战胜了敌人，是上天要让其缺点更加显现。灾殃就要来临了！爱我者只有诅咒我，让我速速死去，不被灾殃祸及，这样才是范氏家族的福气。[1]

形势的发展果真证实了范文子的战略远见。晋国的霸业达到辉煌顶点之时，也正是晋国衰运萌芽之始。晋厉公取得鄢陵之战大捷后，认为已无外患，于是集中精力对付国内的强卿大宗。晋厉公放纵，有很多宫禁外的宠臣。从鄢陵回来之后，他想将一众大夫全部屏退，而起用近臣。[2]诛杀"三郤"，剥夺栾氏、中行氏的权力。由于此举严重触犯了强卿大宗的既得利益，于是晋国内

---

①《左传·成公十七年》："君骄侈而克敌，是天益其疾也。难将作矣！爱我者唯祝我，使我速死，无及于难，范氏之福也。"

②《左传·成公十七年》："晋厉公侈，多外嬖。反自鄢陵，欲尽去群大夫，而立其左右。"

部矛盾迅速激化，动乱随之爆发，晋厉公的亲信胥童等人丧命刀下，厉公本人也最终走上不归路。这场残酷血腥的内部动乱使得晋国在鄢陵之战后所取得的战略优势很快化为乌有，也导致晋国的政局长期处于动荡不安之中。日后虽也短暂出现过"晋悼公复霸"的历史场面，但毕竟是回光返照。从某种意义上说，后来齐、晋盟国关系破裂，晋公室一蹶不振，乃至最终导致"三家分晋"格局的形成，都可从鄢陵之战看出端倪。由此可见，范文子有关鄢陵之战的认识，的确是极其宝贵的战略远见。可惜的是，他的战略远见未能为决策者所重视，枉费他一番良苦用心。否则，春秋后期的历史也许可以重写。

这里，范文子看到的是长远利益，其观察问题的角度是"杂于利害"；而晋厉公和中军帅栾书看到的是眼前利益，思维方式是单向、直观的，结果让暂时的表面的利益遮蔽了自己的理智，作出极其错误的战略抉择，损害了根本的战略利益。由此可见，脱离长远的利益去追求一时的成功，是多么的危险，是何等的愚蠢！

杂于利害，还要求战略决策者妥善处理道德与功利的关系，即做到义与利的高度统一。中国古代文化的核心是儒家文化，而儒家是耻于言利的。孟子见梁惠王，第一句话便是"王何必曰利，亦有仁义而已矣"（《孟子·梁惠王章句上》）。他的前辈孔老夫子也说："君子喻于义，小人喻于利。"（《论语·里仁》）宋朝那些理学家，像程颢、程颐、朱熹等辈，更进一步开口闭口"存天理、灭人欲"，"饿死事小，失节事大"。而兵家不但不信这一套鬼话的，还要奚落、挖苦。他们把追求功利放在第一位，"兵以利动"，这当然是对的，不像儒家那样"迂远而阔于事情"，但是，这并不意味着义与利应该完全对立，水火不容，而是应该有机统一起来，见利思义，见义思利，这也是"杂于利害"的应有之义。否则打破了道德的最后底线，必然会为非作歹，百无禁忌，人欲横流，利令智昏，其实这只会对赢得真正的利益造成障碍，到头来因小而失大，得不偿失。法家的沉沦就是典型。法家是最讲功利的，按他们的观点，人与人之间都是彼此利用的势利关系，"臣尽死力以与君市，君垂爵禄以与臣市"（《韩非子·难一》）。而恰恰是这种"算计之心""自为之心"的张扬，使得人与人之间的关系极端紧张，冲突迭起，连法家内部也不得安生，师生反目，同门相残，韩非子让同窗好友李斯活活整死，便是证明。过于言利，使得法家在后世学统不彰，声势消沉。可见，以杂于利害考虑问题，利与义就应该协调一致，可以分出轩轾，区别主次，但不可以一笔抹杀其中的任何一个，像儒家那样做谦谦君子固然大可不必，但是义作为一种补充，一种价值观，也不可以彻底拒绝。

其实，即使是儒家，也不是不讲利，而是强调必须以仁义为统帅，利应当服从于义，他们所反对的只是唯利是图。孔子说"放于利而行，多怨"（《论语·里仁》），关键不在"利"而在于"放"，过度了就不行。董仲舒讲"修其理不急其功"（《春秋繁露·对胶西王越大夫不得为仁》），"功"是可以求的，关键是不要太热衷，太急切，即不急而已。由此可见，孙子的杂于利害观点与儒家思想方式是可以沟通的。

　　总而言之，孙子杂于利害的主张，乃是一个带普遍性的指导原则。它的精义在于辩证对待利害关系，知于未萌，预做准备，顺利时能做到冷静沉着，找到差距，从而保持优势，防止意外；遭到挫折时能做到不丧失信心，正视现实，坚持不懈，从而摆脱被动，走向胜利。从这层意义上看，孙子杂于利害的思想，又是超越单纯军事领域的，而具有方法论的普遍意义，对于我们从事任何工作，都有着深刻的启示。

# 第十三讲　殊途同归：
# 中西方军事学宗旨与原则的共通性

中西文化比较研究，是学术界的热点之一。这当然有积极意义，但是，往往难以避免张冠李戴、郢书燕说的尴尬。其症结，就在于强调矛盾特殊性的同时，忽略或掩盖矛盾普遍性。即在比较的过程中，经常在强调事物的某些方面的同时，漠视和淡化了事物的其他方面。

譬如，拿《孙子兵法》与《战争论》作比较就是有明显问题的，它们并不处于同一个时空中，不在同一个社会形态里，《孙子兵法》是古代兵书，而《战争论》则是近代工业革命以后的产物。

除了时空上的落差，再就是比较中对象选择也很容易出问题。我们在进行中西军事思想比较时，参照范本往往局限于《孙子兵法》《战争论》《战争艺术概论》等极个别的代表作，可是，无论是中国，还是西方，军事思想的载体是丰富多彩、形式多样、内涵不一的。仅就中国古代而言，除了占主导地位的"兵权谋家"之外，还有兵形势、兵阴阳、兵技巧等三大学派，它们之间的学术宗旨、思想内容、价值取向、逻辑结构、表述方式、文字叙述，可谓差异巨大，各不相同。兵形势的"雷动风举，离合背乡，变化无常，以轻疾制敌"，完全不同于兵技巧的"习手足，便器械，积机关，以立攻守之胜"[1]。因此，即便"百世兵家之师"《孙子兵法》也无法覆盖中国古代兵学，《孙子兵法》的许多特点，只能说是其所独有的，而不是中国兵学所共有的。把《孙子兵法》所呈示的文化特征，泛化为整个中国古代兵学特征，实际上属于以偏概全，挂一漏万。

当然，我们这么说并不意味着中西方军事思想之间不存在一定的差异性。概括而言，这种差异性大致体现为：概念范畴精确性与顿悟直觉形象化，宏观定性与微观定量之程度不一，侧重理念提炼与注重操作践行之力度有异。

通常而言，以《战争论》为代表的传统西方军事思想是以概念和范畴的归纳、描述、阐释为主体，而中国古代兵学的很多表述却是相对模糊的。如孙子对"形"和"势"的论述，"胜者之战民也，若决积水于千仞之谿者，形也"（《形篇》）；"故善战人之势，如转圆石于千仞之山者，势也"（《势篇》），都非常形象，是文学性的语言，但是显然不怎么具体，更谈不上科学准确，它们所体现的，恰恰是混沌整体的东方思维特点。

又如"攻守"问题，是中西方军事思想家所共同关心并加以

---

① ［汉］班固：《汉书·艺文志·兵书略序》，中华书局1961年版。

深入阐发的，但论证的方式与文字表述，是各具特色的。孙子主张根据战场情势的变化，采取相宜的攻守策略，主动灵活地打击敌人。一般地说，受种种主客观条件的制约，在交战之前，虽然双方有强弱之别，但并不是一成不变的。所以作为战争指导者，要善于根据战场情势，发挥主观能动性，采取正确的、行之有效的措施和方法，使己方的军事实力得以充分的施展，已有优势则进一步加强之，若处劣势则设法改变摆脱之，高敌一筹，稳操胜券。在这个过程中，如何采取适当的作战样式，乃是一大关键。通常的作战样式不外乎攻与守两种，两者各有自己的功能，一般地说，"不可胜者，守也；可胜者，攻也"。高明的军事家应该按照"守则不足，攻则有余"的作战规律，从自身军事实力出发，灵活主动地实施进攻或防御。若是实施防御，要善于隐蔽自己的兵力，"藏于九地之下"，令敌无法可施；一旦展开进攻，则要做到"动于九天之上"，使敌猝不及防。总之，只有在攻守问题上真正做到因敌变化，随机处置，才算是完全掌握了灵活机动的指挥艺术之精髓。这时候无论是实施进攻，还是进行防御，都可以得心应手，从容自如，无往而不胜，"故能自保而全胜"（《形篇》）。

而克劳塞维茨在《战争论》一书中，也曾对攻守问题进行过深入的探讨，并且得出了和孙子近乎一致的结论。他说："假定使用的是同一支军队，进行防御就比进行进攻容易。"防御这种作战形式，就其本身来说，比进攻要显得优越。这是因为防御者可以得到的"待敌之利和地形之利"，"不仅仅是指进攻者在前进时所遇到的种种障碍①，而且是指那些能使我们隐蔽地配置军队的地形"。因此，在"力量弱小"之时就不得不防御，"既然防御是一种较强的但带有消极的目的的作战形式，那么，自然只有在力量弱小而需要运用这种形式时，才不得不运用它。一旦力量强大到足以达到积极的目的时，就应该立即放弃它……所以以防御开始而以进攻结束，是战争的自然进程"。②富勒的看法亦和克氏相近："作战艺术有赖于进攻和防御之紧密结合，犹如建筑大厦少不了砖和水泥一样……正确的作战艺术取决于攻防行动的紧密结合，换言之作战的胜负取决于两者结合的有效程度。几乎也可以说，搞好攻防结合就胜利，搞不好攻防结合就失败。……确实，有时打算用防御行动来避战。但是，这并不是彻底避战（，）只是暂时或局部的避战。避战是为了在更加有利的条件下再次作战；在一地避战是为了在另一地更有力地作战。这样的避战行动可稳定战斗，即为尔后战斗（如不是当前战斗）奠定基础。因此，让我们永远牢记：防御是进攻的基础。也让我们永远不忘记：适时的防御是胜利的基本保证。"③这些都是非常谨严的表述。虽然其所说的道理不外乎"守则不足，攻则有余""攻是守之机，守是攻之策，同归乎胜而已矣"（《唐太宗李卫公问对》卷下）的含义罢了，然而，其形式逻辑展示路径与语言文字描述方式上的差异乃是相当明显的。

---

① 如陡峭的谷地、高山峻岭、两岸泥泞的河流、成片的灌木林，等等。
② ［普鲁士］克劳塞维茨：《战争论》，第495—499页。
③ ［英］富勒：《装甲战》，第167—169页。

# 一、"百虑一致"：中西方战略观念的同一性

正如《易经》中说的"天下同归而殊途，一致而百虑。"（《周易·系辞下传》）中西方军事思想的"同"才是主流。矛盾的普遍性是根本，特殊性是补充，差异性是"末"，同一性才是"本"，主次秩序不可混淆，本末关系不宜颠倒。

中西方军事学在战争观念与战略思想上的同一性集中呈示为以下几个方面：

第一，在价值理念上，"慎战""备战"是中西方战争观念上的普遍取向。

不懂兵道，不会打仗，人家就会杀上门来欺负你，生命财产难以保全，政权社稷危若累卵。但是，战争意味着鲜血的滚滚流淌、财富的灰飞烟灭，所以中国古代兵家既能正视战争现实，又反对好大喜功，穷兵黩武。他们不同于法家之流迷信暴力，汲汲于"好战""主战"；也不同于老子、孔子、墨子空谈道德，一味"非战""反战"，而是强调"慎战"至上，反对无限制动用军事，"兵者，国之大事，死生之地，存亡之道，不可不察也"（《计篇》），"故国虽大，好战必亡；天下虽安，忘战必危"（《司马法·仁本》）。

检阅西方有代表性的军事学著作，我们能发现，既"重战"，又"慎战"，也是其战争观念的基调与主旋律。如克劳塞维茨说："如果说流血的屠杀是残酷可怕的，那么这只能使我们更加严肃

地对待战争，而不应该使我们出于人道让佩剑逐渐变钝，以致最后有人用利剑把我们的手臂砍掉。"①这是"重战"。

西方军事学家也普遍强调战争必须有所节制，不可率意妄为。这方面，英国军事学家富勒的观点具有代表性，他说："战争可分为两大类：具有有限政治目的的战争，和具有无限政治目的的战争。只有第一种战争给胜利者带来利益，而决（绝）非第二种。"②"作战的最终目标是歼灭敌人这种有害的信条，在理论上否定了战争的真正目的，即建立更加美好的和平生活。……要实现战争的真正目的，就必须终止使用破坏性手段。这就是说，战争必须逐步地由武力争斗发展到智谋与士气斗争的阶段，换言之，指挥艺术必须基本上代替暴力，用瓦解士气或精神上的打击，代替武力争斗或肉体的攻击。"③"战争中的野蛮行为是不合算的……不要使你的敌人陷入绝望，尽管你会赢得战争，但是那样几乎会拖延战争，这对于你是不利的。"④这与《孙子兵法》中的"归师勿遏，围师必阙，穷寇勿迫"（《军争篇》）思想一致，是完全符合政治生态学的一般原理的。不仅如此，在必要时还要向对手施以援手："纵观战争史，值得注意的是，敌友关系是频繁变化的。当你打败了你的对手时，你应该明智地让他再站

---

① ［普鲁士］克劳塞维茨：《战争论》，第289页。
② ［英］富勒著，绽旭译，周驰校：《战争指导》，解放军出版社2006年版，"前言"第4页。
③ ［英］富勒：《装甲战》，第54页。
④ ［英］富勒：《战争指导》，"前言"第4页。

起来。这是因为，在下次战争中，你有机会需要他的帮助。"①为此，富勒对克劳塞维茨致力于赢得战争的观点给予批评："克劳塞维茨有许多盲目的见解，其中最大的错误是，他从来没有认识到战争的真正目的是和平而不是胜利。因此，和平应该是政策中的主要思想，胜利只不过是为达到这种目的的手段。"②

第二，都普遍强调精神要素在战争中所发挥的关键性作用。

中西方军事思想家对从事战争的精神要素的重视是高度相似的，认为军队精神风貌是战争取胜的关键。孙子认为，战争的胜负首先取决于"道"，"道者，令民与上同意也"（《计篇》），强调"上下同欲者胜"（《谋攻篇》），"修道而保法"（《形篇》），做到政治清明，上下和谐，内部团结。而战争指导者鼓舞斗志，振奋士气的关键，在于能够在精神的层面上，让士卒们置身于无路可退的绝境，使其在求生的本能驱使下，奋不顾身，死不旋踵，"投之无所往，死且不北，死焉不得，士人尽力"，这就是所谓的"善用兵者，携手若使一人，不得已也"，"投之亡地然后存，陷之死地然后生！"（《九地篇》）《淮南子·兵略训》中也说："千人同心，则得千人力；万人异心，则无一人之用。"即便是古代兵家所津津乐道的"不战而屈人之兵"（《谋攻篇》）、"全胜不斗，大兵无创"（《六韬·武韬·发启》），其成功的要诀也首先是精神上对敌手的彻底碾轧，使对手完全丧失了抵抗的意志，放弃了任何侥幸心理，束手就擒，自甘失败，所谓"三军

① ［英］富勒：《战争指导》，"前言"第4页。
② ［英］富勒：《战争指导》，第84页。

238

可夺气，将军可夺心"（《军争篇》）。而我方则胜券在握，无往
而不胜，"以威德服人，智谋屈敌，不假杀戮，广致投降"（《阵
纪·赏罚》），真正进入用兵的理想境界。

在西方军事学家的心目中，军事力量的最核心要素，同样不
是物质层面的，而是精神层面的，一支军队战斗意志坚强与否，
精神风貌是激扬高昂还是萎靡不振，直接关系到战斗力的高下，
决定着战争的胜负。克劳塞维茨在这方面有大量的论述，他说：
"物质的原因和结果不过是刀柄，精神的原因和结果才是贵重的
金属，才是真正的锋利的刀刃"[1]，"任何战斗都是双方物质力量
和精神力量以流血的方式和破坏的方式进行的较量。最后谁在这
两方面剩下的力量最多，谁就是胜利者。在战斗过程中，精神力
量的损失是决定胜负的主要原因。……因此，使敌人精神力量遭
受损失也是摧毁敌人物质力量从而获得利益的一种手段"[2]。博
福尔在《战略入门》中也说："要想解决问题，必须首先创造、
继而利用一种情况使敌人的精神大大崩溃，足以使它接受我们想
要强加于它的条件。"[3]富勒在《装甲战》一书中一再强调，军事
胜利的标志，乃是在精神上彻底击垮对手，而非其他："战略的
目的是以武力而不是以文字来维护一种政治主张。这通常以作战
来实现，其真正的目的不是摧毁物质力量，而是在精神上压倒敌

---

[1] ［普鲁士］克劳塞维茨：《战争论》，第179页。
[2] ［普鲁士］克劳塞维茨：《战争论》，第246页。
[3] ［法］安德烈·博福尔著，军事科学院外国军事研究部译：《战略入
门》，军事科学出版社1989年版。

人。"①

第三，中西方军事学家都强调以实力建设为本。

军事实力是军队综合战斗力的具体表现，也是战争的物质基础。在军事斗争中，奇谋妙计固然占有举足轻重的位置，但从根本上讲，强大的军事实力才是战争胜败天平上的真正砝码。因为不仅"伐兵""攻城"离不开一定的军事实力的巧妙运用，就是"伐谋""伐交"也必须以雄厚的军事实力为后盾。

既然敌我力量对比具有关键性的意义，以孙子为代表的中国兵家便提出了在作战中要努力确保自己先立于不败之地，"先为不可胜"，"不可胜在己"，做到"胜兵先胜而后求战"。在此基础上，则要积极寻求和利用敌人的可乘之机，即所谓"以待敌之可胜"，"不失敌之败也"，一旦时机成熟，便果断采取行动，乘隙捣虚，以压倒性的优势，予敌人以致命的打击，"故胜兵若以镒称铢"，"胜者之战民也，若决积水于千仞之谿者，形也"。认为唯有如此，才是真正"能为胜败之政"，成为战争胜负的主宰。（以上引文均出自《形篇》）应该说，这一作战指导思想是有普遍指导意义的。

实力建设为本，谋略只起辅助作用，西方军事学家的认识同样如此。如克劳塞维茨就指出："任何一次出敌不意都是以诡诈（即使是很小程度的诡诈）为基础的。……［诡诈］这些活动在战略范围内通常只起很小的作用。……对统帅来说，正确而准确

---

① ［英］富勒：《装甲战》，第53页。

的眼力比诡诈更为必要，更为有用。但是，战略支配的兵力越少，就越需要使用诡诈。因此，当兵力很弱，任何谨慎和智慧都无济于事，一切办法似乎都无能为力的时候，诡诈就成为最后手段了。"①

第四，中西方军事学家都强调将帅为军队的灵魂，将帅的素质直接关系到战争的胜负。

克敌制胜的重要条件之一，在于将帅的素质和能力。俗话说，千军易得，一将难求，其德行情操的优劣，韬略智慧的长短，指挥艺术的高下，直接关系到军队的安危，战争的胜负。假如统军之将畏缩无能，"伐谋""伐交"固然无从谈起，"伐兵""攻城"也将一事无成。所以孙子等中国古代兵家对将帅的作用和地位予以充分的肯定，将其看作实现战略目标的重要条件，"夫将者，国之辅也，辅周则国必强，辅隙则国必弱"（《谋攻篇》），"故知兵之将，生民之司命，国家安危之主也"（《作战篇》）；一再强调"夫总文武者，军之将也。……得之国强，去之国亡"（《吴子·论将》），"国之大事，存亡之道，命在于将"（《六韬·龙韬·论将》），"置将不慎，一败涂地"（《史记·高祖本纪》）。对此，西方军事学家的认识也是相似的，如若米尼就强调指出："一个统帅的高超指挥艺术，无疑是胜利的最可靠的保证之一，尤其是在交战双方的其他条件都完全相等时，更是如此……有关支配军队的制度是政府军事政策中最重要的组成

---

① ［普鲁士］克劳塞维茨：《战争论》，第206—207页。

部分之一。一支精锐的军队，在才能平庸的司令官指挥之下，能够创造出奇迹。而一支并非精良的军队，在一位伟大的统帅指挥之下，也能创造出同样的奇迹。但是如果总司令官的超人才能还能再加上精兵，就一定能创造出更大的奇迹。"①

将帅的作用，既然如此重要，那么，对将帅提出高素质的要求，也就是选将任将中的必有之义了，这方面，中西方军事学家的认知也没有太大差异。如前文第十讲所述，孙子主张将帅应该具备"智、信、仁、勇、严"等"五德"，《六韬》提出"将有五材"，"勇、智、仁、信、忠"。而西方军事学家则更为关注将帅的睿智和勇敢这两项素质。

将帅要发挥作用，提高效率，很重要的一点，是君主不加掣肘，让将帅拥有战场的机断指挥权力，所以，中西方军事学家都反对"将从中御"，孙子提倡"君命有所不受"，主张"战道必胜，主曰无战，必战可也；战道不胜，主曰必战，无战可也"（《地形篇》）；《三略·中略》认为"出军行师，将在自专。进退内御，则功难成"，所言都是一个道理。而在西方，"君命有所不受"这一原则，同样得到充分肯定，如拿破仑曾就此发表过看法，堪称真知灼见："总司令不能借口大臣或国王的命令来掩饰自己的罪过，因为大臣或国王都远离战场，他们很少知道或完全不知道当时的战争局势。1）任何一个总司令，如果明明知道计划不好，而且有致命的危险，却仍然着手执行这个计划，那么，

---

① ［瑞士］A.H.若米尼：《战争艺术概论》，第71—72页。

这个总司令就是罪犯。他应当向上级报告，要求修改计划，最后宁可辞职不干，也不能成为毁灭自己部队的祸首。2）任何一个总司令，如果确信战争不能致胜，而仍旧遵照上级命令作战，那这个总司令也是罪犯。"[①]

## 二、"异曲同工"：中西方军事学作战指导原则的普遍性

在作战指导，也就是战法、战术问题上，中西方军事学的基本原则也是完全相通的，具有高度的同一性。

第一，集中优势兵力，在决定性的地点投入决定性的力量，这是中西军事学家共同关注的作战指导命题。

集中优势兵力，在全局或局部上造成"以镒称铢"的有利态势，各个歼灭敌人，乃是夺取战争胜利一个不可忽略的环节。作战双方，谁拥有优势的战场地位，谁就能拥有军队行动的主动权，这乃是古今中外战争中的一条重要规律。大体而言，两军对阵交锋，凡兵力薄弱、指挥笨拙的一方，总是比较被动的。所以，古往今来的军事家们很自然地提出了"众寡分合"的著名命题。所谓"众寡"，就是兵力的对比问题；所谓"分合"，就是指兵力的部署使用问题。两者的核心所在，就是要集中兵力，在全局或局部上造成优势，避实击虚，各个击破敌人。

孙子明确强调"识众寡之用者胜"，把这看成是"知胜有五"

① ［法］拿破仑著，陈太先译，胡平校：《拿破仑文选》（上册），商务印书馆1980年版，第351页。

的一项重要因素（《谋攻篇》）。这里的"众寡"，当然是指兵力的多少，而"用"则是指兵力的运用，也即《军争篇》中所说的"分合为变"。孙子认为，要确保掌握主动权，使胜利的天平朝着自己一方倾斜，就必须在战场交锋时集中优势兵力，给敌人以毁灭性的打击。

兵力的多少与兵力的集中分散，并不是同一个事情。从总体上说，兵力对比虽然占优势，但是在具体作战过程中也极有可能因兵力部署的分散而丧失优势；反之，尽管兵力总体上占劣势，但也有希望通过相对集中而形成局部上的优势。集中兵力的关键在于指挥员主观能动性能否得到充分的发挥，他们必须通过高明的指挥，使我方兵力集中而使敌人兵力分散。

孙子在"众寡之用"问题上，既肯定集中兵力的意义，提倡"以十攻其一"；又积极探讨如何在战争活动中，通过"分合为变"等手段的运用，来达到集中兵力、掌握主动的目的。

孙子认为集中兵力的关键，在于最大限度地发挥主观能动作用，创造有利条件，捕捉战机。从战术上讲，就是要做到"形人而我无形"，使敌人显露真情而我军不露任何痕迹，即敌人在明处当靶子，我方在暗处施算计。他进而论说，这样一来，我军兵力就可以集中而敌人兵力却不得不分散。通过调动敌人，来使我方的兵力集中在一处，而让敌人的兵力分散在十处。于是，集中兵力的意图即得以实现，我方便能以十倍于敌的兵力去进攻敌人了，从而造成我众而敌寡的有利态势——"则吾之所与战者约矣"，"吾所与战者寡矣"（《虚实篇》）。

孙子在肯定集中兵力重要性的同时，也深刻揭示了分散兵力的危害性，他认为，在兵力部署上如果不分主次，平均使用力量，单纯企求"无所不备"，那到头来势必形成"无所不寡"的局面，不能实现"我专而敌分"的意图！

孙子之后兵家，也一致强调集中兵力的必要性，如《淮南子·兵略训》就曾用形象的比喻来说明这层道理："夫五指之更弹，不若卷手之一挃；万人之更进，不如百人之俱至也。"《百战奇法·形战》则更明确地指出"以众击寡，无有不胜"，高度重视运用"分合为变"的手段，来达到避实击虚、集中兵力的目的，"设虚形以分其势"，造成"敌势既分，其兵必寡；我专为一，其卒自众"的有利态势，牢牢掌控作战的主动权。

通观西方代表性的军事学著作，集中兵力，将决定性的力量投入决定性的地点，也是西方军事学家的普遍共识。克劳塞维茨就一再强调集中兵力为"最普遍的制胜因素"："数量上的优势不论在战术上还是在战略上都是最普遍的制胜因素。……人们必须承认，数量上的优势是决定一次战斗结果的最重要的因素，只不过这种优势必须足以抵消其他同时起作用的条件。从这里得出一个直接的结论：必须在决定性的地点把尽可能多的军队投入战斗。……我们认为，决定性地点上的兵力优势，在我们欧洲的这种情况下以及一切类似的情况下，是十分重要的，即使在一般情况下，无疑也是一个最重要的条件。在决定性地点上能够集中多大的兵力，这取决于军队的绝对数量和使用军队的艺术。"[1]

---

① ［普鲁士］克劳塞维茨：《战争论》，第192—195页。

245

第十三讲

他的观点，为其他军事学家所普遍认同，如若米尼指出："（为了达到集中兵力的目的，应当正确选择作战方向），利用战术机动，把主力用于战场的决定点上，或用于攻占敌军战线上的要点……实际上，一个主要战区总是只有左、中、右三个区域。同样，每个区域，每个作战正面，每个战略阵地，每条防线，和每条战术战斗线，也总是只有中央和两端三个部分。在这三个方向当中，总有一个方向是对我方达到既定重要目标最为有利的，有一个方向是次有利的，而另一个方向则是比较最不利的。看来，在明确了这一目标与敌人阵地之间，以及这一目标与地理上各点之间的关系之后，有关战略机动和战术机动的每个问题，都可以归结为一个问题，就是决定向右、向左或是向正前方机动……凡是运用这一原理的人，总是可以获得最辉煌的胜利，凡是忘却这一原理的人，总是难免遭到最大的失败。"[①] "作战线的方向只能指向敌军中央或其两翼之一。除非在兵力上占无限的优势，才可以同时对敌军的正面和两翼采取行动。否则，在任何情况下，假使对敌军正面和翼侧同时采取行动，那都是犯了极大的错误。"[②]

再如，在富勒看来，拿破仑军事指挥艺术的精髓之一，就是在作战过程中善于集中兵力，给敌以致命的打击，他在《战争指导》一书中总结道："集中 为了进行决定性的战斗，拿破仑把一切的辅助性行为减到了最低限度，以便能集中最大可能的兵

---

① ［瑞士］A.H.若米尼：《战争艺术概论》，第108—109页。

② ［瑞士］A.H.若米尼：《战争艺术概论》，第169页。

力。科林引用他的话说：'军队必须集结，而且必须把最大可能的兵力集中在战场之上。'……拿破仑写信给那不勒斯国王，解释了前者。他在信中说：'部署兵力的艺术也就是进行战争的艺术，应该用这样的方法部署你的兵力，即不管敌人采取什么行动，你都应能在几天之内把你的兵力集合到一起。'……'战争中的第一原则，就是要求所有的部队在战场上集中好了之后才进行会战。'同时因为，军事指挥的艺术，就在于当自己的兵力数量居于劣势时，反而能在战场上化劣势为优势。这就是说，一支劣势的部队，如能正确地进行集结，那么，通常都能战胜一支数量虽然居于优势但却不能正确集结的部队。"①

按西方军事学家的理解，集中兵力的原则是贯穿于整个战争行动过程之中的，即使在整体力量弱于对手的情况下，也要通过高明的部署与指挥，在一定的区域范围内集中兵力，形成对敌手的局部优势："即使不能取得绝对优势，也要巧妙地使用军队，以便在决定性地点上造成相对的优势。"②同样，在退却或失败的状况下，也要切忌分散兵力，确保军队集中，从而为恢复元气、卷土重来创造必要的条件："任何其他分兵退却的做法，都是极其危险的，是违背事物的性质的，因而也是非常错误的。军队在任何一次失败的会战中都处于削弱和瓦解的状态，这时，最迫切需要的是集中兵力，并在集中的过程中恢复秩序、勇气和信

---

① ［英］富勒：《战争指导》，第48—49页。
② ［普鲁士］克劳塞维茨：《战争论》，第197页。

247

心。"①

当然，"众寡分合"这个命题本身是辩证的。中西方军事学家都认为：在特定的情况下，也不能一味地强调集中兵力，而有必要进行积极的分散兵力，以策机动。换言之，兵力集中与分散，乃是有机统一的，正如古人所言："分不分，为縻军；聚不聚，为孤旅。"②

现代战争中，随着信息化、智能化程度的不断提升，随着武器杀伤力的日益增大，分散兵力与集中兵力的关系，更应该值得战争指导者辩证地加以认识与把握。像美军近期的军事演练，就是一个很好的范例。

据美国媒体报道："美国空军在 4 月 22 日进行了将战机分散至太平洋地区各地的演练，官方给出的主要理由是为应对恶劣天气做准备，但事实上其目的是使中国军队更难攻击它们。……此次'分散演习'中，美国的军队会分散行动以躲避中国的攻击，然后再集结起来发动攻击。……美国太平洋空军司令部战略、规划和项目负责人迈克尔·温克勒准将说：'作战环境和全球威胁迅速变化，我们必须确保所有部署在前沿的部队都做好应对可能突发的紧急情况的准备，并确保我们能够在战区内更加灵活地移动，以便在任何环境下夺取、保持和利用主动权。'……不管是空军将战机分散至密克罗尼西亚各地，还是海军陆战队将火箭连或隐形战机部署到岛链和军舰上，其基本原理都是一样的。分散

① ［普鲁士］克劳塞维茨：《战争论》，第 307—308 页。
② 《唐太宗李卫公问对》卷下。

兵力使它们更难成为目标。一旦爆发战争，这一理念可能会被证明是决定性的。"[1]

这个报道中美军的所作所为，其实也充分印证了《何博士备论·霍去病论》中所强调的军事原理学习与运用上的一条普遍规律："不以法为守，而以法为用，常能缘法而生法，与夫离法而会法。"

第二，中西方军事学家普遍重视军队行动的快速机动，致力于夺取战争主动权。

从军事学角度来讲，通过旷日持久同敌人拼消耗、拼意志来完成战略优劣态势的转换，最终赢得战争的胜利，毕竟是一种颇不情愿但又无可奈何的选择。如果我方在实力上明显占有优势，又觅得合适的战机，那么自然应该采取快刀斩乱麻的手段，干净利落地摆平对手，尽可能用最小的代价换取最大的胜利，这就是所谓的兵贵神速，速战速决。古今中外军事学家普遍肯定和倡导这条原则，都主张在尽可能短的时间里打败敌人，实现预定的战略目标。军队的迅速机动和闪电般的冲击永远是真正的战争灵魂。在中国，孙子主张"兵贵胜不贵久"，"始如处女，敌人开户；后如脱兔，敌不及拒"，强调"兵之情主速，乘人之不及，由不虞之道，攻其所不戒也"。(《九地篇》)《吕氏春秋》的作者把迅猛神速、进攻速胜看成"决义兵之胜"的关键，明朝人尹宾商更是强调"时不再来，机不可失，则速攻之，速围之，速逐

---

① 《美空军在太平洋演练"化整为零"》，《参考消息》2019年4月27日第5版。

之，速捣之"，认为如此这般，则"靡有不胜"。(《兵垒·迅》)

而在西方，这一原则也为众多军事学家所激赏，而成为作战指挥艺术中的一条铁律，如若米尼就指出："对兵力的使用，要求遵守以下两条基本原则：第一，战略原理本身的基础，就是通过发挥机动性和快速性的方法取得优势，以便能逐次把自己的主力只投向敌军战线的几个部分；第二，必须在最具有决定性的方向实施突击。"①富勒在《战争指导》一书中总结希特勒的军事思想，认为希特勒十分重视军队行动的迅捷性："在《我的奋斗》一书中，希特勒曾经写道：'在下一次战争中，摩托化将以压倒一切和决定一切的形式出现。'他对高速车辆、高速公路和飞机都很感兴趣，所以，以高度的机动性和打击力为基础的战争，深深地吸引着他。德国的空军和陆军，都是以发展速度为目标而组织起来的。"②在同书中，富勒还分析了拿破仑的作战指导成功秘诀正在于"快速机动"："机动　科林写道：'在拿破仑战争中，迅速是一种必要的和基本的因素。'……他(拿破仑)说：'在战争的艺术之中，也像在力学中一样，时间是重量和力量之间的重要因素。''在战争中，时间的损失是无可弥补的；对此提出的各种理由都是不妥的，因为拖延只能使行动失败。'"③

当然，快速机动，归根结底都是为了夺取战争的主动权，主动权乃是军队行动的自由权。在战场上，谁失去行动自由，谁就

① [瑞士] A.H.若米尼：《战争艺术概论》，第498页。
② [英] 富勒：《战争指导》，第307页。
③ [英] 富勒：《战争指导》，第47—48页。

让对手束缚住了手脚，进退不得，攻守无措。可见，主动权即军队命脉之所系，有了主动权，弱可以变强，少可以转多，败可以转胜，反之亦然。中国古代兵家对这层道理早有深刻的领会，并用简洁深刻的一句话，概括揭示了牢牢掌握主动权的不朽命题："致人而不致于人。"（《虚实篇》）即善于调动敌人而不被敌人所调动。这一原则是兵家制胜之道的灵魂。无怪乎《唐太宗李卫公问对》要这么说古代兵法："千章万句，不出乎'致人而不致于人'而已。"西方军事学家同样将夺取和掌握主动权视为制胜的关键，博尔福在《战略入门》中将其称之为"行动自由"而获得的"主动"："选择最好的手段，也许就是战略的最重要任务。这种选择的范围非常广泛，从心理的暗示起，到物质的毁灭止。战略使人能应付困难的局面，并且常能使力量薄弱的一方转为胜利者。在这种选择中，以及在而后的作战指导中，其'试金石'都是行动自由。战略的实质就是对行动自由的争夺。所以战略的基础就是确保自己的行动自由（通过奇袭或主动进攻）。……在这个对抗行动中，问题并不仅是抵挡敌人的攻击，必须一方面阻止敌人获得主动，另一方面尽量发挥自己的主动性，一直到决定已经达成时为止。"①

第三，中西方军事学家都强调用兵作战的最高规则是没有规则，没有规则才是唯一的规则。

这在孙子那里，是"战胜不复，而应形于无穷"，是"兵无

---

① ［法］安德烈·博福尔：《战略入门》，第138—139页。

常势，水无常形，能因敌变化而取胜者，谓之神"。(《虚实篇》) 在《司马法》那里，是"无复先术"(《司马法·严位》)。用岳飞的话讲，则是"阵而后战，兵法之常；运用之妙，存乎一心"(《宋史·岳飞传》)。即高明的作战指导者在对敌作战过程中，要切忌僵化保守，拘泥于成规，而必须根据敌情的变化，随时调整兵力部署，改变作战方式，始终保持主动："水因地而制流，兵因敌而制胜。"(《虚实篇》) 在中国古代兵家的观念中，唯有"因敌而制胜"，方可排除干扰，顺利实施"避实而击虚"的作战指导，真正做到"致人而不致于人"，由用兵的"必然王国"进入用兵的"自由王国"。否则，即便熟读兵书，满腹韬略，也不免食古不化，胶柱鼓瑟，纸上谈兵，到头来终究逃脱不了丧师辱国、身败名裂的悲剧下场，所谓"法有定论，而兵无常形。一日之内，一阵之间，离合取舍，其变无穷。一移踵瞬目，而兵形易矣。守一定之书，而应无穷之敌，则胜负之数庾矣"。(《何博士备论·霍去病论》)

西方军事学家同样高度重视作战指导上的灵活应变，创新发展，也反对抱残守缺、墨守成规，强调要随着军事技术的变化和发展，针对不同的作战对象，根据不同的作战条件与环境，不断地改变战法，灵活地运用战术。这方面，富勒在其《装甲战》一书中的许多观点是具有代表性的："十五、十六世纪火药的出现，十九世纪蒸气（汽）动力和化学科学的发展，均引起当时军队编制装备的改变；同样，在当今年代，油料、电力、高爆炸药、蒸气（汽）动力和化学的发展，必然会引起战争的全面改变，以致建立新的军事体制。"① "新式武器的投入使用不能不引起条件的变化，而条件的每次变化又都会要求军事原则应用的变更。"② 其次，制胜的关键在于灵活应变、便宜从事："除攻城战外，各种作战的成功秘诀不仅是作战方法，更重要的是机断行事。因此，指挥官的作战计划必须简明扼要，并具有灵活性。计划应留有充分余地，使下属指挥官能机断行事。"③ "不能以一成不变的思想来制订计划，而必须用灵活机动的思想来制定计划，也就是说，计划必须包括若干个预备方案。"④

富勒曾经这么说过："世界上没有绝对新的东西，我曾说过，学员只要研究一下历史，就可看出，战争的许多阶段将再次采用基本相同的作战形式。只需进行一些研究和思考，就会认识到，过去所采用的所有战略和战术，自觉或不自觉地都是根据军事原则制订的。……无论军队是由徒步步兵、骑兵，还是由机械化步兵组成，节约兵力、集中、突然性、安全、进攻、机动和协调等原则总是适用的。总之，摩托化和机械化只是改变了战争的条件，即改变了将军使用的工具，而不是他的军事原则，这一点是显而易见的。"⑤ 这是就时间的角度说明军事学基本原则的永恒性、稳定性。其实，从空间的视角考察，这种统一性、常态化又何尝不是如此！中西方军事著作在语言体例、逻辑概念梳理、形

---

① ［英］富勒：《装甲战》，第 2 页。
② ［英］富勒：《装甲战》，第 113 页。
③ ［英］富勒：《装甲战》，第 11—12 页。
④ ［英］富勒：《装甲战》，第 63 页。
⑤ ［英］富勒：《装甲战》，第 15 页。

象描述等方面固然存在着很大的差异，是两类军事文明的产物，但是，"百川异源，而皆归于海；百家殊业，而皆务于治"（《淮南子·泛论训》），万变不离其宗，中西方军事学的核心问题，如重视将帅、灵活多变、集中兵力、以攻为主、重视精神因素及士气的振奋等等，完全可以说是旨趣一致、异曲同工的。这种一致与相似，远远胜过所谓的差异与对立，我们应该充分看到中西方军事学的这种同一性，从而更好地认识中西方军事思想文化中那些超越时空的价值，并从中汲取有益的启迪。

长期以来，人们在从事文化交流或文明对话时，总是强调立足于特定文化的本位立场，在突出自己文化鲜明特征的前提下，来与他类文化或文明进行比较。这样做的结果，常常展示了不同文化之间的特殊性、独立性、差异性，而有意无意地淡化了不同文化之间的内在普遍性、同一性、共通性。

于是，较量高低、争雄恃强，也就成了文明冲突、价值分殊的常态，强势的文化会利用掌握的话语霸权而强行推销自己的价值观、政治观、社会观，而处于弱势地位一方的文化，则因不甘心被边缘化、被消解而在压力前产生巨大的反弹，进行猛烈反抗。在这种情况下，文明的交流越是深入，则冲突的程度愈激烈；文化的互动越是频繁，则排斥的态势愈明显。非但不能和平共存，反而导致诸多的曲解、误判与对峙。"道术将为天下裂"，这样的结果，虽然令人悲哀，却是不争的严峻现实。

而问题的根子，就是人们在面对不同文明、不同文化时，其讨论的重点，总是热衷于"求异"，而未能改变视野，将"求同"

放在中心的位置。应该说，是"求异"还是"求同"，是互相指摘还是彼此欣赏，这对文明对话顺利畅达与否至为重要，对文化的包容也实具关键的意义，所谓立场决定态度，品格彰显高度。换言之，如果人们不能克服"求异"的价值取向，那么就必然无法体现"殊途而同归，百虑而一致"的文化宗旨，就会难以真正实现文明平等、文化宽容、人类和谐、世界和平的理想追求。

　　所以，我们开展文化交流、文明对话，首要的任务是要改造我们的文化观，基本立场当由注重"求异"转化为"求同"，改弦更张，拨乱反正。否则，必然是缘木求鱼、南辕北辙。上述我们有关中西军事学理论的比较与分析，以及所得出的初步结论，从某种意义上说，就是一个范例，也是一种尝试。

# 第十四讲
## 《论语》《孙子兵法》的异同与互补

　　中华元典是中华优秀传统文化的核心组成部分，它决定着中国文化的基本性格，成为中华民族生生不息、自立于世界民族之林的原动力，而在众多的中华元典之中，又以《周易》、《道德经》（又称《老子》）、《论语》、《孙子兵法》这四部著作为最杰出的代表。

　　就这四部不朽经典本身而言，《周易》原为筮占文字的系统归纳与总结，重点是讲阴阳变化，依象数而致预测，探究的是天人之际的哲理问题。东汉班固有云："《易》道深矣，人更三圣，世历三古……六艺之文：《乐》以和神，仁之表也；《诗》以正言，义之用也；《礼》以明体，明者著见，故无训也；《书》以广听，知之术也；《春秋》以断事，信之符也。五者，盖五常之道，相须而备，而《易》为之原。故曰'《易》不可见，则乾坤或几乎息矣'，言与天地为终始也。"（《汉书·艺文志·六艺略序》）《四库全书总目提要》也说："《易》道广大，无所不包，旁及天文、地理、乐律、兵法、韵学、算术，以逮方外之炉火，皆可援《易》以为说。"可见，《周易》陈义至为高深，变化神妙莫测，一般人很难真正读懂它，更遑论很好地掌握并运用它了，故历来有"《诗》无达诂，《易》无达占"（《春秋繁露·精华》）的说法。

至于《道德经》，无疑是一部博大精深的政治哲学宏著，"历记成败存亡祸福古今之道，然后知秉要执本，清虚以自守，卑弱以自持，此君人南面之术也"（《汉书·艺文志·诸子略》），即是对历史和现实生活中"存亡祸福"现象的哲学概括和理论总结，包含以"道"为主宰和天下万物所生本源的宇宙生成论，事物相互依存、相互对立、相互转化、循环重复的朴素辩证法，"无为而无不为"、"柔弱胜刚强"、"知雄守雌"、以退为进的策略方法论，以及"无为而治""小国寡民"的社会政治理想等多重内容。然而，细加探究，可以发现它的本质属性乃是它的思辨方法论，"与时迁移，应物变化"，于具体的经国治军问题的论述似乎稍显单薄，即所谓"其实易行，其辞难知"（《论六家要旨》）。因此，除少数高明之士外，要真正领略其书精髓要义的确有一定的困难。文化的影响力在很大程度上取决于它的普及面，从这个意义上说，《道德经》的影响多少应该打个折扣。

《论语》《孙子兵法》与其他两书的情况有所不同，它们更能从本质上体现中华民族传统文化的基本精神，即以切合人事、具体实用的风貌主导中华民族独特文明体系的构建，反映出浓厚的实用理性与入世旨趣。它们的文化观念牢牢地植根于"日出而作，日落而息"之中原农耕文明的沃壤，水银泻地似的渗透于人们的日常生活之中，指导着人们上至经国治军（"助人君，顺阴阳，明教化""以师克乱而济百姓"），下迄修身养性（"修身、齐家""吾日三省吾身"）的全部活动。没有过于抽象的义理，没有不可捉摸的玄虚宏旨，总是那么的平易亲切，那么的贴近生活，"贤者识其大者，不贤者识其小者"（《论语·子张》），从而最大限度地化深邃为浅显，化复杂为平淡，于是就有了无所不在的普及，就有了悠久深远的影响。由此可见，这两部经典才是中华民族优秀传统文化的最主要的两根柱石，更能体现中华古典文明的本质特征与价值取向。

《论语》是儒家思想的第一经典，主要记载儒学创始人、"万世师表"孔子的言语行事，同时也载录了孔子若干弟子，如曾参、颜渊、子路、子贡、子夏、子张等人的言语行事，这一点，早在班固《汉书·艺文志·六艺略》中已有揭示："《论语》者，孔子应答弟子、时人及弟子相与言而接闻于夫子之语也。当时弟子各有所记，夫子即卒，门人相与辑而论纂，故谓之《论语》。"全书共二十篇，约一万五千余字，集中反映了孔子的思想学说。大体而言，它包含四大部分的基本内容：第一，以"仁义"为主干的政治伦理学说，"游文于六经之中，留意于仁义之际"（《汉书·艺文志》），反映在具体政治上就是提倡"德治"与"王道"。第二，以"克己复礼"为特点的礼治原则，具体表现为提倡爱有差等、尊卑有序的纲常之道，"君君，臣臣，父父，子子"（《论语·颜渊》）。第三，以"用中适时"，不偏不倚，无过无不及为基调的"中庸"思想,"质胜文则野,文胜质则史,文质彬彬,然后君子"(《论语·雍也》)。第四,以追求"天下大同"为最高宗旨的社会理想,"大哉,尧之为君也!巍巍乎!唯天为大,唯尧则之。荡荡乎,民无能名焉。巍巍乎其有成功也,焕乎其有文章"(《论语·泰伯》)。

其中,"仁""礼"学说是《论语》所反映的孔子政治思想的核心成分,"中庸"思想是《论语》所反映的孔子整个理论的哲学方法论,"大同"学说则是孔子远大而崇高的社会政治理想。千言万语,说到底《论语》都是紧紧围绕着这四个基本纲目而具体展开铺陈的。

《孙子兵法》是兵圣孙武军事理论的结晶,素有"百世谈兵之祖"的美誉,是以"以正守国,以奇用兵,先计而后战,兼形势,包阴阳,用技巧"(《汉书·艺文志·兵书略序》)为特征的"兵权谋家"的最杰出代表。南宋郑友贤在《十家注孙子遗说并序》中指出:"武之为法也,包四种,笼百家,以奇正相生为变。是以谋者见之谓之谋,巧者见之谓之巧,三军由之而莫能知之。"概括而言,在战争观上,它提出了"慎战"与"备战"并重的主张,强调"安国全军",仁诈统一。在战略上,它提倡进攻速胜,"兵贵胜不贵久",主张"上兵伐谋","必以全争于天下",汲汲于追求"不战而屈人之兵"的"全胜"理想境界。在作战指导上,它肯定"兵者诡道","兵以诈立,以利动,以分合为变",主张积极争取主动权,"因敌制胜","致人而不致于人","示形动敌","避实而击虚","奇正相生","以迂为直",从而在

259

战争活动中牢牢地立于不败之地。在治军上，它强调"令之以文，齐之以武"，信赏明罚，严格训练，拔擢贤能，爱兵善俘。所有这一切，均为中国古代社会军事建设与战争实践提供了必要的理论指导，奠定了中国古代军事思想的坚实基础。明代茅元仪在其《武备志·兵诀评》中称道"前孙子者，孙子不遗；后孙子者，不能遗孙子"，恰如其分地概括了《孙子兵法》的历史地位与深远影响。与《论语》一样，作为整个人类社会的一笔宝贵文化财富，《孙子兵法》也是永垂不朽的。

《左传·成公十三年》有言："国之大事，在祀与戎。"西汉陆贾也说："居马上得之，宁可以马上治之乎？且汤、武逆取而顺守之，文武并用，长久之术也。"（《史记·陆贾列传》）可见，文治与武功，是构成国家政治生活的主体内容，而《论语》与《孙子兵法》所代表的正是文治与武功方面的理论指导之典范。它们既彼此独立，又相互补充，"同归而殊涂，一致而百虑"，遂使得中国古代的经国治军活动能够长期稳定有序地顺利进行，并为今天的人们从事各类活动提供了弥足珍贵、足资启迪的历史文化资源。

《国语·郑语》云"夫和实生物，同则不继"，如果将《论语》与《孙子兵法》放在一起作通盘的分析，我们可以发现，它们之间的差异，恰好能够体现中华优秀传统文化"和而不同"的优势互补。这具体表现为以下几点：

第一，崇尚道德与追求事功的统一。儒家"游文于六经之中，留意于仁义之际，祖述尧舜，宪章文武，宗师仲尼，以重其言"，作为其代表作的《论语》，其主导的价值取向自然是崇德尚仁，耻于言利。所以它主张"道之以德，齐之以礼，有耻且格"（《论语·为政》），强调"君子喻于义，小人喻于利"（《论语·里仁》），"放于利而行，多怨"（《论语·里仁》），反映出较为强烈的道德至上的倾向。而《孙子兵法》的主导价值取向则是承认功利，追求功利，主张以尽可能小的代价去换取最大的利益。"利"就像一根红线一样，贯穿于孙子的整个用兵指导思想，成为其指导战争的根本动机。其汲汲提倡"兵以诈立，以利动，以分合为变"（《军争篇》）；主张"非利不动，非得不用，非危不战"，"合于利而动，不合于利而止"；（《火攻篇》）把"兵不顿而利可全"视为从事战争的理想境界。同时，孙子认为，"兵以利动"的原则，不但己方必须遵循，而且敌方也是遵循这一原则行动的。因此，他主张对敌"诱之以利"，"趋诸侯者以利"，用利害关系来调动敌人，"致人而不致于人"，牢牢掌握住战争的主动权。这些论述，充分体现了孙子军事思想中重"利"的特点。

应该说，《论语》宣扬"仁德"与《孙子兵法》鼓吹"功利"，两者均有一定的历史合理性，但也不无其思维方法上的偏颇性。于前者，不免乎"博而寡要，劳而少功"，"迂远而阔于事情"之讥诟；于后者，则多少有只求达到目的而不择手段的局限，无怪乎后代有些人要斥责《孙子兵法》为"盗术"，认为"非诈不为兵，盖自孙、吴始。甚矣，人心之不仁也"（叶适《水心别集·兵权》），斥责"武称雄于言兵，往往舍正而凿奇，背

261

义而依诈。凡其言议反覆，奇变无常，智术相高，气驱力奋，故《诗》《书》所述，《韬》《匮》所传，至此皆索然无余泽矣"（高似孙《子略·孙子》）。话虽偏激，但多少言中了《孙子兵法》本身存在的问题。所以只有将两者有机地加以结合，取长补短，让它们"相灭亦相生"，"相反而皆相成"（《汉书·艺文志》），方能使经国治军的实践活动得到最好的理论指导，始终保持着健康发展的方向。

第二，实施德治与推行法治的和谐。儒家"出于司徒之官"，"助人君，顺阴阳，明教化"是它的重要特色。因此推崇德治、王化，主张教化民众，使广大民众归心于仁，提倡通过道德修养来规范约束人们的思想行为，最终实现天下大治。这种治国驭民的基本理念，在《论语》一书中有着非常集中的体现，所谓"为政以德，譬如北辰，居其所而众星共之"（《论语·为政》），"志于道，据于德，依于仁，游于艺"（《论语·述而》），"君子无终食之间违仁，造次必于是，颠沛必于是"（《论语·里仁》），云云，即是这方面的突出主张。当然，"为政以德"不是一个空泛的概念，而是具有丰厚的实际内涵的，这就是"以仁为本"的内质与"以礼为制"的形式之间的高度统一。在儒家学说中，"仁"是最高的政治伦理范畴，它的基本含义是"爱人""泛爱众"（《论语·学而》），"己欲立而立人，己欲达而达人"（《论语·雍也》），"己所不欲，勿施于人"（《论语·颜渊》），其被引入治国之中，就是以"爱民""安民"为主旨的"仁政"，从而构成了"德治"的基本内质。但是"仁厚爱众"之心要在治国上真正体现其价值，发挥其功能，是需要通过一定的途径才能够实现的，这种途径实际上就是指"仁"可以依附、表现的载体——"礼治"。按儒家的理解，"礼"是沟通道德与政治的桥梁，是"仁政"得以融入并作用于治国实践的重要保证，"一日克己复礼，天下归仁焉"（《论语·颜渊》）。所以，"德治"在外在表现形式上就是"礼治"，"以德治国"在某种意义上便是"以礼治国"。具体地说，礼是治理国家的基本手段，"故人无礼不生，事无礼不成，国家无礼不宁"（《荀子·大略》）。礼是德的制度体现，是道德在规范人们行为方面的具体化，其核心是纲常名分，等级秩序。只有借助"礼"这个媒介，"仁"才能变抽象为具体，真正进入治国的实践领域，"德治"才可以落到实处，成为一种可以操作的指导原则，"民志定，然后可以言治"（《周易程氏传》卷一）。由此可见，儒家津津乐道的"德治"，其本质属性是仁义爱人，以民为本，其外在实现方式则是以礼"章疑别微，以为民坊"（《礼记·坊记》）。内容与形式的统一，宗旨与手段的协调，使儒家"德治"观有了完善的架构，成为其从事治国活动的指导原则。

古代兵刑一体，《汉书·刑法志》中具体叙述了兵制与法律之由来："圣人因天秩而制五礼，因天讨而作五刑。大刑用甲兵，其次用斧钺；中刑用刀锯，其次用钻凿；薄刑用鞭扑。大者陈诸原野，小者致之市朝。"说明兵学与刑法同源，兵家必定讲求法治。所以，《孙子兵法》基于兵刑同源一体的文化渊源，从敌我双方生死角逐的层面考量，十分注重法治的地位与作用，将

"法"与"法令孰行"列为决定战争胜负的"五事七计"之一。关于军队法制建设的重点，孙武认为是统一号令，加强纪律。他说"斗众如斗寡，形名是也"（《势篇》），主张以金鼓旌旗来统一将士的耳目，协调部队的行动，以达到"勇者不得独进，怯者不得独退"（《军争篇》）的目的，指出这是最佳的"用众之法"。主张申饬军纪、严明赏罚要从平时做起，"令素行以教其民，则民服"（《行军篇》），从而收到事半功倍的效果。为此，他旗帜鲜明地指出："令之以文，齐之以武，是谓必取。"（《行军篇》）所谓"文"，就是指政治、道义；所谓"武"，则是指军纪军法。孙子认为，治军必须拥有文武两手，做到恩威并施，"卒未亲附而罚之则不服，不服则难用也；卒已亲附而罚不行，则不可用也"。（《行军篇》）否则就不能造就一支具有战斗力的部队，"厚而不能使，爱而不能令，乱而不能治，譬若骄子，不可用也"。（《地形篇》）总之，只有在治军中贯彻信赏明罚的原则及措施，才能够克敌制胜，牢牢地立于不败之地，无往而不胜。

《论语》与《孙子兵法》对"德治"与"法治"侧重点的不同，结合在一起，恰好完整地体现了经国治军所应遵循的正确方向——既立足于"法治"，又补充于"德治"。道理很简单，没有以"法治"为手段的"德治"，往往会流于形式，不能产生实质的效用，用孟子的话来讲，即"徒善不足以为政"（《孟子·离娄章句上》）；而不以"德治"为基础的"法治"，则往往会失去正确的方向，同样不能发挥积极的功能，"徒法不能以自行"

（《孟子·离娄章句上》）。

　　第三，讲求中庸守恒与推重诡诈权变的协调。中庸守恒是儒家对待事物运动规律的一般看法。以"用中适时"、不偏不倚、无过无不及为基调的"中庸"理论，是儒家哲学的最高命题，也是儒家学说的基本方法论。对儒家而言，讲求原则性，注重稳定性，是其积极追求的修身、齐家、治国、平天下的旨趣所在，即所谓"道之大原出于天，天不变，道亦不变"（《汉书·董仲舒传》）。作为儒家学说的奠基之作《论语》，自然要充分反映这个重要特色。因此，它一再强调凡事要坚持大经大法，做到不偏不倚，无过无不及。"中庸之为德也，其至矣乎"（《论语·雍也》），"吾道一以贯之"（《论语·里仁》），"三军可夺帅也，匹夫不可夺志也"（《论语·子罕》），云云，就是其"极高明而道中庸"的具体写照。这种思维方法可以说反映在孔子几乎所有思想命题上：天人关系方面，既不否定鬼神、天意的存在，又着重强调人事的作用；政治秩序方面，既肯定君臣尊卑、父子上下关系的合理性，又主张这种合理性必须建立在共享义务与权利的基础之上，"君使臣以礼，臣事君以忠"（《论语·八佾》）；文质关系方面，既注重内容，又注重形式，"质胜文则野，文胜质则史，文质彬彬，然后君子"（《论语·雍也》）；理想追求方面，既追求大同，"祖述尧舜"，又憧憬小康，"宪章文武"。总之，一切要"允执其中"，做到张弛有章法，宽严有节度，"张而不弛，文武弗能也；弛而不张，文武弗为也；一张一弛，文武之道也"（《礼记·杂记下》）。

　　而如前文所述,《孙子兵法》一书则根据军事斗争的特点,合乎逻辑地推重奇谲权变,主张兵不厌诈,计出万端,灵活机动,因敌制胜。

　　对"经"与"权"侧重点关注的不同,使得《论语》更致力于德行操守的养成,而《孙子兵法》尤其热衷于谋略智术的修炼。应该说,这两种倾向都是人生大智慧的表现。坚持原则,"允执其中",是经国治军走向成功的基本前提;而因时变化,"因利而制权",则是经国治军走向成功的必要条件。从这个意义上说,《论语》与《孙子兵法》相辅相成,浑然一体,可谓原则性与灵活性的有机统一。

　　总之,《论语》与《孙子兵法》,一文一武,构建了中国古代历史上经国治军的最好方略,它们并存而共荣,相得而益彰,成为人们体认智慧的不竭源泉,追求成功的高明向导。这种价值,并不因时光的流逝、社会的变迁而有所减损,所以,今天重温这两部不朽之作所蕴含的文韬武略,正确地认识两者之间的异同并加以恰当合宜的互补,依然是十分富有意义的一项工作。

# 第十五讲 "柳暗花明又一村"：
# 竹简本《孙子兵法》的价值

　　1972年在山东临沂银雀山西汉古墓中出土了一大批珍贵简牍，其中有关古代兵书的竹简占了相当大的比重。这些兵书竹简对于破解历史上两孙子之谜、判断《孙子兵法》成书的大致时代、厘定《孙子兵法》"十三篇"的篇章次序、对勘《孙子兵法》传世本的文字内容、释读《孙子兵法》的某些疑难章句、阐明《孙子兵法》的相关军事原则、深化有关孙子所处时代之社会变革性质的认识、梳理《孙子兵法》与"古司马兵法"之间的渊源关系、佐证传世古籍的流传规律、恢复或接近《孙子兵法》的原典状态，均具有重大的文献学术价值。

## 一、纤微毕见：窥探《孙子兵法》的原貌

　　竹简本《孙子兵法》有助于澄清传世历史典籍中征引《孙子》之文有异于传世本《孙子兵法》文字的谜团，解答由于这类

差异的存在而给后人所造成的困惑。

如《形篇》讨论"攻守"问题时，十一家注本、武经本等皆云"守则不足，攻则有余"，即采取防御，是由于兵力上处于劣势；采取进攻，是因为在兵力上拥有优势。从文义上看，这是说得通的。但是考察史籍，我们会发现，汉人言兵法、征引《孙子兵法》者多言"攻不足守有余"。像《汉书·赵充国传》言："臣闻兵法，攻不足者守有余。"又，《后汉书·冯异传》云："夫攻者不足，守者有余。"那么，这中间的矛盾与扞格，又是怎么产生的呢？赵充国与冯异等人，所依据的《孙子兵法》文本又是什么？千百年来，人们对此聚讼纷纭，莫衷一是。

由于竹简本的发现，我们终于得以知道，在汉代流传的《孙子兵法》中，此句当作"守则有余，攻则不足"，意谓在同等兵力的情况下，用于防御则兵力有余，用于进攻则兵力不足。其文义恰与赵充国、冯异等人有关《孙子》的引文相同。换言之，赵充国、冯异等人所征引《孙子》之言实有所本。十一家注本、武经本等传世本作"守则不足，攻则有余"，乃是后世辗转传抄过程中所产生的错讹。

又如，传世本《作战篇》有云："故车战，得车十乘已上，赏其先得者，而更其旌旗，车杂而乘之，卒善而养之，是谓胜敌而益强。"全句的意思为：在车战中，凡是缴获战车十辆以上的，就奖赏最先夺得战车的人。同时，要更换战车上的旗帜，混合编入自己的战车行列，对敌方战俘要予以优待和任用。这就是所谓每一次战胜敌人，就使自己变得更加强大。

从表面上看，这么解释似乎文从字顺，没有什么问题。但是，如果对照竹简本，我们就会发现问题来了，即"卒善而养之"之"善"，汉简本乃作"共"。而"共"之文义，有"共有"的义项。考究《孙子》全句的文义，很显然，汉简本言"共"是正确的，"共"与"杂"交错对文，均为掺杂与混合之义。孙子言此，乃是反复强调在作战中当将俘获的敌方人员、车辆加以利用，混合并掺杂编入己方的车队与军阵之中，共赴战事，从而增强自己的力量。这里，孙子说的是因敌之资以助己的问题，实与优待俘虏风马牛不相及，张预等人"恩信抚养之"的说法乃望文生义、郢书燕说。由此可见，传世本"卒善而养之"一说，当属《孙子兵法》在流传过程中为后人所臆改，以迁就所谓"善俘"的主张。①

再如，传世本《军争篇》："五十里而争利，则蹶上将军，其法半至。"此处，"上将军"，《菁华录》谓应作"上军将"。汉简本无"军"字，只作"厥（蹶）上将"。张预注："蹶上将，谓前军先行也。"贾林注："上，犹先也。"即上将指上军（前军）的主将。全句言若军队奔赴五十里地而汲汲争利，则前军的主将会受挫。《史记·孙子吴起列传》："孙子谓田忌曰：'……兵法，百里而趣利者蹶上将。'"所引亦称"上将"，而无"军"字。很显然，传世本"上将军"中的"军"字乃衍文，《孙子》原文当为

---

① 古代兵书中，"善俘"的主张是常见的，如《司马法·天子之义》即有言："见其老幼，奉归勿伤；虽遇壮者，不校勿敌；敌若伤之，医药归之。"

"上将"。贾林、张预之注已注意到这个问题，但毕竟缺乏文献依据的断制，现在凭借汉简本的原始文字而能得以最终确定了。类似的例子也见于《势篇》。传世本"可使必受敌而无败者"，此处"必"字，注家多释为"毕"义。张预注云："人人皆受敌而不败者。"其所本当为"毕"字。而王晳注则云："必当作毕字。"其所据本亦作"毕"。而在汉简本之中，"必"正作"毕"。

## 二、轩轾可分：汉简本胜过传世本吗？

通过汉简本《孙子》与传世本《孙子兵法》文字进行对勘比较，我们可以发现，尽管两者之间存在着多处的差异，但是，这似乎并不影响各自文本文义句意上的顺畅通贯，并不会给人们理解《孙子兵法》的思想与相关学理造成太大的困扰与障碍。而且，在不少情况下，汉简本的用词显然更为贴切妥恰、切中肯綮，更合乎学理上的逻辑属性，也有助于人们更好地认识孙子兵学的深邃哲理与基本原则。

汉简本"合之以文，齐之以武"与传世本"令之以文，齐之以武"的差异，就是很典型的例子。

众所周知，军队是国家政权的柱石，作为执行武装斗争任务的特殊团体，要确保其发挥强大的战斗力，关键之一是要搞好内部的治理，即所谓"以治为胜"。而要治理好军队，使它在关键时刻顶得上去，用得顺手，就必须遵循一定的原则，因为只有在正确原则的指导之下，再配合以具体的方法和手段（比如严格军纪、信赏必罚、强化训练等），才能使全军上下进退有节，团结一致，令行而禁止，无往而不胜。

同先秦时期其他著名兵书，如《司马法》《吴子》《尉缭子》《六韬》等相比，对治军问题的论述，在《孙子兵法》一书中并不占据突出的地位。但是，这并不等于孙子不重视治军，相反，孙子对这个问题是有自己独到的看法的，他曾就如何治军经武提出过许多精辟的原则。

这些原则的根本精神，就是刚柔相济，恩威并施："故合之以文，齐之以武，是谓必取。"文武两手都要硬，双管齐下，互补协调，共同作用于治理军队的实践。这里所谓的"文"，指的是精神教育、物质奖励，是"胡萝卜"；这里所谓的"武"，是军纪军法，重刑严罚，是"大棒"。孙子指出，在军队管理上，如果没有教化，一味讲求军纪军法，动不动打人屁股，砍人脑袋，使大家整天生活于恐怖之中，那么必然导致将士思想不统一，精神不振奋，离心离德，矛盾激化，极大地影响部队的战斗力，"卒未亲附而罚之则不服，不服则难用也"（《行军篇》）。但是如果不严肃军纪军法，单纯宽厚溺爱，行"姑息之政"，也势必会导致将士斗志涣散，各行其是，整支军队如同一盘散沙，"卒已亲附而罚不行，则不可用也"（《行军篇》）。在孙子看来，只有真正地做到赏罚并用，宽严结合，胡萝卜与大棒一样不缺，方能够"与众相得"，才能有效地控御全军上下，驱使广大官兵在沙场上同仇敌忾，视死如归，英勇杀敌，从而赢得战争。

而在传世本中，"合之以文，齐之以武"乃作"令之以文，

271

齐之以武"。其意为：要用怀柔宽仁的手段去教育士卒，用军纪军法去约束管制士卒。应该说，从文义上讲，也是讲得通的。这也是将帅管束部队、治理属下的通常做法。即《吴子·论将》所言为将者的基本要求："总文武者，军之将也；兼刚柔者，兵之事也。"

然而，细加体会，"合之以文"较之"令之以文"更为妥帖，且在语法结构上与下句"齐之以武"更为对应。考汉简本，此句作"合之以交，济之以……"此处，"交"当为"文"之误，"济"则当为"齐"之借字。可见，其文为"合之以文，齐之以武"。"文""武"对文，"合""齐"亦对文。"合"本身亦含有"齐"义。[①]从语词与语法角度考察，"令""合""齐"虽皆为动词，但是，"令"为表述单纯性的动作行为，而"齐""合"皆含有动作之后所呈示的状态之义蕴。据此，我们可知孙子所追求的治军理想境界：通过怀柔宽仁的手段教育士卒，使全军上下凝聚成一体；通过军纪军法的途径约束管制士卒，使全军上下步调一致。

很显然，按汉简本的文字，孙子在这里强调的是用文、武两手管治部队，并具体说明了治军管理上的终极目标。而传世本的文字，仅仅表述了孙子的前一层意思，而没有反映出孙子的后一层意思，这无疑是要稍逊色于汉简本的类似表述的。

我们讲汉简本"合之以文，齐之以武"的表述要胜于传世本

---

① 参见吴九龙主编：《孙子校释》，军事科学出版社1990年版，第164页。

"令之以文，齐之以武"的表述，也是有文献学上的依据的。《淮南子·兵略训》云："是故合之以文。"可见《淮南子》所据之本，当与汉简本相同。《北堂书钞》卷一一三与《太平御览》卷二九六引《孙子》时亦并作"合之以文，齐之以武"，表明在唐宋时期，同样有《孙子》文本与汉简本之文字相同。这些情况均表明，《孙子兵法》此语的正确文字当为"合之以文，齐之以武"。今传世本"合"作"令"，或因与"合"字形近而讹误，或涉下文"令素行""令不素行"而臆改，实是值得商榷的。

又如，传世本等各本《计篇》云"道者，令民与上同意也，故可以与之死，可以与之生，而不畏危"。这虽于义可通，但殆非《孙子》原文。曹操、李筌等注家均只注"危"字，云"危者，危疑也"，杜佑注亦云"危者，疑也"。孟氏注虽注"畏"字，然又云"一作人不疑"，"一作人不危"。意近曹氏诸家之义。考俞樾《诸子平议补录》，其要云："曹公注曰：'危者，危疑也。'不释'畏'字，其所据本无'畏'字也。民不危，即民不疑，曹注得之。孟氏注曰：'一作人不疑。'文异而义同也。《吕氏春秋·明理篇》曰：'以相危。'高诱训'危'为'疑'。盖古有此训，后人但知有危亡之义，妄加'畏'字于'危'字上，失之矣。"

应该说，俞樾的见解是正确的，今幸得汉简本而予以证实之。按，汉简本"不畏危"作"弗诡也"。"弗诡"即"不诡"。诡，古训"违"，训"疑"，即乖违、疑贰之意。由此可知，孙子言"可以与之死，可以与之生，而弗诡也"，其意乃为民众与统治者能做到生死与共，绝无二心，而并非简单地指民众不畏惧危

273

险。显而易见，汉简本"弗诡"可以纠正传世本"不畏危"的错讹，证实自曹操直至俞樾有关"危"字的释读乃是言之有据的。并很好地说明了"危"字的由来，即"危"系"诡"的借字，义蕴皆为"疑贰"。汉简本对于深化《孙子兵法》文本的研究之功用于此又可见一斑。

又如，传世本《九地篇》有多处提到"霸王之兵"，如"四五者，不知一，非霸王之兵也。夫霸王之兵，伐大国，则其众不得聚；威加于敌，则其交不得合"。按，春秋战国时期，只有"王霸"的提法，而罕见"霸王"的称呼。如《尉缭子·制谈》言："独出独入者，王霸之兵也。"《司马法·仁本》云："王霸之所以治诸侯者六。"《吕氏春秋·知度》："夫成王霸者固有人。"又《荀子》一书中有《王霸篇》。故银雀山汉简整理小组在校语中指出："汉简本作'王霸'胜于传本。"①斯言可谓得之。简言之，汉简本"王霸之兵"乃是孙子之原意，而传世本"霸王之兵"则是后人在传抄《孙子兵法》过程中出现的错讹。

又如，《用间篇》中，孙子提出"用间"的三个前提条件，把它们看作正确发挥"用间"威力的重要保证。传世本作"非圣智不能用间，非仁义不能使间，非微妙不能得间之实"。从文义上讲，这当然讲得通。然而"非圣智不能用间"，汉简本作"非圣□□□□"，"圣"字下残缺四字，疑原无"智"字。"非仁义不能使间"，汉简本作"非仁不能使……"下缺。"仁"字下无

① 见《银雀山汉墓竹简〔壹〕》，文物出版社 1985 年版。

"义"字。汉简本的文字当更为接近历史的真相。因为，战国中期之前，单音词使用更频繁，战国中期之后，才普遍使用双音词，故孔子更习惯于单称"仁"，到孟子那里才热衷于"仁义"并称。① 《孙子兵法》成书于春秋晚期，那时用词的习惯当是以"仁""圣"相称，而不宜"圣智""仁义"相连称。在这里，我们可以从一个侧面了解到汉简本保存了《孙子》遣词造句的原始风貌之特点。

## 三、得鱼忘筌：竹简本与传世本所透露的不同文化信息

考察和分析汉简本《孙子》与传世本《孙子》的文字差异，也可以从一个侧面了解和认识《孙子兵法》其书在长期流传过程中所受特定历史文化的影响与规范，看到不同时期文化精神在其书内容文字变迁上的折射、渗透。换言之，这有助于人们正确释读不同思想文化观念在《孙子兵法》上所打下的特殊烙印。

传世本《形篇》有下列一段十分精彩的文字："故善战者之胜也，无智名，无勇功。"意谓真正能打仗的人取得胜利，并不显露智谋的名声，并不呈现为勇武的赫赫战功，而于平淡中表现出来，即老子所谓"大方无隅，大器晚成，大音希声，大象无

---

① 刘笑敢指出，在汉语词汇中首先出现的是单纯词，只是随着社会生活的发展，复合词才逐步出现。在几类不同时期的文字材料中，只要每一类材料都有（一定的可比性和）足够的代表性，那么，使用复合词较少的一类，必然是早出的，使用复合词较多的一类，必然是晚出的。参见刘笑敢：《庄子哲学及其演变（修订版）》，中国人民大学出版社2010年版，第29页。

形"。因此，杜牧注云："胜于未萌，天下不知，故无智名；曾不血刃，敌国已服，故无勇功也。"

然而，对勘比照汉简本同段文字，"故善战者之胜也"，汉简本乃作"故善者之战"。更为重要的是，汉简本有"无奇胜"三字，甲本作"无奇□"，乙本作"□奇胜"。而这恰恰是传世各本皆无的。

那么，"无奇胜"这三字是否该有？怎样解答为何汉简本"无奇胜"三字到了传世本那里就不见踪影的问题？并进而如何释读与判断汉简本与传世本之间，因"无奇胜"三字的有无而产生的优劣高下？这些成了当今《孙子》研究者无法回避的问题。

奇正，是中国古代兵法中的常用术语，其含义非常广泛。一般以常法为正，变法为奇，它包括正确使用兵力和灵活变换战术两个方面。具体地说，在兵力使用上，守备、钳制的为正兵；机动、突击的为奇兵。在作战方式上，正面攻、明攻为正，迂回、侧击、暗袭为奇；按一般原则作战为正，采取特殊战法为奇。在战略上，堂堂正正进军为正，突然袭击为奇。

"用兵之钤键，制胜之枢机"，这是古人对"奇正"地位和价值最富诗意的评论。"奇正"概念最早见于《老子》，但真正把它引入军事领域并作系统阐发的，则是孙子。在《势篇》中，孙子用精粹的语言揭示了"奇正"的基本含义：凡是开展军事行动，无论是进攻还是防御，在兵力使用上，要用正兵当敌，奇兵制胜，"凡战者，以正合，以奇胜"。在战术变换上，则要做到奇正相生，奇正相变，虚实莫测，变化无端。"战势不过奇正，奇正之变，不可胜穷也。奇正相生，如循环之无端，孰能穷之？"在孙子看来，军事指挥员如果能根据战场情势而灵活理解和运用"奇正"战法，做到战术运用上正面交锋与翼侧攻击相结合，兵力使用上正兵当敌与奇兵制胜相互补，作战指挥上"常法"与"变法"交替使用得当，那么就算真正领会了用兵的奥妙，也为"造势""任势"创造了必要的条件。

孙子确立"奇正"这一范畴后，后世兵家无不奉为圭臬，广为沿用和阐述。如《孙膑兵法（下编）·奇正》说："形以应形，正也；无形而制形，奇也。"《尉缭子·勒卒令》说："故正兵贵先，奇兵贵后。或先或后，制敌者也。"曹操《孙子注》说："正者当敌，奇兵从旁击不备也。"而到了《唐太宗李卫公问对》那里，"奇正"的范畴则有了新的丰富和发展。它对"奇正"论述更完备，分析更透彻，提出了一个重要论断："善用兵者，无不正，无不奇，使敌莫测。故正亦胜，奇亦胜。"这比孙子的"奇正"理论显然更全面，更深刻，但它依旧是祖述和发展《孙子》逻辑的结果。

很显然，如果按照《孙子兵法》整个思想体系范围来剖析，以孙子所提倡用兵打仗必须贯彻"奇正相生"的原则，做到"以正合，以奇胜"等种种迹象来讲，"无奇胜"三字与《孙子兵法》"奇正"理论相背离，传世本不见"无奇胜"显然有其合理性。

但是，问题在于"无奇胜"三字原本是在《形篇》之中，而《形篇》乃是《孙子兵法》全书中专论军事实力建设问题的。它全面系统地论述了军事实力在战争中的地位和作用，以及军事实力运用的原则和军事实力建设的方法、途径诸问题。具体地说，"先为不可胜""胜兵先胜而后求战"是实力政策，"守则不足，攻则有余"，即"强攻弱守"是对实力的战略运用，"修道而保法"是发展军事实力的基本原则，而"善战者之胜也，无智名，无勇功""胜于易胜"则是实现实力政策所要达到的上乘境界。孙子认为，战争指导者必须依据敌我双方物质条件的优劣，军事实力的强弱，灵活采取攻守两种不同形式，"以镒称铢"，"决积水于千仞之谿"，以达到在战争中保全自己、消灭敌人的目的。

孙子强调实力至上，以提倡发展实力为优先之务，乃是有其深刻思考的。战争归根结底是拼实力，军事实力是军队综合战斗力的具体表现，也是战争的物质基础。在军事斗争中，奇谋妙计固然占有举足轻重的地位，但从根本上讲，强大的军事实力才是战争天平上真正的砝码。因为不仅"伐兵""攻城"离不开一定的军事实力的巧妙运用，就是"伐谋""伐交"也必须以雄厚的军事实力为后盾。纵观古今中外的战争历史，大多是力量强大的一方战胜力量弱小的一方，而弱小的一方，要战胜力量强大的一方，必须通过各种途径，逐渐完成优劣强弱态势的转换，这是战争活动的客观规律。三国时诸葛亮先生足智多谋，忙前忙后，殚精竭虑，鞠躬尽瘁，熬白了头发，累酸了腰腿，"三顾频烦天下计，两朝开济老臣心"，但到头来依然是僻处西南一隅，"出师未捷身先死"，就是因为蜀汉与曹魏实力之对比，实在太过于悬殊了，"起巴蜀之地，蹈一州之土，方之大国，其战士人民，盖有九分之一也"，"众寡不侔，攻守异体故虽连年动众，未能有克"。①隋王朝一举灭亡南朝陈国，完成统一南北的大业，人心向往统一、战略决策高明、作战指挥卓越固然是十分重要的原因，但是归根结底，在于隋王朝包括军事在内的综合实力，较之于陈国方面，好比是"以镒称铢"，占有压倒性的优势。由此可见，孙子对军事实力建设问题有清醒的认识，并用专门的篇章加以深入详尽的探讨，这的确反映了其军事思想注重实际、尊重客观的科学理性精神。

明乎《形篇》的宗旨，我们就可以理解为什么在属于较早期《孙子》版本的汉简本《形篇》中，会有"无奇胜"这样的文句了。为了突出和强调从事军事实力建设的至高无上性，孙子可以将"正合奇胜""出奇制胜""奇正相生"等一般原则暂时放置一边，提倡一切从根本做起，固本而强基，主张人们不要玩弄小聪明，老老实实，脚踏实地，把加强实力作为重中之重。在这种张扬实力优先原则的背景下，《形篇》中遂有了貌似与"奇正"原则相悖、实则精神实质一致的"无奇胜"这类文字了。

换言之，"无奇胜"一语在《形篇》中出现，实际上就是孙子为了最大限度突出军事实力的中心地位之文字修饰手法，既是合理的，也是别出心裁的。应该说，这样的特定篇章之特定表述——"无奇胜"的提法并非个案，在《孙子兵法》一书中所在多有。如《形篇》言"胜可知而不可为"，《虚实篇》言"胜可为也。敌虽众，可使无斗"，云云，就是类似的例子。它们看起来

---

① 《三国志》卷三十五《蜀书·诸葛亮传》，裴松之注引张俨《默记》。

自相矛盾、扞格乖舛，其实内在统一、浑然一体。仅仅是外在形式表达上的各有侧重而已。传世本的传抄整理者，未能深谙孙子的苦心孤诣，只知其一，不知其二，看到"无奇胜"一词，马上联想起孙子所主张的"正合奇胜"用兵原则，进而判断"无奇胜"与"奇正相生"相悖乖戾，于是在传世本定型过程中，自以为是地将它删去。其实，他们这么做，恰恰是弱化了《孙子兵法》哲理的深刻性、睿智度，或多或少使孙子深邃的辩证法思想趋于平淡化，买椟还珠，可谓是《孙子兵法》一书的"罪人"。而让我们感到欣幸的是，银雀山汉墓竹简本《孙子》的面世，遂使"无奇胜"这一精言妙语重见天日，帮助我们对《孙子兵法》一书哲学上的深刻辩证法又有了更为深切的体悟。

类似的情况，也见于《计篇》之中。其言"五事七计"，其中，解释"天"之内涵时，汉简本较之于传世本，除"阴阳、寒暑、时制也"外，又多出"顺逆，兵胜也"五字，为各本所无。这里，所谓"顺逆"乃是以阴阳向背为禁忌，所谓"兵胜"则是以五行相胜为禁忌。①

我们认为，汉简本有此五字，恰好说明它更为接近《孙子兵法》的原始面貌。《孙子兵法》为"兵权谋家"，据《汉书·艺文志·兵书略序》所言："权谋者，以正守国，以奇用兵，先计而后战，兼形势，包阴阳，用技巧者也。"可见，"包阴阳"乃《孙子兵法》的必有之义。考察今本《孙子兵法》，我们可以发现其

---

① 参见李零：《兵以诈立：我读〈孙子〉》，中华书局2006年版，第62页。

涉及"阴阳"的痕迹尚有存在。如《虚实篇》有云:"画地而守之。"李零在其《兵以诈立:我读〈孙子〉》一书中认为,画地本为一种画地为方、不假城池,禁鬼魅虎狼的防身巫术,后来兵家用来指营垒的规划。他指出孙子在此处指划定范围,不用沟垒,喻其至易,而这就是"兵阴阳"的特色。李说颇有新意,可资参考。① 又如《行军篇》言"黄帝之所以胜四帝也",这里同样有"五行相生相胜"的"阴阳五行"含义在内,也是"兵阴阳"的语言。

但是,从根本上说,《孙子兵法》中"兵阴阳"的成分是相当有限的。其书的本质特征,乃是《用间篇》所云的"先知者,不可取于鬼神,不可象于事,不可验于度,必取于人,知敌之情者也"。更为重要的是,随着时间的推移,社会的进步,"兵阴阳"在越来越多的人眼里显得荒诞不经,乖谬妄戾。故《唐太宗李卫公问对》卷下尝言:"行兵苟便于人事,岂以避忌为疑? 今后诸将有以阴阳拘忌失于事宜者,卿当丁宁诫之。"可见,至唐宋时期,"兵阴阳"虽仍存之于世,但影响与作用其实是在一步步弱化之中。之所以不废"兵阴阳",亦仅仅如李靖所言,是为了"托之以阴阳术数则使贪使愚"罢了。缘是之故,汉简本所处的时代为"阴阳灾异"思潮弥漫的汉代,故很自然地保留了诸如"顺逆,兵胜也"等充满"兵阴阳"色彩的文字,而宋代最终付

---

① 参见李零:《兵以诈立:我读〈孙子〉》,中华书局 2006 年版,第 207—208 页。又可参见李零:《〈孙子〉十三篇综合研究》,中华书局 2006 年版,第 431—433 页。

梓刻印的传世诸本，则致力于冲淡弱化"兵阴阳"的痕迹，故顺理成章地将"顺逆，兵胜也"等文字删去抹杀。应该说，这种文字上的变化绝不是简单的版本异同问题，其背后乃是有深厚的历史文化变迁因素在起着指导引领和制约规范的作用，是打上了深刻的时代文化精神的烙印的。

综上所述，我们通过对汉简本《孙子》与传世的《孙子》宋刻武经本、十一家注本的初步比较研究，就两者之间诸如"顺逆""无奇胜""守则有余，攻则不足""合之以文，齐之以武"等关键语词所存在的差异作出阐释，以力求说明汉简本在不少方面较之于传世宋本，更接近于《孙子》文献的原始面貌，更加符合孙子兵学的内在逻辑与核心精神，并试图就导致这些异同发生的深层次历史文化原因作出解释，对两者之间的优劣得失提出自己的看法。当然，汉简本的文献学价值远远不止于这些方面，至少，它还为我们深化《孙子兵法》成书年代的认识提供了可贵的帮助，使我们更恰当地评估《史记·孙子吴起列传》的史料依据及其价值，等等，其学术价值是不可低估的。

但是，需要明确坚定地指出的是，汉简本《孙子》虽然具有重要的文献学研究价值，但它的发现并不能对传世本《孙子》的整体结构产生颠覆性的冲击，导致决定性的改变，更不能取代传世本《孙子》在今天研究与弘扬孙子兵学上的主导性地位，这一点当是毫无疑义的。换言之，至少在《孙子兵法》与中国古代兵学研究领域，所谓"重写学术史"的"曙光"，并没有任何的端倪与征兆。

# 第十六讲 "别开生面":
# 也说竹简本《孙子兵法》佚文

　　与郭店楚简、云梦睡虎地秦简、张家山汉简,乃至上博简、清华简等研究领域所呈现的场面热闹、成绩斐然情景截然不同,海内外学术界对1972年出土的银雀山汉简的关注程度明显要逊色得多,其相关的研究,亦一直处于一种相对沉寂、鲜乏进展的状态。

　　这其实并不奇怪,较之于在制度文化层面唱主角的古代法律、在思想文化领域挑大梁的儒家、道家思想,兵家学说在整个学术版图上乃是微不足道的配角,被边缘化当属自然。用一个例子就足以说明兵学在整个中国传统学术体系中的"尴尬":兵家著述在《汉书·艺文志》中尚有自己独立的门类"兵书略",其所著录的兵书类图书达到"五十三家,七百九十篇,图四十三卷",可谓"蔚为大观",然而,将近两千年过去,天下图书的品类与数量不知增加了几十倍、几百倍,到了清代乾隆年间编纂《四库全书》,兵家不仅仅沦落为子部中的附庸,地位毫不起眼①，而且入选的书目也少得可怜，只有区区二十种而已，像《鹖冠子》《历代兵制》《武备志》《翠微先生北征录》《车营叩答合编》《投笔肤谈》《筹海图编》《百战奇法》《火攻挈要》《治平胜算全书》等重要兵书都被摈弃不录。由此可见，在一般人的心目中，在梳理与考察中国传统文化过程中，兵学乃是可有可无的角色，几可忽略不计了。银雀山汉墓竹简的主体成分既然是《孙子兵法》《孙膑兵法》等古代兵家文化，其遭受主流学术界的冷遇是毫不奇怪的，而其研究缺乏热度、相对滞后也是势所必然、理有固宜的。

在诸多银雀山汉墓出土的竹简中，《孙子兵法》佚文五篇是重要的组成部分。它不仅具有文献学的价值，更不乏历史学的意义。然而，学者对此多不措意，这应该是一个遗憾。

## 一、胜义迭呈：佚文的分类与性质

临沂银雀山汉墓竹简《孙子兵法》佚文，根据竹简整理小组的考定，比较明确的共有五篇，分别为《吴问》《见吴王》《黄帝伐赤帝》《四变》以及《地形二》。通过对其内容的考察，我们认为从性质上，它可以分为三个类型：一是有关孙子本人生平事迹的记载，如《吴问》记叙孙子与阖闾讨论、预测晋国政治发展大

---

① 这在晋代荀勖编撰《晋中经簿》、南朝梁阮孝绪编著《七录》时即已肇始，到唐代编撰《隋书·经籍志》时完全成型，"四库"馆臣只是承其统绪而已。

势，深刻揭示了孙子的政治见解和进步倾向，表明孙子不但是卓越的军事家，同时也是很有头脑的政治家。《见吴王》追叙孙子与阖闾的君臣际会，重现孙子吴宫教战的戏剧性一幕，内容较司马迁《史记》所叙更为翔实。它们在某种程度上可以补充《史记》孙子本传在叙述孙子行事上不足、单薄之缺憾。二是对《孙子兵法》相关内容的补充性阐释与说明，如《四变》即为对《九变篇》中"途有所不由，军有所不击，城有所不攻，地有所不争"之缘由的具体解释。《四变》说明"城之所不攻者"云："曰：计吾力足以拔之。拔之而不及利于前，得之而后弗能守。若力（不）足，城必不取。及于前，利得而城自降，利不得而不为害于后。若此者，城唯（虽）可攻，弗攻也。"①又如《黄帝伐赤帝》，则显然是就《行军篇》中"黄帝之所以胜四帝"一语作出明确的说明，叙述历史事迹，从中阐明战争制胜的基本条件——"休民，孰（熟）榖，赦罪"。三是不见于存世本《孙子兵法》的兵学论述，如《地形二》。

## 二、考镜源流：从《吴问》看《孙子兵法》的成书年代

关于《孙子兵法》的作者与成书年代，长期以来，学术界是众说纷纭，莫衷一是。在疑古思潮的影响下，不少学者不承认孙子拥有《孙子兵法》一书的著作权，也否定《孙子兵法》的主体

---

① 参见《银雀山汉墓竹简〔壹〕》，文物出版社1985年版。

内容形成于春秋后期。

而汉简《孙子兵法》佚文的发现，则为解决《孙子兵法》作者与成书年代提供了比较确凿的证据。0233号竹简上书"吴王问孙子曰……"，0108号汉简上书"齐威王问用兵孙子曰……"。这充分证实孙武仕于吴，孙膑仕于齐，历史上各有其人，各有兵法传世，且与《史记》和《汉书》关于两个孙子的事迹和著作的记载相吻合。

尤为重要的是，《吴问》中孙子关于晋国政治走向的天才预测，非常有力地证实了《孙子兵法》一书是成书于春秋晚期。

孙子在《吴问》篇中对晋国政治发展趋势作出预测——"六卿"政治格局将重新洗牌，赵氏一族将在残酷的政治博杀中笑到最后，成为最终的胜利者："至于赵氏家族的情况，则与上述五家大不一样。六卿之中，赵氏的亩制最大，以一百二十步为畹，二百四十步为畛。不仅如此，其征收租赋向来不过分。亩大，税轻，公家取之有度，官兵数量寡少，在上者不过分骄奢，在下者尚可温饱。苛政丧民，宽政得众，赵氏必然兴旺发达，晋国的政权最终要落入赵氏之手。"（按《吴问》篇原文意译）

可见，孙子准确地预测到晋国大致的政治演变格局与趋势，即六卿专权局面无法长期维系，一定会按照政治发展变化的内在逻辑打破相对平衡的局面，逐步决出胜负。而按孙子的推测，六卿出局的顺序，应该先是范氏、中行氏，接着是智氏，再就是韩氏、魏氏，最后由赵氏取得晋国政权，完成类似田氏取代姜齐的历史性一幕。

这场君臣对话的时间当在范氏、中行氏尚未败亡之前。孙子未能预见到"三家分晋"的结果，而错误地判断韩氏、魏氏将步智氏的后尘，会被赵氏所剿灭，这显然与历史进程不符。由此可见，孙子在《吴问》篇中猜中了开头，但未能够猜中结尾。而这种误判的存在，恰好证实《吴问》作为史料的原始性与确切性，绝非后人所伪托。

显而易见，《吴问》的发现，对我们认定《孙子兵法》一书的成书年代大有裨益。作为"外篇"的《吴问》其成文时代尚且可以判断为在春秋后期的晋国"六卿专权"期间，那么，作为《孙子兵法》核心主体"内篇"之"十三篇"，其成文的年代，应该是与此同时或更早。

## 三、辨章学术：与《史记》本传的互证价值

对司马迁《史记·孙子吴起列传》所载内容的印证与补充，也是汉简《孙子兵法》佚文的历史文献学价值的具体体现。司马迁写作《史记》的态度是认真和严肃的，在史料搜集与鉴别方面可谓是搜肠刮肚、旁征博引而又审慎考究、提玄钩要，然而由于种种原因，《史记》中有关史实的记载与考定，也并非无懈可击、尽善尽美。方凿圆枘、自相矛盾者有之，如《晋世家》与《赵世家》关于"下宫之难"记载上的歧异①。又如，晋、吴"黄池之

---

① 参见拙作《真相难觅：〈赵氏孤儿〉背后的历史重构》，《中华读书报》2014年12月17日第13版。

会"，《秦本纪》《晋世家》《赵世家》均称吴王夫差为盟主，而《吴太伯世家》则谓晋定公为盟主。意气用事、情大于理者亦有之，如《李将军列传》中对李广的一往情深、多所回护，并没有百分之百做到"不虚美，不隐恶"这一点。

当然，更明显的问题是，局囿于史料的限制，有些传主的生平事迹比较单薄、苍白，像《史记·孙子吴起列传》中有关孙子生平事迹的描述，基本上只是写了一则"吴宫教战"的故事，除此之外，只有概括性的抽象提炼——"西破强楚，入郢，北威齐、晋，孙子与有力焉"。《吴问》中孙子与吴王阖闾的精彩对答没有收录，而孙子劝阻阖闾在条件不成熟情况下大举伐楚的言论"民劳，未可，待之"等等，也只是散见于《伍子胥列传》《吴太伯世家》，而不见本传载录。

即使是"吴宫教战"一事，《史记·孙子吴起列传》的相关记载也显得比较突兀，孙子训练宫女过程中诛杀吴王阖闾宠姬的描述过于剑走偏锋了。它虽然说明了"慈不掌兵"的道理，使得孙子执法严明、令行禁止的治军原则与能力跃然纸上、凛凛生威，但毕竟给人以冷血残忍、视生命如草芥的负面印象。无怪乎，宋代叶适对此事生发出"奇险不足信"的感慨，并进而怀疑孙子其人其事的历史真实性。

而汉简《孙子兵法》佚文《见吴王》的出土，则让我们看到了"吴宫教战"另一个版本。

《见吴王》现存简文为五百余字，据该篇简文结尾处所附识的数字判断，全文原有字数当多达一千余字①，几为《史记·孙子吴起列传》"吴宫教战"字数的三倍。尤为重要的是，《见吴王》所记叙的"吴宫教战"，无论是完整程度，还是生动程度，抑或曲折程度，均远超《史记》孙子本传的相应叙述。在《见吴王》中，孙子开门见山地表述了自己的战争观，对吴王阖闾"好兵"的主张加以批评："兵，利也，非好也；兵□（也），非戏也。"这与传世本《孙子兵法》所倡导的"慎战"思想相呼应、相吻合。这样卓荦不凡的见识，树立起孙子高大的形象。而《见吴王》中孙子操练宫女的情节，则更合乎情理与逻辑。面对吴王所提的"小试勒兵"的要求，孙子就具体对象提供了诸如贱者、贵者等多个选项，其中也包括宫女，这本来是孙子的诙谐之语，不无调侃的成分，谁知吴王就坡下驴，趁机和孙子较真起来，让孙子用宫女来"小试勒兵"。孙子见弄假成真，赶紧婉拒，以"妇人多不忍"为借口，请求吴王收回成命，更换对象。这么一来，反而令吴王平添疑虑，觉得孙子大言炎炎。所以，吴王斩钉截铁地加以拒绝。在这样的情势下，孙子只能遵命行事，让宫女来做"勒兵"的对象，于是才发生了接下来的斩吴王宠姬以立威的故事。

由此可见，按《见吴王》简文的记载，孙子以宫女教战，属于形格势禁、迫不得已之举。

汉简《孙子》的出土，证实了《史记》有关"吴宫教战"的

———————

① 参见熊剑平、黄朴民：《简文〈见吴王〉与〈史记·孙子列传〉关系考论》，《中国人民大学学报》2012年第6期。

记载并非无源之水、无本之木，不是"孤证"，而为"铁证"。《见吴王》丰富和细化了"吴宫教战"的具体内容，使之更富有生动性、形象性。它与《史记》本传的相关内容，起到了互为印证、相得益彰的作用。

## 四、蛛丝马迹：汉简《孙子兵法》佚文所透露的历史信息

汉简《孙子兵法》佚文的另一个重要价值，在于它蕴含有大量的历史文化信息，反映出鲜明的时代文化精神，通过对它的解读，有助于我们更好地了解先秦时期列国政治格局的演变，认识当时大国间战略互动关系的特征。

在汉简《孙子兵法》的五篇佚文中，《吴问》或许是相对比较重要的一篇。是篇记叙了孙子就晋国政局走向问题所作的详尽分析与精辟预测。吴王向孙子提出了"六将军分守晋国之地。孰先亡？孰固成"的询问，而孙子则根据自己对春秋大势的观察和对历史经验的分析研究，就晋国未来的政局变迁作出了高明切实的战略预测。

为什么吴王所关心的对象是晋国，而不是楚国、秦国、宋国、郑国、鲁国、越国，或孙子的故国齐国呢？按理说，孙子自齐奔吴，作为齐人，对齐国的内情最为熟悉，阖闾当率先向孙子询问齐国的政情与战略动态才合乎逻辑。更何况当时还不曾开打柏举之战，争霸中原对吴国来讲，还是十分遥远的愿景。

如果考察春秋时期的国际战略格局演变、大国关系的互动，

我们便能认识到，吴王阖闾与孙子关心晋国政治生态，将了解与掌握晋国政局走向置于优先考虑的位置，乃是势所必然、理有固宜的做法。

春秋大国争霸的主线是晋、楚相争。远交近攻，从侧翼制衡与打击对手，是大国在争霸中原时最热衷于玩的一手，这方面晋国做得尤为老练，几乎达到了炉火纯青、出神入化的境界。

晋楚争霸的标志性事件是两国军队主力的三次会战，即公元前632年的城濮之战、公元前597年的邲之战、公元前575年的鄢陵之战。会战的结果，是晋国赢得城濮之战和鄢陵之战，楚国则胜了邲之战。这就意味着，在晋楚争霸中，晋国占有一定的上风，对楚国并不具备压倒性的优势。晋国的战略决策者为了打破这种僵持的局面，一方面在中原主战场与楚国作正面的抗衡与周旋，另一方面则开辟第二战线，缔结盟国，鼓动它们从楚国背后捅刀子，使楚国腹背受敌，顾此失彼，疲于奔命。联吴制楚，即为这方面的一大手笔。

晋国采纳楚亡臣申公巫臣联吴制楚的建议，主动与吴国缔结战略同盟，让吴国从侧面打击楚国，以牵制楚国势力的北上。吴王寿梦二年（公元前584年），晋景公派遣申公巫臣出使吴国，随行的有一定数量的兵车和步卒，"以两之一卒适吴，舍偏两之一焉"。让他带着特殊的使命，一步步地实现晋国扶植吴国制楚的战略目标："与其射御，教吴乘车，教之战阵，教之叛楚。"（《左传·成公七年》）

日渐强大起来的吴国，正需要寻找大国作自己的后台，以增加自己在列国角逐中的筹码。现在晋国主动找上门来，就欣然接受晋国的主张，坚决摆脱了对楚国的臣属关系，并积极动用武力，同楚国争夺淮河流域，使楚国陷于两面作战而疲于奔命，逐渐成为楚国的强劲对手、心腹之患。"吴始伐楚，伐巢、伐徐……子重、子反于是乎一岁七奔命。蛮夷属于楚者，吴尽取之。"（《左传·成公七年》）

巫臣通使吴国，给吴国带来了中原地区先进的军事文化和战术，促成吴国军事实力的增强。原来吴国地处南方水网地带，军事上以水战为主，陆战只有少量的步兵。巫臣给吴国带去兵车，并"教吴乘车，教之战阵"，这样一来，吴国开始拥有自己的战车兵团，兵种配置更加齐全，协同作战能力迅速提升，能够适应各种复杂的战场情况，从而逐渐抵消了楚国在兵种和战法上的固有优势。

由此可见，吴国与晋国之间，具有一种十分牢固的战略同盟关系。这种战略同盟合作关系，自吴王寿梦开始到吴王阖闾主政阶段，已长达七十年有余。吴国要谋求进一步的发展，自然要优先洞察和把握主要同盟者的政治动向，这样才能赢得战略上的主动，不至于押错对象。这完全符合《九地篇》所倡导的"不知诸侯之谋者，不能预交"之原则。恰恰是孙子兵学"先计而后战"思想在军事外交决策方面的生动体现。换言之，孙子的"不知诸侯之谋者，不能预交"之原则，通过《吴问》篇得到了形象化的诠释，而春秋时期晋、吴战略同盟关系的重要性与有效性，也从《吴问》篇中获得了必要的佐证。汉简《孙子兵法》佚文的历史学意义与价值于此可见一斑。

此外，我认为《吴问》篇还可以较为合理地解释孙子离开齐国，跋山涉水投奔吴国的缘由。如前文第五讲所述，《新唐书·宰相世系表》等所谓的孙子"避祸"奔吴之说，似乎从逻辑上讲不通。

齐国在春秋大部分时间里都追随晋国与楚国相斗，是晋国争霸大业中的小老弟。因此，晋国在全方位扶植吴国之时，也会要求自己最重要的盟国齐国尽力帮助、支持吴国。孙子熟悉兵法，深富韬略，乃是颇为合适的人选。我们可以推测，孙子奔吴很可能是受齐国当局的指使或委派，是使命在身！类似于后来楚人范蠡、文种到越国，辅佐越王勾践战胜吴国的情况。

# 第十七讲 "青山遮不住":
# 《孙子》的著录、流传及版本

与《三十六计》那种来历不明的"地摊书籍"截然不同,《孙子兵法》的著录信而有征,流传井然有序,版本确凿可靠。当然,就兵家文献学研究的角度而言,这中间也有一些疑窦需要加以澄清,许多环节需要加以说明,历史脉络需要加以梳理。这是我们今天正确理解博大精深的《孙子兵法》兵学体系的重要基础,也是在当下从《孙子兵法》一书中借鉴其哲理、获取其启示的基本前提。

## 一、"独怜幽草涧边生":先秦至汉代的《孙子兵法》著录

据现存文献资料记载,孙子其人生平与功业、孙子有著述存世以及《孙子兵法》的部分文字等,早在战国时期就有相关的载述,分别见于《尉缭子·制谈》《尉缭子·将理》《荀子·议兵》《鹖冠子·天则》《鹖冠子·世兵》《韩非子·五蠹》《吕氏春秋·

上德》《黄帝内经·灵枢》诸典籍篇章。尤其是韩非子所言"境内皆言兵，藏孙、吴之书家有之，而兵愈弱，言战者多，披甲者少也"，更是广为流传，耳熟能详。而《孙子兵法》作为一部系统的著作，最早载述著录的，当是西汉前期司马迁所撰著的《史记》。《史记·孙子吴起列传》云："孙子武者，齐人也。以兵法见于吴王阖庐。阖庐曰：'子之十三篇，吾尽观之矣。'……世俗所称军旅，皆道《孙子》十三篇。"可见当时称是书为"十三篇"。此后，历代对其书均有著录。

按前文第一讲所述，西汉时期的朝廷对兵书进行了三次大的搜集和校理，在这三次兵书整理过程中，一定都包括了最重要的《孙子》一书。尤其是第三次，它对于传世本《孙子》篇名、篇次的排定，内容的厘正，文字的校定，具有重要的意义。这次校书之事，由刘向总其成。他曾为整理校订后的书作叙录，附于其书之中，上奏皇帝。叙录的重要内容之一就是著录书名和篇题。刘向卒后，其子刘歆继承父业，"总括群篇，撮其指要，著为《七略》"（《隋书·经籍志》）。因此，《七略》也当著录有《孙子》。同时，需指出的是，经过刘向、任宏的校书，《孙子》遂形成定本，并由国家收藏。

《汉书·艺文志》源于《七略》，其对《孙子》也有明确之著录，"《吴孙子兵法》八十二篇，图九卷"，这里，称"吴孙子"是为了有别于"《齐孙子》"。至于其篇数缘何由司马迁所言的"十三篇"（包括汉简本的提法）增至八十二篇，且附有图卷，原因不外乎有两个：一是人们对《孙子》不断增益的结果，使其篇数大大膨胀。二是因人们重新编纂篇次所致。我们认为，当以第一种因素可能性为大。

据与司马迁同时代人东方朔的叙述，《孙子兵法》的文字亦远远超过了"五千言"之数："年十三学书，三冬文史足用。十五学击剑。十六学《诗》《书》，诵二十二万言。十九学孙、吴兵法，战阵之具，钲鼓之教，亦诵二十二万言。凡臣朔固已诵四十四万言。"（《汉书》卷六十五《东方朔传》）这"二十二万言"之中，当然不仅仅是《孙子兵法》，还包括了《吴子》等其他兵书，但其诵读的《孙子兵法》不止"五千言"，当是殆无疑义的。

正因为在西汉时期就存在着《孙子兵法》篇数、字数方面的差异与分歧，所以，唐代张守节在《史记正义》中就将《孙子兵法》分列为上、中、下三卷，认为上卷为《孙子兵法》原始本文，即"十三篇"，而中卷、下卷则为孙子后学所撰，附益于孙子名下而流传。而东汉末年大军事家曹操对这些依托于孙子的增益内容很不满意，认为"世人未之深亮训说，况文烦富，行于世者失其要旨"，遂汲汲致力于恢复《孙子兵法》之原貌，"故撰为《略解》焉"，仅仅就"十三篇"作注（见曹操《孙子注·序》）。

而银雀山汉墓竹简《孙子兵法》佚文的发现，帮助我们作出以下合理的分析与推断：《孙子兵法》实际上可以分为"内篇"与"外篇"，"内篇"就是司马迁所称的"十三篇"，其主要内容当出自孙子本人之手①。而"外篇"则为除"十三篇"之外的"八十二篇"之文字，当出自孙子的后学或认同、依从孙子兵学理论的佚名兵学家之笔下。问题是，在汉简《孙子》佚文出土之前，我们对所谓《孙子兵法》"外篇"的情况并不了解。而现在通过这五篇佚文，我们就能对所谓的"外篇"有一个具体而形象的认知，可以直观地就"外篇"的主旨、内容、特色展开全面深入的讨论，从而在此基础上进一步梳理和分析"十三篇"与"八十二篇"之间的衍生关系。

## 二、"春风吹又生"：魏晋以降的《孙子兵法》流传与注释

曹操之《孙子略解》，又名《孙子注》，系现存《孙子》最早注释本。曹氏受汉儒治经之影响，重名物训诂；他本人又是杰出军事家，有"御军三十年"之治军经验与指挥实践，注重兵法的实际应用，因此，其注简明切要，理论性、实践性浑然一体，形神兼备，具有很高的军事学术价值，问世后即备受人们的称誉推崇。其注为三卷十三篇，正与阮孝绪《七录》著录《孙子》三卷相契合，这说明曹氏乃是就太史公所云《孙子》十三篇作注，至于孙子之佚文和他人所增附的内容则阙而不论。这亦从侧面进一步证实"十三篇"才是《孙子》的主体，乃是日后武经本、《十家注》等所有《孙子兵法》注本的"祖本"。

---

① 当然也不排斥后人的一些附益，如"其下攻城"之后的"攻城之法，为不得已……"等文字，就很有可能是后人解释为何攻城为下策的增益内容。

第十七讲

297

曹操注《孙子》后，有《六朝钞本旧注孙子断片》，不知何人注，日人香川默识《西域考古图谱》曾予收录。需附带指出的是，在两汉魏晋南北朝期间，人们通常以"兵法"来特指《孙子》这部兵书。其正式命名为《孙子兵法》当属隋、唐以后之事。虞世南《北堂书钞》、李善《文选》注均称引"《孙子兵法》"，即是明证。

《隋书·经籍志三》著录有"《孙子兵法》二卷，吴将孙武撰，魏武帝注，梁三卷"，"《孙子兵法》一卷，魏武、王凌集解"，"《孙武兵经》二卷，张子尚注"，等等。还提到了孟氏、沈友诸人注释解诂。其中，孟氏之注，部分保留于《十家注》中，从现存其注文看，偏重于文字训诂，较少思想层面的阐发，是诸注家中训诂派的代表。由此可见，《孙子》在唐初已有多种注解本。从其篇幅看（少则一卷，多则两卷），当未尝逾越"十三篇"的范围，或以曹操注解整理本为底本使然。

唐代以降，随着社会经济文化的繁荣，印刷技术的进步，《孙子》的流传也进入了一个新的阶段。人们对《孙子》的尊崇有增无减，习学《孙子》成为较普遍的社会风尚。注家蜂起，各种单注本、集注本以及合刻本纷纷面世。唐代的重要注家，首推杜牧。杜牧"其学能道春秋战国时事，甚博而详"（欧阳修《孙子后序》）。其注纵横恣意，旁征博引，新意迭出，堪称曹操之后《孙子兵法》的第二大注家。此外，李筌注、贾林注也比较重要，如李筌，晁公武《郡斋读书志》称云："约历代史，依《遁甲》，注成三卷。"自成一家之言。

到了宋代，当时统治者有憾于国势积贫积弱，痛心于边患屡起迭至，出于扭转改变这一颓败局面的目的，便提倡研读兵书，探求富国强兵之道。北宋神宗元丰三年（公元1080年），宋神宗诏命国子监司业朱服和武学博士何去非等人"校定《孙子》《吴子》《六韬》《司马法》《三略》《尉缭子》《李靖问对》等书，镂版行之"①，将《孙子兵法》等七种古代兵书勒为一编，号曰"武经七书"，颁行于武学，为将校所必读。《孙子》自此成为国家钦定的武学经典著作。此种情况一直沿袭至明、清而不变，如清代"武试默经"，依然是"不出孙、吴二种"（朱墉《武经七书汇解·吴子序》）。

与此相应，对《孙子》的著录也成为历代各类公私目录书编写时所关注的重点之一。《旧唐书·经籍志》《新唐书·艺文志》《宋史·艺文志》《明史·艺文志》等正史，以及《郡斋读书志》《直斋书录解题》《遂初堂书目》《崇文总目》《秘书省续编到四库阙书目》《四库全书总目》等公私目录书，对《孙子》的各种版本、注家均有详略不同的著录。据不完全统计，唐宋以来，为《孙子》作注者不下二百余家，现存的亦在七十家以上。其中著名的注家，除上述魏晋隋唐的注家之外，在宋代有张预、梅尧臣、王皙、陈皥、施子美、何延锡、郑友贤等，在明代有赵本学、刘寅、李贽、黄献臣等，在清代则有邓廷罗、顾福棠、朱墉、黄巩等。可谓名家辈出，蔚为大观。

---

① ［宋］李焘：《续资治通鉴长编》卷三〇三。

宋代注《孙子兵法》成就最显著者，首推张预。其注集诸家之长，成一家之言。于《孙子兵法》义旨多有发明，博而切要，文字通畅优雅，堪为杜牧《注》之亚匹。其一，他十分注重《孙子兵法》各篇之间的内在联系，而不仅仅是孤立地为《孙子兵法》只言片语作注；其二，张预之注在《孙子兵法》文字训解上颇多新意；其三，凡征引史例能做到贴切精练；其四，引录了为数不少的孙子佚文和诸葛亮、李靖等人的言论，具有相当的史料价值。此外，宋代注家中，梅尧臣、王皙、郑友贤、何延锡诸人之注也值得注意。如梅尧臣之注，高度重视探究《孙子兵法》本义精粹，时有新的见解，语言亦简洁洗练，充分显示了一名诗人遣字用词的功力，例如他用简短九字"以智胜""以威胜""以力胜"，就非常到位而传神地说明了"上兵伐谋""其次伐交""其次伐兵"的准确要领，堪称精绝。又如王皙之注，"以古本校正阙误，又为之注"（《郡斋读书志》），对于厘正《孙子兵法》文字，正确理解文义，实不无裨益。再如何延锡之注，征引史例丰富，用战例详尽说明《孙子兵法》的基本作战指导原则，这对于普及《孙子兵法》之义，多有帮助。

## 三、异彩纷呈：《孙子兵法》的主要版本

《孙子兵法》一书版本繁多，流传甚广，但考镜源流，穷本究底，不外乎三大基本系统：竹简本、武经本、十一家注本。不过，也有学者认为，影宋本《魏武帝注孙子》，应该是独立的版

本系统，并强调它是现存最早的版本，价值要高于武经本与十一家注本。①

### 1.竹简本

1972年山东临沂银雀山汉墓竹简《孙子兵法》是迄今为止所发现的《孙子兵法》最早手抄本。据专家研究，汉简本《孙子》陪葬的年代大约在建元元年（公元前140年）到元狩五年（公元前118年）之间。从字体风格来看，其抄写年代当在秦到汉文景时期，较历史上早期著录《孙子兵法》的《史记》要早数十到上百年。有的学者据此而论定汉简本与今之传世本相比，更接近于孙武的手定原本，②并推论简本《孙子》或与之相类的抄本，当是传本《孙子》的祖本。我们认为，这一说法虽然有一定的道理，汉简本在校勘传世本《孙子兵法》方面确有相当的价值，但不尽全面。因为汉简本虽弥足珍贵，但终究并非完璧。况且，刘向、任宏诸人校书，乃是综合勘比众多《孙子兵法》古抄本，多方征考，择善而从，而成定本的，其质量从逻辑上来说，应当比汉简本略胜一筹。汉简本可资参考，然不宜过于迷信。汉简本的最佳整理本，系文物出版社1985年出版的《银雀山汉墓竹简〔壹〕·孙子兵法》。

### 2.武经本

即指宋刻"武经七书"《孙子》。"武经七书"最早著录在尤

---

① 参见李零：《现存宋代〈孙子〉版本的形成及其优劣》，载《文史集林（第二辑）》，三秦出版社1987年版。

② 参见吴九龙：《简本与传本〈孙子兵法〉比较研究》，载《孙子新探》。

衰《遂初堂书目》中，称之为"七书"，后因"武举以七书试士，谓之'武经'"。①宋本"武经七书"《孙子》，是现存《孙子兵法》最重要的版本之一，原为陆心源皕宋楼藏书，据陆心源《仪顾堂题跋》卷六记载，此书"殷、徵、贞、恒、警、敬、完、构、让、慎皆缺避，当为宋孝宗时刊本"。后为日本岩崎氏购得，收藏在东京静嘉堂文库。今有"续古逸丛书"影印本。自宋代至明末清初，因为朝廷"武学"以"武经七书"为基本教材，《孙子兵法》流传始终以武经本为主导。相对而言，十一家注本的影响则比较微弱。与武经本有一定联系的是《魏武帝注孙子》，收录在清代孙星衍"平津馆丛书"卷一《孙吴司马法》内。它为现存的《孙子》最早注本，也是后世各种传写本、刊刻本的祖本，有影宋本传世。有学者认为，它与武经本属同一版本系统，但年代更早，错讹之处也较武经本、十一家注本为少。②历史上武经本系统质量上乘、影响广泛的研究著作主要有：金施子美《武经七书讲义·孙子讲义》、明刘寅《武经七书直解·孙子直解》、明赵本学《孙子书校解引类》、明黄献臣《武经开宗·孙子》、明李贽《孙子参同》、清朱墉《武经七书汇解·孙子》、清顾福棠《孙子集解》、清黄巩《孙子集注》等。

3.十一家注本

即宋本《十一家注孙子》。有上海图书馆藏本，系1961年中

---

① 见［宋］陈振孙：《直斋书录解题》卷十二《李卫公问对·题解》。

② 见李零：《银雀山简本〈孙子〉校读举例》，载《中华文史论丛（一九八一年第四辑）》，上海古籍出版社1981年版。

华书局上海编辑所影宋本。此外，还有国家图书馆藏足本宋刻本与残本宋刻本。学者一般认为，《十一家注孙子》初刻于南宋绍兴年间，现存的诸宋本当刊刻于乾道年间。[1]它也是传世《孙子》各本中最重要的版本之一，乃与武经本共同构成《孙子》传本两大基本系统的源流。[2]其书著录初见于尤袤《遂初堂书目》，《宋史·艺文志·子部》共著录三种《孙子》集注本，均从属于十一家注本系统。其中宋人吉天保《十家孙子会注》当是十一家注本的重刻本。但在相当长一段时间内，十一家注本在社会上并不风行。这种状况，一直到清代孙星衍手里才得以改变。当时他以华阴道藏本《孙子集注》为底本，依据《通典》《太平御览》等典籍，对明传宋辑的《孙子兵法》之注释开展校订，就十一家注本作了一番认真细致的校订考辨工作，使之重新焕发青春，声誉鹊起，一举打破了自宋代以来《孙子兵法》主要以武经本流传的格局。孙星衍、吴人骥所校《孙子十家注》也就成了近世流传最广、影响最大、最具实用价值的《孙子兵法》读本。

---

[1] 参见杨丙安：《宋本〈十一家注〉及其流变》，载《孙子新探》，解放军出版社1990年版。

[2] 杨丙安、陈彭：《〈孙子〉书两大传本系统源流考》，《文史》1986年第17辑。

# 第十八讲 《孙子兵法》的篇序以及内在逻辑

## 一、从终点回到原点：《孙子兵法》的体系

读《孙子兵法》，重点是要全面系统认识和理解它的思想体系，而要正确了解和掌握其思想体系，则首先要回归经典，从《孙子兵法》文本的体系入手，缕析其内在逻辑结构。现在研读《孙子兵法》的普遍局限，是习惯于按现代军事学中军事思想的理论体系与基本范畴，将《孙子兵法》的思想内涵加以割裂与肢解，分门别类归入战争观念、战略思想、作战指导理论、治军管理原则几大板块，再外加一个军事辩证法。

这固然简单方便，但是无法真正全面、完整、准确地反映《孙子兵法》的思想全貌与基本特征。因为，这完全是按现代人的思维逻辑进行解读，而不是遵循经典自身的"内在理路"开展诠释，往往会陷入削足适履，甚至郢书燕说的窘境。譬如，对有

关治军问题的论述，并非《孙子兵法》所关注的重点，《孙子兵法》一书中没有开辟专章进行讨论，只有个别的言辞散见于《行军》《地形》《九地》《谋攻》诸篇，虽说是吉光片羽，弥足珍贵，但是，若与其战略理论、作战指导思想等相比，就显得相当单薄，并不构成并列关系。这方面，《孙子兵法》与《吴子》《尉缭子》是完全不同的。像《吴子》六篇中，《图国》《论将》《治兵》《励士》皆为治军的专题篇章。所以，按照现代军事学的学术体系来解读《孙子兵法》的思想，很容易以偏概全，买椟还珠，这就是庄子所批评的那种状态："道术将为天下裂。"（《庄子·天下篇》）

所以，我们今天要正确解读《孙子兵法》的思想内涵，评价其兵学体系的建树，汲取和借鉴其战略思维的智慧，就必须回到《孙子兵法》的文本自身，按照十三篇的内在逻辑关系进行梳理与认知。我们认为，现存的《孙子兵法》十三篇是一个完整、有机的思想体系。每一篇既是一个独立的整体，篇与篇之间又相互保持密切的联系。前后十三篇逻辑严谨，层层递进，首尾呼应，浑然一体，水乳交融，对战争的平时准备，战略计划的制订，战役程序的组织，战术手段的运用，以及行军、保障、各种地形条件下的作战行动及特殊战法都作了层次分明、前后贯通的阐述。其思维的整体性和思辨的深刻性在先秦诸子中也是罕有其匹的。

曾经有人这么认为："十三篇结构缜密，次序井然，固有不能增减一字、不能颠倒一篇者。"（蒋方震等《孙子浅说·绪言》）从某种程度上说，这话不无道理，所以不少研究者曾根据

《孙子兵法》的内涵文义，从逻辑上努力梳理过全书的思想脉络和内在联系。如支伟成编著《孙子兵法史证》，其卷首《孙子篇目述义》分析十三篇的逻辑递进关系道："《计篇》第一，将之贤愚，敌之强弱，地之远近，兵之众寡，当先计及之，而后兵出境。故用兵之道，以计为首。《作战篇》第二，计算已定，然后完车马，利器械，运粮草，约费用，以作战备，故次《计》。《谋攻篇》第三，计议战备已定，然后可以智谋攻，故次《作战》……"应该说，这是正确理解孙子十三篇思想及其价值的正确方法和通衢捷径。

## 二、"三谛圆融"：传世本《孙子兵法》的篇序与各篇要旨

传世本《孙子兵法》的十三篇编排序列，是始于《计篇》（此为十一家注本的命名，武经本则作《始计篇》），而终于《用间篇》。从全书的内容逻辑上看，这是成立的，也是合理的。

### （一）《计篇》

这是《孙子兵法》的首篇，在全书中具有提纲挈领的意义。众所周知，"知彼知己，胜乃不殆；知天知地，胜乃不穷"，乃是孙子兵学思想的核心。而《计篇》的中心内容，即是从"兵者，国之大事"这一认识高度出发，阐述"知彼知己"的基本方法，强调"五事七计"。具体地讲，就是从五个决定战争胜负的基本要素着眼，通过七个方面的具体比较，对敌我双方的战略态势优

劣作出正确的估价，在此基础上对战争的结果作出比较合乎实际的预测，并据此制定好己方的战略决策，这叫作"夫未战而庙算胜者，得算多也"。同时，孙子主张在把握敌我双方政治、经济、军事以及天时、地利条件基础上，充分发挥战争指导者的主观能动性，这就是在作战中遵循以"利"为宗旨的"诡道十二法"原则；主张积极"造势"以确保己方在战争中牢牢立于不败之地。由此可见，本篇在一定程度上也可以视为孙子兵学思想的概述，也是《孙子兵法》十三篇兵学体系的逻辑起点。如同一首律诗有它的"诗眼"，一首乐曲有它的主题旋律，一部理论著作自然也有它的中心篇章，在全书中起着提纲挈领、总揽全局的关键作用。《计篇》作为《孙子兵法》十三篇的首篇，也具有这样的特殊地位，在某种意义上可以将此篇看作孙子杰出兵学思想的高度浓缩和精辟概括。显而易见，《计篇》的基本思想由两个部分所组成，一是战争的筹划理论，二是战争的实施方法。前者是"体"，后者是"体"之"用"，"体"与"用"两者有机结合，相得益彰，相辅相成，从而奠定了孙子兵学体系的坚实基础。

（二）《作战篇》

在"运筹帷幄"就绪，下定作战决心之后，接下来就是第二个步骤——进入战争的具体准备。战争准备是一个系统工程，是全方位、综合性的，包括经济准备、军事准备、政治准备、外交准备、文化准备等。孙子的战争准备思想，在哲学上既是两点论，即全方位着手，多方面的战前准备；更是重点论，强调抓重点，抓关键，在诸多准备中，尤其把握经济准备这个核心，主抓军事后勤的准备。在军事后勤问题上，重点又落到粮草补给上。孙子认为，战争对人力、物力和财力存在着巨大的依赖关系。这种依赖关系，在当时生产力比较低下、战争方式比较原始的特定历史条件下，不可避免地决定了战争中"速"的极其重要和"久"的莫大危害。据此，孙子旗帜鲜明地主张：在进行战争准备的过程中，必须明确树立"兵贵胜不贵久"的速战速决指导思想，一再强调"兵闻拙速，未睹巧之久也"。为了保证这一思想的实现，妥善解决战争需要与后勤补给困难之间的矛盾，孙子提出了"因粮于敌"的重要原则，主张在敌对国家境内就地解决粮草补给问题。同时孙子还主张通过厚赏士卒等手段来壮大发展自己的实力，达到"胜致而益强"的目的。

## （三）《谋攻篇》

本篇的主旨，唐代杜牧注云："庙堂之上，计算已定，战争之具，粮食之费，悉已用备，可以谋攻。"意谓在战争准备基本就绪的前提下，作战指导者进入下一个步骤——谋划进攻之道。王皙注："谋攻敌之利害，当全策以取之，不锐于伐兵攻城也。"比较正确地揭示了孙子本篇的主要旨趣。谋划进攻之道，即根据战争成本的大小，排列战略手段优劣先后的次序，立足于最坏的方式（"攻城"），而争取最好的途径（"伐谋"），运用谋略以夺取"全胜"。孙子认为"百战百胜"并非用兵的最佳手段，高明的战争指导者应该做到"屈人之兵而非战也"，从而实现战略上的全胜。同时孙子也清醒认识到要做到这一点并不容易，因此他也立足于通过战场交锋来争取胜利。为此，他提出了"十围""五攻"等一系列正确的战术运用方针。

### （四）《形篇》

武经本作《军形篇》。无论是"伐谋""伐交"，抑或"伐兵""攻城"，最终能赢得战争的，是自己拥有强大的实力，对敌占有压倒性的优势。孙子重谋略，但是孙子更重视实力，在他心目中，拥有强大的实力是把握作战主动权的坚实基础，实力建设是取胜的根本前提。故本篇论述了如何依据敌我双方物质条件、军事实力的强弱，灵活采取攻守两种不同形式，以达到在战争中保全自己、消灭敌人的目的。孙子主张在作战中努力确保自己立于不败之地，寻求敌人的可乘之机，以压倒性的优势，予敌以致命的打击。

### （五）《势篇》

武经本命名为《兵势篇》。本篇与前篇《形篇》为姊妹之篇，主要阐述在强大的军事实力的基础上，充分发挥将帅的杰出指挥才能，积极创造和利用有利的作战态势，主动灵活、出奇制胜地打击敌人，夺取战争的胜利。

韩非子曾说："势者，胜众之资也。"（《韩非子·八经》）这个资本非常重要，"尧为匹夫，不能治三人；而桀为天子，以乱天下"（《韩非子·难势篇》）。"时势造英雄"，兵学家同样对

"势"情有独钟，挖空心思琢磨"造势"，处心积虑诉求"任势"，把"势"这个好东西牢牢掌控在自己的手中。

孙子重视军事实力，可他又认为光有军事实力还不够，还要把军事实力淋漓尽致地运用起来，发挥出来，即使静态的"力"转化为动态的"势"。打个比方，实力是"水"，如果不去激活它，它可能会是一潭死水，必须让它流动起来，将其能量尽情释放出来。所谓"势"，就是"兵势"，主要是指军事力量合理的组合、积聚和运用，充分发挥其威力，表现为有利的态势和强大的冲击力。换句话说，"势"是战争指导者根据一定的作战意图，匠心独运，灵活地部署使用兵力和正确地变换战术所造成的有利作战态势。由此可见，在孙子看来，加强实力建设与运用智慧谋略是辩证统一的，是一个问题的正反两面，不可偏废。实力建设是基础，在拥有强大实力的基础上，作战指导者必须充分发挥自己的主观能动性，运用智谋，去夺取战争的胜利。

(六)《虚实篇》

在孙子看来，在拥有军事实力和兵势的前提下，还需认清并掌握虚实，以"避实而击虚"的手段争取作战主动权。本篇集中论述了战争活动中"虚""实"关系相互对立、相互转化这一具有普遍规律性的问题，揭示了军事上"避实而击虚"的一般原则，并提出了在作战中如何认识虚实，如何掌握虚实，如何转化虚实，如何运用虚实的基本要领。孙子强调要通过对"虚""实"关系的全面认识和辩证把握，来夺取战争的主动权，即"致人而不致于人"。要做到这一点，关键在于如何争取优势，主动灵活地打击敌人。为此，孙子提出了著名的作战指导原则——"避实而击虚"。而这一原则在作战行动中的具体化，就是要做到：一、示形于敌，迷惑和欺骗敌人，诱使其暴露弱点，然后予以打击。二、集中优势兵力猛烈果断地打击敌人，即所谓的"以十攻其一"。三、因敌变化而取胜，在作战过程中不机械、不呆板，根据敌情变化，随时调整部署，始终保持主动。四、察知战场地理，了解战场天候，"知战之地，知战之日"，并采取策、作、形、角等方法，全面掌握敌情。五、正确选择主攻方向，做到牵一发而动全身，"出其所不趋"，"攻其所必救"。

（七）《军争篇》

争取作战主动权，是兵家克敌制胜的核心命题。《虚实篇》对此已经加以深刻的阐释，但是，一篇的篇幅毕竟体量有限，需要进一步的细化和详解，于是，《军争篇》和下一篇《九变篇》继《虚实篇》之后，对如何争取战争主动权问题进行补充性的解说，从而深化讨论，完善主题。与《九变篇》主要论述作战"变法"有所不同的是，《军争篇》集中讨论了军事行动中的"常法"，如军事后勤保障上的"常法"："军无辎重则亡，无粮食则亡，无委积则亡。"作战指导上的常法："兵以诈立，以利动，以分合为变。"发挥军队战斗力的常法：著名的"治气""治心""治力""治变"等"四治"理论。统一号令和严格战场纪律的"常法"："夫金鼓、旌旗者，所以一人之耳目也。人既专一，则勇者不得独进，怯者不得独退，此用众之法也。"以及用兵制胜的一般性"常法"：用兵八戒，等等。由此可见，本篇所有文字都是围绕作战"常法"而层层递进、依次展开的。

## （八）《九变篇》

本篇是《军争篇》的姊妹篇。《军争篇》讲"常法"，本篇则讲"变法"，主要论述在作战过程中如何根据特殊的情况，灵活变换战术以赢得战争的胜利，集中体现了孙子随机应变、灵活机动的作战指挥思想。孙子主张战略必须具有柔性，将帅应该拥有战略上的反向思维与另类思维，能实施灵活的指挥，将帅必须做到全面、辩证地看待问题，见利思害，见害思利，从而趋利避害，防患于未然。

## （九）《行军篇》

如果说，前面的八篇是从宏观的高度论述用兵之道，属于"形而上"层面的理论阐释，那么，从本篇起，就是从微观的角度阐述具体的战术运用原则，属于"形而下"层面的细化。军队的部署与展开，是具体作战行动的起点，因此，本篇主要论述军队在不同的地理条件下如何行军作战、驻扎安营，以及怎样根据不同情况观察判断敌情等问题。孙子指出在行军作战中，"处军"适宜至为重要，在"处军"得宜的前提下，须做好"相敌"，充分了解敌情，正确分析判断敌情。他从实战经验中概括出三十余种侦察判断敌情的方法。其特点就是透过现象看本质，体现了孙子思想的朴素辩证色彩。

(十)《地形篇》

军事行动，都是在一定的地理环境中展开的。因此，必须重视对地理形势的了解与掌握。本篇集中论述了利用地形的重要性以及军队在各种地形条件下进行作战的基本原则。作为我国最早的军事地形学的精辟理论，弥足珍贵。在篇中，孙子具体分析了军队在作战中可能遇到的六种地形，并据此提出了适宜的用兵方法。他十分强调将帅研究、利用地形的重要性，指出："料敌制胜，计险厄远近，上将之道也。"

(十一)《九地篇》

军事地理，分为战术地理（军事地形学）与战略地理（兵要地理），《地形篇》讲战术地理，故本篇重点讨论战略地理。其主旨是论述军队在九种不同战略地形下进行作战的基本指导原则，特别强调了要根据在不同作战地区官兵所产生的不同心理状态，来制定切合实际的战略战术，确保战争的胜利。首先，孙子从战略态势上，概括了九种不同作战地区的特点，指出它们对官兵心理状态所产生的影响，并进而提出具体灵活的应变措施。其次，孙子提倡深入敌境进行作战，认为这样做具有使士兵听从指挥、努力作战、无所畏惧，以及保证军粮给济等多种优点。最后，进一步阐述了贯穿于其整个思想体系中的一些作战原则，如争取主动、避实击虚、迅速行动、集中兵力等，并把它们同地理条件的特点结合起来。

### (十二)《火攻篇》

在春秋晚期，各类特殊战法，如火攻、水战、地道战等皆已登上战争的舞台，孙子自然要对这类特殊战法进行关注与研究，并将火攻作为诸多特殊战法中的一个典型开展论述。本篇是有关上古至春秋火攻经验的总结性文字，主要论述火攻的种类、条件、实施方法以及火发后的应变措施等问题。孙子认为以火助攻，是提高军队战斗力，夺取战争胜利的重要作战形式。他把火攻归纳为五大类，提出火攻必须具备一定的气象条件和物质条件。并主张火攻与兵攻相结合，明确提出应利用纵火所引起的敌情变化，及时地指挥军队发起攻击，以扩大战果。本篇另一个重要内容，是孙子的慎战思想。他强调战争的进行必须以利益大小或有无为前提，"合于利而动，不合于利而止"，认为这才是真正的"安国全军之道"。

### (十三)《用间篇》

本篇主要论述在战争活动中使用间谍以侦知、掌握敌情的重要性，以及间谍的种类划分、基本特点、使用方式等。它是孙子对前人丰富的用间实践经验的系统理论总结，是中国古代用间思想体系基本形成的重要标志。孙子主张战争指导者必须做到"知彼知己"，而要"知彼"，即"知敌之情者"，最为重要的手段之一，就是用间。孙子认为同战争的巨大耗费相比，用间是代价小而收效多的好办法，必须充分运用。反之，如果因为爱惜爵禄不使用间谍，盲目行动，导致战争的失败，那才是十足的罪人。接着，孙子充分论证了使用间谍的原则和方法，他把间谍划分为五大类，即因间、内间、反间、死间、生间，指出"五间"的不同特点和功用，主张"五间并用"，以"反间"为主。并提出了"三军之事，莫亲于间，赏莫厚于间，事莫密于间"的用间三原则。同时孙子还指出了用间的必要条件："非圣智不能用间，非仁义不能使间，非微妙不能得间之实。"把它们看作正确发挥"用间"威力的重要保证。最后，孙子列举了历史上用间的成功经验，进一步肯定了用间的意义和作用。

中国文化的一个很大特色，是绕同心圆，是起点与终点的重合，这叫作"功德圆满"。《孙子兵法》同样体现了这种文化精神。从算计、预测敌情（《计篇》），经战争准备（《作战篇》），运用谋略（《谋攻篇》），发展实力（《形篇》），创造有利态势（《势篇》），灵活用兵、争夺先机、因敌变化而取胜（《虚实篇》《军争篇》《九变篇》），到解决"处军相敌"问题（《行军篇》），利用地形（《地形篇》），掌握兵要地理（《九地篇》），实施火攻（《火攻篇》）等更具体的战术问题，恰好构成了一个完整的战争程序，最终又回到《用间篇》的预知敌情，等于绕了一个大圆，这就是周而复始、否定之否定的大循环。从这个意义上说，《用间篇》既是全书的终结，也是《孙子兵法》兵学理论生生不息、与时俱进的象征，具有独特的价值与意义。

### 三、"疑义相与析"：竹简本《孙子兵法》的篇序及其特色

银雀山汉墓出土的《孙子》简牍材料中，有著录有"十三篇"篇题的木牍，其内容表明，在西汉初期，《孙子》一书的篇目次序与后世传本的篇目次序有较大的差异。据王正向《〈孙子十三篇〉竹简本校理》一书统计，两者之间，只有《计篇》《形篇》《军争篇》《地形篇》《九地篇》五篇的篇次相一致，其余八篇则次序不同。①这中间，尤以结束篇的差异最为引人关注。在竹简本中，结尾为《火攻篇》，而非众所周知的《用间篇》。

如前所述，我们认为，传世本的十三篇篇序逻辑关系清晰，井然有序。但是，这并不意味着，《孙子兵法》的篇目就不能有另外的排列顺序，在我们看来，竹简本《孙子》的篇序同样有其内在的逻辑性与结构上的合理性。

我们就有必要认真考察《孙子兵法》的核心价值观究竟为何者？通观全书，我们必须承认，"知兵而不好战"乃是孙子著述兵书的基本立场和根本出发点。众所周知，春秋时代战争频繁，诸侯国争霸与兼并一日无已。《墨子·非攻下》云："入其国家边境，芟刈其禾稼，斩其树木，堕其城郭，以湮其沟池，攘夺其牲牷，燔溃其祖庙，劲杀其万民，覆其老弱，迁其重器。"《孟子·离娄》也称："争地以战，杀人盈野；争城以战，杀人盈城。"这

---

① 参见王正向：《〈孙子十三篇〉竹简本校理》，军事科学出版社2009年版，"前言"。

些就是当时战争日趋激烈与残酷的形象写照。《孙子兵法》当然要反映这一时代特色，这就决定了孙武在战争问题上鲜明地提出慎战与备战并重的主张，换言之，"安国全军"是孙武战争观的基本主线。

孙武对战争采取十分慎重的态度，《孙子兵法》开宗明义地提出："兵者，国之大事，死生之地，存亡之道，不可不察也。"战争是关系到国家存亡的头等大事，所以孙武多次告诫并提醒统治者，必须慎重对待战争，指出："怒可以复喜，愠可以复悦，亡国不可以复存，死者不可以复生。故明君慎之，良将警之。"对于缺乏政治目标和战略价值而轻启战端的愚蠢做法，孙武持坚决反对的态度："主不可以怒而兴师，将不可以愠而致战。"（《火攻篇》）并要求战场指挥员做到"战道不胜，主曰必战，无战可也"（《地形篇》）。所以，如果按孙子慎战与重战至上的战争观念这一内在逻辑主线，那么，十三篇始于"兵者，国之大事"，而终于"安国全军之道"，以"重战"和"慎战"为全书之核心宗旨以贯穿全书，也完全可以成立，它遂使《孙子兵法》全书"譬若率然"之势得以毫无滞涩，通贯融会。

很显然，无论是传世本始于《计篇》，终于《用间篇》，还是竹简本始于《计篇》，迄于《火攻篇》，均是各有理据，可以成立的。其区别在于传世本的篇次结构序列设计，更注重于按用兵制胜的要领与方法加以展开，即以战争规律性为立足点；而竹简本的篇次结构序列设计，尤其注重于"兵凶战危"的宗旨与原则，在此基础上再加以展开，即以战争价值观为出发点。前者，关心的是战争实践中的可操作性，后者，考虑的是战争理念上的永恒合理性与崇高合法性。概括地讲，前者侧重和倡导"或然"，后者推崇和张扬"必然"。由于核心价值规范着事物的本质属性，具有根本的指标性意义，因此，竹简本有关十三篇的篇次排序，似乎更接近孙子撰写兵书的本意，更有其合法性。

岁月飞逝，风流云散，斗换星移，沧海桑田，人类已进入了高科技的时代，过去所发生的一切仿佛离我们越来越远，远得几乎令人淡忘……

可是孙子的思想却超越了这一轮回。21世纪的人们依旧对它怀有浓厚的兴趣，披沙拣金、孜孜不倦地从中激发灵感、接受启发、寻找教益。这一社会现象存在的本身，已说明了一切：

兵圣孙武永远活着！

《孙子兵法》地久天长！